江西经济管理干部学院学术文库

旅游营力系统及其耦合协调对中国旅游产业效率的空间影响研究

STUDY ON THE SPATIAL INFLUENCE OF TOURISM AGENT SYSTEM AND ITS COUPLING COORDINATION ON CHINA'S TOURISM EFFICIENCY

胡亚光 ◎ 著

经济管理出版社
ECONOMY & MANAGEMENT PUBLISHING HOUSE

图书在版编目（CIP）数据

旅游营力系统及其耦合协调对中国旅游产业效率的空间影响研究/胡亚光著．—北京：经济管理出版社，2019.9
ISBN 978-7-5096-5349-4

Ⅰ.①旅…　Ⅱ.①胡…　Ⅲ.①旅游业发展—研究—中国　Ⅳ.①F592.3

中国版本图书馆 CIP 数据核字（2019）第 215500 号

组稿编辑：申桂萍
责任编辑：申桂萍　宋　佳
责任印制：黄章平
责任校对：陈　颖

出版发行：经济管理出版社
（北京市海淀区北蜂窝 8 号中雅大厦 A 座 11 层　100038）
网　　址：www.E-mp.com.cn
电　　话：（010）51915602
印　　刷：三河市延风印装有限公司
经　　销：新华书店
开　　本：720mm×1000mm/16
印　　张：14
字　　数：243 千字
版　　次：2019 年 11 月第 1 版　2019 年 11 月第 1 次印刷
书　　号：ISBN 978-7-5096-5349-4
定　　价：68.00 元

·版权所有　翻印必究·
凡购本社图书，如有印装错误，由本社读者服务部负责调换。
联系地址：北京阜外月坛北小街 2 号
电话：（010）68022974　　邮编：100836

前　言

中国旅游业经历了30多年的迅猛发展，规模水平持续壮大，旅游及相关产业增加值占GDP比重的4.33%，旅游产业在国民经济中的战略性地位日益凸显。我国现已跃居为全球第一大出境旅游消费国、第四大入境旅游接待国及拥有世界最大的国内旅游消费市场，其世界影响力正与日俱增。然而，由于片面地追求经济增长速度，我国旅游产业粗放型的增长模式尚未得到根本性改变，产业综合效益不高，内部结构规模不合理，区域效率发展不平衡，可持续性发展意识不强，市场主体发育不充分，存在旅游滞后供给与市场新兴需求不相适应，旅游资源利用与生态环境破坏的矛盾依然突出，管理体制、运行机制与现代化的经济发展体系不相匹配等诸多问题，这些问题极大地制约了旅游产业发展和经济效率的全面提升，同时也决定了不同地区、不同阶段旅游发展工作侧重点的差异。因此，优化经济发展质量、增强产业竞争实力将是新时代下我国旅游产业经济的重点改革内容，也是我国旅游经济增长的新时代要求。

本书以旅游产业效率、旅游营力系统耦合为研究内容，侧重于探索各类营力系统（旅游基础支撑力、旅游规模扩张力、发展环境保障力、市场购买潜实力、资源生态承载力）及其耦合协调力对旅游产业效率的时空影响效应。主体部分共由四大部分八个章节构成，其主要内容和章节安排如下：①基础性理论研究部分，由第一章、第二章构成，其内容为绪论及相关文献综述。②专业性理论研究部分，主要由第三章节构成，本章重点对旅游产业体系的内涵范畴界定、产业效率理论、旅游营力内涵及系统构建、各类营力系统及其耦合协调对旅游产业效率的影响理论机理进行了详尽阐述。该章为后续研究的开展提供了必要的理论框架和操作思路。③实证研究部分，由第四章、第五章、第六章、第七章构成。第四章着重围绕我国旅游产业效率，以全要素生产率增长率为研究对象，对2005~

2014年间中国31个省（市/区）旅游产业整体效率水平进行量化测度，同时对全要素生产率增长率进行了结构分解，将其解构为技术进步率、技术效率变化率、规模效率变化率、市场配置效率变化率，并依次对全要素生产率增长率及其四种结构效率的演化规律、贡献程度、分异特征进行了系统分析和详尽阐述。第五章重点围绕旅游产业营力体系，以旅游营力指标体系构建、旅游综合营力指数及各类营力子系统指数测算、营力系统的耦合协调度测算为核心内容，从旅游营力系统的层面对我国各省域旅游产业发展水平及比较优势进行了量化分析和综合评判。第六章则从空间视角，依次对我国旅游产业技术效率、旅游综合营力、系统耦合协调力的地域自相关性、结构跃迁及冷热点区域演化等方面进行了空间探索性分析和检验。第七章主要运用空间计量模型，分别测量检验了基础支撑力、发展保障力、规模扩张力、市场消费力、生态承载力、耦合协调力对旅游产业全要素生产率及技术效率的空间影响效应。④研究结论及对策建议部分由第八章构成，本章在对此前研究结论进行系统梳理和总结归纳的基础上，重点针对当前我国旅游经济转型中的现实问题，从旅游产业效率结构的优化、旅游营力系统的强化、区域旅游效率的协调化三个方面提出了相关对策建议，以期为实现我国旅游产业经济的质量变革、效率变革、动力变革提供政策依据。

  在本书的编写过程中，笔者参考了大量的实证数据和研究论著，吸收了许多学者和专家的成果，在此特致以真诚的谢意！由于编写者水平有限，书中难免出现一些疏漏和不足，恳请各位专家和读者批评指正！

胡亚光

2019年3月17日

目 录

第一章　绪论 ··· 1

 第一节　选题背景与研究意义 ··· 1
  一、选题背景 ··· 1
  二、研究意义 ··· 4
 第二节　问题目标、研究思路及研究内容 ··································· 6
  一、拟解决的关键问题及研究目标 ······································· 6
  二、研究思路 ··· 8
  三、研究内容 ··· 9
 第三节　研究方法和技术路线 ··· 12
  一、研究方法 ··· 12
  二、技术路线 ··· 13
 第四节　可能的创新点 ··· 13
  一、研究内容创新 ··· 13
  二、技术运用创新 ··· 15

第二章　基础理论与文献综述 ··· 16

 第一节　基础研究理论 ··· 16
  一、旅游系统理论 ··· 16
  二、产业竞争力理论 ·· 18
  三、区域经济学理论 ·· 19
  四、营力系统理论 ··· 22

第二节 旅游产业效率研究综述 ………………………………………… 23
　　一、研究文献整体概述 …………………………………………… 24
　　二、研究对象 ……………………………………………………… 26
　　三、影响因素 ……………………………………………………… 29
　　四、研究方法 ……………………………………………………… 32
　　五、旅游产业效率的研究评述 …………………………………… 35
第三节 本章启示及小结 ………………………………………………… 37
　　一、本章启示 ……………………………………………………… 37
　　二、本章小结 ……………………………………………………… 38

第三章 旅游营力系统及其耦合协调对旅游产业效率的作用机理分析 …… 39
第一节 旅游产业体系的范畴内涵 ……………………………………… 39
　　一、旅游产业的内涵 ……………………………………………… 39
　　二、旅游产业体系的边界 ………………………………………… 41
第二节 产业效率理论及说明 …………………………………………… 44
　　一、生产效率、全要素生产率及全要素生产率增长率 ………… 44
　　二、技术效率、技术进步、配置效率、规模效率 ……………… 46
第三节 旅游营力系统的概念内涵及体系构建 ………………………… 51
　　一、旅游营力系统的概念内涵 …………………………………… 51
　　二、旅游营力系统的体系构建 …………………………………… 52
第四节 各类旅游营力系统及其耦合协调对旅游产业效率的
　　　 影响机理 ……………………………………………………… 56
　　一、各类旅游营力系统对旅游产业效率的影响机理 …………… 56
　　二、耦合协调力对旅游产业效率的影响机理 …………………… 62
第五节 本章小结 ………………………………………………………… 64

第四章 我国内地旅游产业效率的量化评价——基于 SFA 的实证研究 …… 66
第一节 问题提出 ………………………………………………………… 66
第二节 实证研究设计及数据来源处理 ………………………………… 67
　　一、模型构建及数据处理 ………………………………………… 67
　　二、数据来源及变量说明 ………………………………………… 71

第三节　随机前沿生产函数模型检验 ································· 74
　　一、随机前沿基础模型的设定 ····································· 74
　　二、技术无效率影响因子设定 ····································· 74
　　三、生产函数形式的假设检验 ····································· 75
第四节　实证结果分析 ··· 77
　　一、随机前沿生产函数结果分析 ··································· 77
　　二、旅游产业技术效率演化分析 ··································· 80
　　三、全要素生产率增长率解构分析 ································· 83
第五节　本章小结 ··· 99

第五章　我国内地旅游产业营力系统的量化评价及其耦合协调分析 ······· 101

第一节　问题提出 ··· 101
第二节　评价体系说明及数据处理来源 ································· 102
　　一、评价体系说明 ··· 102
　　二、数据来源及处理 ··· 104
第三节　研究方法 ··· 105
　　一、熵值权重法 ··· 105
　　二、加权 TOPSIS 法 ··· 107
　　三、耦合协调模型 ··· 108
第四节　研究结果分析 ··· 110
　　一、旅游产业营力系统指标权重结果分析 ··························· 110
　　二、我国内地旅游产业综合营力评价结果分析 ······················· 113
　　三、各类旅游产业营力系统评价结果分析 ··························· 116
　　四、旅游营力系统耦合协调评价结果分析 ··························· 128
第五节　本章小结 ··· 132

第六章　我国内地旅游产业效率与旅游营力空间分异演化分析 ··········· 135

第一节　研究说明 ··· 135
第二节　数据单元及方法路径 ··· 136
　　一、数据来源及空间单元说明 ····································· 136
　　二、空间统计方法路径 ··· 136

第三节　实证结论分析 …………………………………………… 139
　　一、中国旅游产业技术效率的空间探索性分析 ………………… 140
　　二、中国内地旅游产业综合营力的空间探索性分析 …………… 148
　　三、旅游营力系统耦合协调的空间探索性分析 ………………… 154
第四节　本章小结 ………………………………………………… 161

第七章　旅游营力系统及其耦合协调对我国内地旅游产业效率的空间影响效应实证分析 …………………………………………… 164

第一节　问题提出 ………………………………………………… 164
第二节　实证模型设定和变量来源说明 ………………………… 165
　　一、空间模型的构建 ……………………………………………… 165
　　二、全要素生产率的水平值测算 ………………………………… 169
　　三、变量来源说明 ………………………………………………… 170
第三节　旅游产业全要素生产率层面的计量检验与结果分析 … 170
　　一、全要素生产率的空间效应模型识别检验 …………………… 170
　　二、我国内地旅游产业全要素生产率的空间杜宾模型结果分析 ……………………………………………………………… 171
　　三、空间效应分解分析 …………………………………………… 175
第四节　旅游产业技术效率层面的计量检验与结果分析 ……… 178
　　一、旅游产业技术效率的空间效应模型识别检验 ……………… 178
　　二、我国内地旅游产业技术效率的空间杜宾模型结果分析 …… 179
　　三、空间效应分解分析 …………………………………………… 182
第五节　本章小结 ………………………………………………… 185
　　一、关于我国内地旅游产业全要素生产率层面的研究结论 …… 185
　　二、关于我国内地旅游产业技术效率层面的实证研究结论 …… 186

第八章　基本结论与对策建议 ………………………………………… 188

第一节　基本结论 ………………………………………………… 188
　　一、结论1：我国内地旅游产业效率普遍存在发展滞后性特征，且各区域的效率短板均有不同 ……………………………… 188
　　二、结论2：我国内地旅游产业综合营力呈现出东高西低的分布

格局，且各地区域旅游营力系统的短板均存在差异 …………… 189

三、结论3：我国内地旅游产业营力系统的耦合性不强，且各地
区域耦合协调力分化差异明显 ……………………………… 190

四、结论4：我国内地旅游产业在技术效率、综合营力、耦合
协调力方面存在显著的空间依赖性，且均呈现出典型的
"二元结构"特征 …………………………………………… 191

五、结论5：我国内地旅游产业效率表现出显著的正向空间外溢
效应，且耦合协调力、基础支撑力以及发展保障力对旅游
产业效率影响具有空间共生性特征 ………………………… 191

第二节　对策建议 …………………………………………………… 192

一、关于优化我国内地旅游产业效率结构的对策建议 ………… 192
二、关于强化我国内地旅游产业营力体系的对策建议 ………… 195
三、关于促进我国内地旅游产业效率协调化发展的对策建议 …… 199

参考文献 ………………………………………………………………… 202

第一章 绪 论

第一节 选题背景与研究意义

一、选题背景

（一）时代背景：旅游产业效率变革已成为中国旅游经济增长的新时代要求

中国旅游业经历了30多年的迅猛发展，规模水平持续壮大，旅游及相关产业增加值占GDP比重的4.33%，旅游产业在国民经济中的战略性地位日益凸显，中国现已跃居全球第一大出境旅游消费国、第四大入境旅游接待国以及拥有世界最大的国内旅游消费市场，其世界影响力正与日俱增，图1-1反映的是我国近20年来入境和出境旅游市场的发展趋势情况。然而，由于片面地追求经济增长速度，我国旅游产业粗放型的增长模式尚未得到根本性改变，产业综合效益不高，内部结构规模不合理，可持续性发展意识不强，市场主体发育不充分，存在旅游滞后供给与市场新兴需求不相适应，旅游资源利用与生态环境破坏的矛盾依然突出，管理体制、运行机制与现代化的经济发展体系不相匹配等诸多问题。其中，现代化技术和相关创新要素对旅游产业升级的支撑作用不够明显，这极大地制约了我国旅游产业竞争实力和经济效率的全面提升。同时，根据世界旅游经济发达国家的成功经验表明，旅游强国需要有高绩效的旅游城市、旅游业态、旅游企业以及技术人才作为支撑保障（刘建国和刘宇，2015）。中国共产党的十九大报告中也明确提出,"中国特色社会主义已经进入新时代,我国经济已由高速增长阶段转向高质量发展阶段,正处在转变发展方式、优化经济结构、转换增长动力的攻关期,建设现代化经济体系是跨越关口的迫切要求和我国发展的战略目标。"因此,优化经济发展质量、增强产业竞争实力将是新时代下我国旅游产业经济的重点改革内容。效率化变革已经成为我国旅游经济增长的新时代要求。

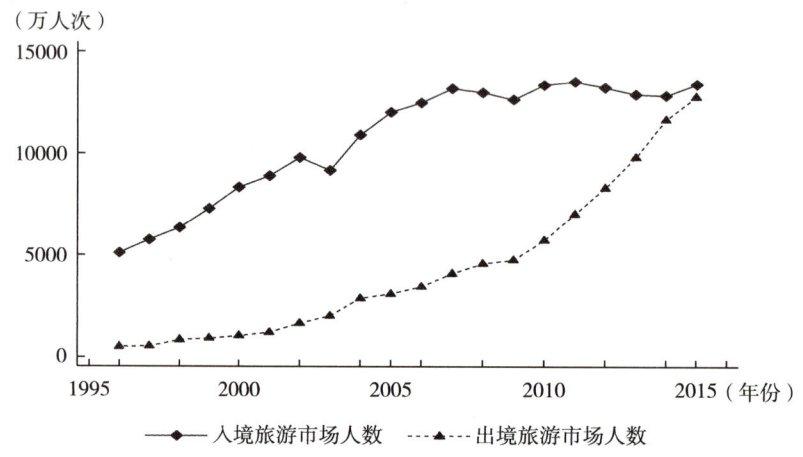

图1-1 我国入境及出境旅游市场趋势

资料来源:《中国旅游统计年鉴》。

(二)政策背景:旅游产业提质增效已成为未来我国旅游改革的重点目标和内容

20世纪90年代末,我国东部发达省份就已开始考虑未来旅游经济的可持续发展和转型升级的问题。2008年全国旅游工作会议将"转型升级、提质增效"确定为我国旅游业发展的中心要务,并将"实现旅游产业转型升级"上升为国家层面的旅游发展战略。2016年在全国旅游工作会议中进一步明确了我国旅游产业的发展目标,即转方式、强效率,围绕经济发展质量建设,实现由以往的外延发展模式向内涵式的集约道路转型。2017年全国旅游工作报告中明确提出实施"三步走"战略,奋力实现我国旅游发展新目标,预计到2020年将建成比较集约型旅游大国,以转型升级、提质增效为主题,以推动全域旅游发展为主线,加快旅游供给侧结构性改革,促进市场优化资源配置,增强产业动力,推进旅游业由低水平供需平衡向中高水平供需平衡提升。党的十九大报告中明确指出，"必须坚持质量第一、效益优先，以供给侧结构性改革为主线，推动经济发展质量变革、效率变革、动力变革，提高全要素生产率，着力加快建设实体经济、科技创新、现代金融、人力资源协同发展的产业体系，着力构建市场机制有效、微观主体有活力、宏观调控有度的经济体制，不断增强我国的经济创新力和竞争力"。由此可见，随着我国旅游经济规模的不断壮大，优化经济发展质量、增强产业竞争实力已成为各级各界政府部门在制定产业经济政策时所关注的重点，这也是下一阶段我国旅游产业发展改革的重要目标和内容。

（三）经济背景：以竞争强效率、以效率促发展已成为我国旅游经济转型的必然选择

在全球经济一体化和国际竞争多极化的发展趋势下，世界各地区普遍将旅游产业作为参与国际市场分工、推动本国经济增长的主要举措，这对国际市场间经济利益的分配格局以及分工体系构成了深远的影响，进而加剧了国际旅游市场的竞争程度。那么如何在全球旅游产业分工格局中获得绝对的优势？旅游经济发展质量和竞争实力正逐渐成为各国政府所广泛关注的焦点。此外，就我国旅游市场而言，旅游消费呈现出大众化、多元化、个性化及自由化的特征，结合图1-1和图1-2可以看出，在"三大消费市场"（国内游、入境游、出境游）增量不断扩大的同时，旅游消费需求正进一步提档升级，这恰恰为我国旅游产业的转型发展带来了宝贵的机遇。然而值得注意的是，虽然近30年来我国旅游收入总量保持着较高的增长态势，但旅游产业整体实力依然偏弱，中小型企业构成了我国旅游产业结构的主体，因而说明当前旅游产业经济规模的扩张是依靠进入市场企业以及要素投入的数量，而非生产技术以及经济运行的质量。同时，由于旅游产业进入门槛较低，在大量"小、散、弱"企业的涌入下，势必造成同质化竞争现象严重，使旅游经济附加价值无法得以充分实现，产业平均利润呈现出逐年下滑的趋势。因此，改变旅游产业以往粗放式的发展路径，以竞争强效率、以效率促发展将成为我国经济转型时期的必然选择。

旅游产业效率的提升改善主要体现在旅游经济增长由单一的总量扩张向综合效益提升转变；增长方式由依靠资源要素投入向依靠技术进步、管理优化转变；旅游企业由凭借生产规模扩大向科技竞争、品牌强化、自主创新等方面转变。这就要求我国旅游业在下一个发展阶段中，应当主动转变传统的发展模式，其基本

导向就是旅游产业的集约高效型增长,依托旅游产业发展要素的高效整合,通过提升旅游产业的技术水平以及优化旅游资源要素的利用效率,进而有效增强各区域在市场竞争中的综合实力,为我国旅游经济的提质增效、平稳发展注入无限动力。

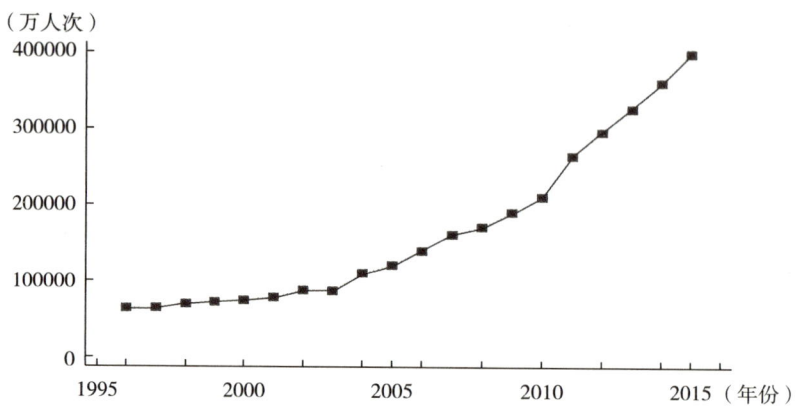

图1-2 国内旅游市场发展趋势

资料来源:《中国旅游统计年鉴》。

二、研究意义

(一)理论意义

本书借用营力系统理论为旅游产业效率研究提供了一个较新的内生分析视角,打开了旅游产业效率研究黑箱。

目前,虽然我国旅游资源丰富,但运营模式落后、产业基础薄弱、供给结构单一,缺乏对产业要素的有机整合和高效利用,导致旅游产业出现结构性失衡,以至于宝贵的旅游资源无法有效地转化为产业竞争优势和综合经济效益。与此同时,很多区域的旅游产业依然停滞在要素驱动型的初级发展层面,尚未形成旅游产业的集群性、系统性、协同性、融合性、创新性等反映产业高级化的发展特征,从而使我国旅游产业深陷低端锁定的"资源诅咒"(门票经济),产业效率无法得到有效彰显,过分依赖于原始资源的粗放式发展,给当地造成了产业创新要素的"挤出效应",这极大地影响了我国旅游产业的健康、永续发展。因此本书将结合旅游系统理论、区域竞争理论、空间发展理论、营力系统理论,并在现有研究经验的基础上,探讨我国旅游营力系统、耦合协调力、旅游产业效率的时空分异特征,并尝试从旅游营力系统耦合的视角出发,以空间计量模型作为分析工具,分别测算各类旅游营力子系统及其耦合协调力对旅游产业效率的空间影响效应,从而为有效厘清我国旅游产业效率形成的内在机理奠定基础。虽然目前有关旅游产业效率方面的研究成果较为丰富,但鲜有学者从旅游营力的系统层面上着重对区域旅游产业效率进行研究。因此,本书研究的理论意义在于突破了原有的理论分析构架,以旅游营力及其系统耦合为研究切入点深入分析旅游产业效率的影响机理,试图揭示旅游系统中各类营力及其耦合协调力对旅游产业效率的作用关系,以期构建能够有效推动旅游产业转型、经济效率升级的创新发展模式。这不仅拓展了旅游产业效率的理论研究边界,为旅游产业效率提升提供一个全新的内生研究视角,而且为旅游产业的集约化转型、优质化增效提供了理论借鉴和模式参考。

(二) 实践意义

通过构建促进旅游产业效率优化的营力系统,有助于转变传统发展模式、促进产业体系耦合协调、激发旅游产业效率的有力提升,为转变旅游产业粗放型增长方式提供了一条行之有效的决策路径。

当前在旅游业大众化、规模化、个性化和亟须提质增效的发展新阶段,我国旅游产业如何转变发展方式和增长模式,从原始的自然资源依赖型发展成为集现代化、市场化、智慧化、效率化为一身的新兴战略性产业,现已成为关乎着我国战略目标能否顺利实现的时代命题。相对以前,虽然我国旅游经济在数量和速度上取得了长足的发展和进步,其中包含自上而下的政策导向促进,也有先发地区的示范带动效应等诸多因素,但很多地方决策者对于旅游产业效率以及内在增长机制的关注却不多,目前他们所采取的外延式发展策略短期或许可行,但长期而言,则会陷入竞争乏力、系统瘫痪的泥潭。旅游产业效率才是旅游现代化发展的核心关键和产业可持续发展的动力源泉。通过聚焦于旅游产业效率的研究,特别是当今我国旅游产业正向现代化服务业转型的节点时期,该选题具有更为迫切的时代意义,本书从理论层面出发,结合我国旅游产业发展现状,以旅游营力系统及其耦合为视角,深入分析了旅游产业效率的增长本质,有助于推动区域间旅游产业效率的协调发展，力争提出一套较为合理的效率优化路径建议，为我国旅游产业的提质增效、协调发展以及各区域旅游管理部门的相关决策，提供客观、科学、可信的实践指导。

第二节 问题目标、研究思路及研究内容

一、拟解决的关键问题及研究目标

本书中研究的主要问题及拟解决的关键目标如下：

（一）拟解决的关键研究问题

（1）关键研究问题1：何为旅游产业效率？过去十年间我国旅游产业效率整体发展水平如何？并呈现出何种地域分布？具体而言，哪种结构型效率（技术效率、配置效率、规模效率、技术进步）才是制约当前旅游产业集约化发展的掣肘短板？

（2）关键研究问题2：何为旅游营力及其理论意义？如何对旅游营力体系进行构建并量化评价？具体包括哪些旅游营力子系统？我国旅游营力系统间耦合协调关系如何？各类旅游营力系统及其耦合协调关系（耦合协调力）在我国究竟呈现出怎样的地域分布特征？

（3）关键研究问题3：旅游综合营力、耦合协调力、旅游产业效率是否存在显著的地域依赖性？或者说，上述变量指标是否具有显著的地域自相关特征？各变量指标在空间区域上是如何分布的？

（4）关键研究问题4：哪类旅游营力对旅游产业效率的影响作用尤为显著？旅游营力系统间的耦合协调关系是否有助于推动旅游产业效率的整体提升？其影响机制又具有怎样的空间效应关系？本书正是基于上述关键问题，而提出以下拟解决的关键研究目标，逻辑思路可详见图1-3。

（二）关键研究目标

（1）关键研究目标1：旅游产业效率（全要素生产率增长率）的内涵、解构

机理（配置效率、技术进步、规模效率、技术效率）及实证研究、全要素生产率增长率，以及各类解构效率的时空分异特征分析。

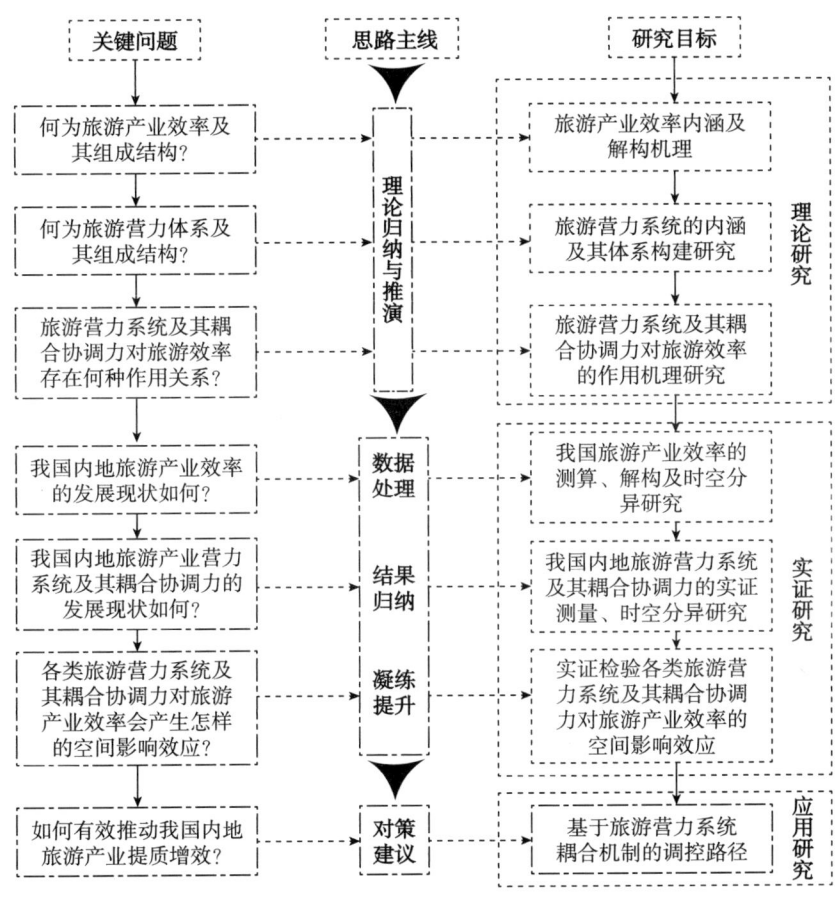

图1-3 逻辑思路结构图

（2）关键研究目标2：旅游营力系统及其耦合协调力的内涵、构建理论研究；各类旅游营力系统及其耦合协调力的实证测量、时空分异研究。

（3）关键研究目标3：各类旅游营力系统及其耦合协调力对旅游产业效率的影响机理研究。

（4）关键研究目标4：旅游产业效率、旅游综合营力、耦合协调力的地域依赖性检验及空间效应研究。

（5）关键研究目标5：各类旅游营力系统及其耦合协调力对旅游产业效率的空间影响效应实证研究。

（6）关键研究目标6：基于旅游营力系统耦合视角下的旅游产业效率优化路径研究及对策建议。

二、研究思路

本书聚焦于旅游产业效率①，通过探研区域旅游产业效率、旅游营力体系及其耦合协调力的内涵机理、时空分异特征、空间效应关系等内容，遵循提出问题、理论分析、实证检验、对策建议的脉络思路，试图厘清各类旅游营力系统及其耦合协调力对旅游产业效率的影响机理和逻辑关系，为我国旅游产业向效率化转型提供方法路径（详见图1-4）。根据相关研究成果，并借助地质学中的"营力"概念将影响旅游产业效率及竞争优势形成的作用力因素定义为旅游营力，并将旅游营力体系具体划分为旅游基础支撑力、发展环境保障力、旅游规模扩张力、市场消费潜实力、生态资源承载力（即旅游营力子系统②）。与此同时，在前面五大旅游营力子系统的相互关联基础上，共同形成了系统耦合协调力，这些旅游营力系统（他组织）会对某地区的旅游产业发展带来影响冲击，并在旅游产业自组织演化的条件下，区域内旅游资源要素的利用成本、流通速度、市场结构、经济范围、经济规模、技术水平等方面都会产生相应的变化，逐步形成旅游产业内在的组织变革，最终在空间演化机制的作用下对旅游产业的技术进步程度、资源配置效率、规模经济效率、产业技术效率造成不同程度的影响。目前，我国很多区域由于各自的资源禀赋、经济水平、产业政策、生态环境、市场规模等因素的差异，导致旅游产业发展水平参差不齐，最终限制了地区旅游产业综合效率的显著改善。因此，通过运用"营力"的概念原理可有效地将这些影响旅游产业发展及竞争优势提升的繁杂因素从系统作用力的层面进行归纳提炼，从而

---

① 本书采用全要素生产率增长率作为测度旅游产业效率优劣的量化指标。全要素生产率增长率是指除各要素投入之外的技术进步和能力实现等因素导致的产出增加，是剔除要素投入贡献后所得到的残差，最早由索洛在1957年提出，故称为索洛残差。全要素生产率增长率的来源包括旅游技术进步、产业技术效率、规模经济效率和资源配置效率。即产出增长率超出要素投入增长率的部分为全要素生产率增长率（陈一恋，2015）。

② 旅游营力子系统是指影响旅游产业发展的各类系统作用力，具体可分为：旅游基础支撑力、发展环境保障力、旅游规模扩张力、市场消费潜实力、资源生态承载力（其理论部分将在第三章节中进行详述）。

有助于厘清各个系统性因素在旅游产业中所扮演的功能作用及结构层次。只有在旅游营力系统的全面升级及耦合协调的作用影响下，旅游产业的发展效率才能产生"1+1＞2"的乘数效应，甚至还会显现出地域空间的扩散外溢效应。正如图1-4所示，通过旅游营力系统的耦合协调，旅游产业内部的效率机制才会不断寻求新的变革途径，使旅游产业复合巨系统维持稳态化提升，增强其内在的有序性和关联性，形成旅游空间的集聚与扩散、发展体系的协调与共生、产业技术的融合与创新，有序推进我国旅游产业向良性演化，实现旅游产业效率由量变到质变的转型跨越。

因此，本书以旅游营力系统耦合为视角，通过理论分析与量化研究相结合，探索并检验各类旅游营力子系统及其耦合协调力对旅游产业效率的影响机理，尝试构建适用于我国内地旅游产业效率优化的多学科综合研究范式。

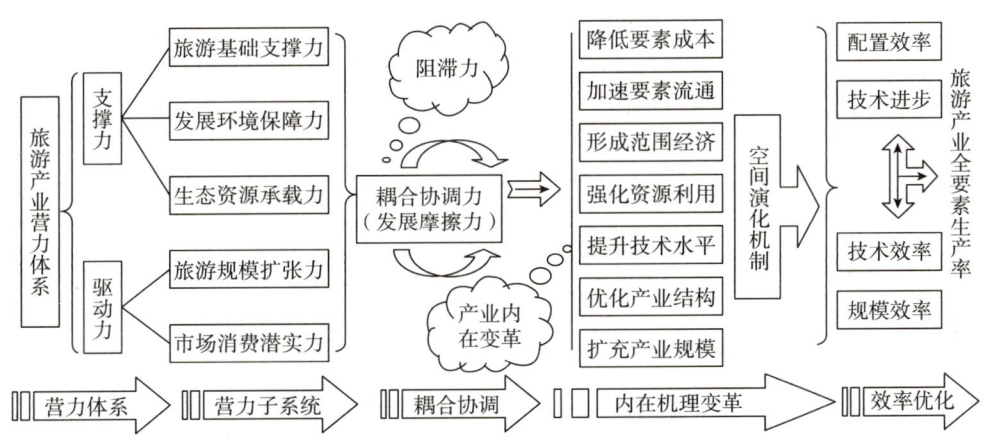

图1-4　旅游产业效率的营力影响机制模型

三、研究内容

本书的主体内容部分共由八章构成，全书遵循"提出问题、机理分析、实证检验、对策建议"的基本思路，对全书进行系统论述，其主要内容和章节安排如下：

第一章为绪论。这是对全书的统领性概述，主要介绍了选题背景以及研究意义、研究目标和拟解决的关键问题，并在此基础上确定了研究思路和方法路径，最后阐述了本研究可能的创新论点，这为后续研究工作的深入开展提供了系统性的逻辑框架。

第二章为基础理论及文献综述。本书在对旅游系统理论、产业竞争力理论、区域经济学理论、营力系统理论等相关理论概述的基础上，再次对有关旅游产业效率的研究文献进行了归纳总结，并且系统梳理了国内外对旅游产业效率的相关研究进展，同时还对现有研究文献的不足进行了详细评述，这不仅奠定了旅游产业效率研究的理论基础，而且为本书中研究思路的创新、分析视角的选择提供了重要的启示。

第三章为旅游营力系统及其耦合协调对旅游产业效率的作用机理分析。研究主要针对旅游产业体系的范畴内涵、产业效率理论说明、旅游营力系统的概念内涵及体系构建、旅游产业效率的影响机制等相关内容进行机理阐述及推论演绎。首先，在旅游产业体系的范畴内涵部分中，对旅游产业的特殊属性和行业边界进行了划分界定，重点明确了本书拟研究的旅游产业边界。其次，在产业效率理论的研究内容中，主要阐述了生产率、全要素生产率 TFP 以及 TFP 变化率的概念内涵，并且深入揭示了技术效率、技术进步、配置效率、规模效率与生产效率间的逻辑关系，这为深入分析我国旅游产业效率的现实状况以及精准锁定发展短板提供了理论思路。再次，在结合旅游系统理论的基础上，运用动力学原理将地质学中的"营力"概念引入旅游产业效率的研究中，着重对旅游营力系统进行概念界定、意义说明及体系构建，从而有效地确立了旅游营力系统中的各级衡量指标。最后，在上述相关理论研究的基础上，进一步从理论层面分析推演了各类旅游营力系统及其耦合协调力对旅游产业效率的作用机理关系。因此，该章节为后续开展有关我国旅游产业效率的影响因素研究提供了理论框架和操作思路。

第四章为我国内地旅游产业效率的量化评价——基于 SFA 的实证研究。在该部分中，重点围绕我国内地旅游产业效率发展，以 TFP 增长理论为基础，采用随机前沿法（SFA）对 2005～2014 年间中国内地 31 个省级行政区域的旅游产业效率整体水平进行量化测度，同时结合了 Kumbhakar（2000）的效率增长解构法，采用数理推演的方式对 TFP 增长率进行了效率解构，分为四大部分：技术进步率、技术效率变化率、规模效率变化率和配置效率变化率。通过系统分析各类结构效率的演化规律及其贡献程度，从而为深刻认识我国内地旅游经济发展的内在动力、弥补旅游效率的掣肘短板、拉升区域优势的竞争长板，提供可行可信的参考依据。

第五章为我国内地旅游产业营力系统的量化评价及其耦合协调分析。在本章中主要运用熵权法和加权 TOPSIS 法对 2005～2014 年间我国 30 个省（市/区）旅游综合营力水平进行量化评估和分力测算，同时在此基础上，依次计算出各样本区域旅游产业营力系统的耦合协调程度，这不仅为下一阶段充分厘清各类旅游营力系统及其耦合协调力对旅游产业效率的影响效应，奠定了前期分析基础和数据支撑，而且为充分把握我国各省域间旅游营力系统的差异情况，正确引导地区间旅游产业的协同发展等方面提供了实践路径。

第六章为我国内地旅游产业效率与旅游营力空间分异演化分析。本章重点以空间自相关性为研究视角，通过运用全域 Moran 指数、局域 Moran 指数及 Getis-Ord G_i^* 系数等空间实证方法，从空间结构演化以及区域类型跃迁的层面，依次对 2005～2014 年间我国旅游产业的技术效率、综合营力以及耦合协调三个关键变量进行了空间探索性分析，进而可从空间演化视角有效识别我国内地旅游产业效率、综合营力及系统耦合性的发展格局，这为后续研究的深入开展（即更好地解释各类旅游营力子系统及其耦合协调力对旅游产业效率的空间影响机制）、方法模型的正确选择等方面奠定了前期基础。

第七章为旅游营力系统及其耦合协调对我国内地旅游产业效率的空间影响效应实证分析。该章节通过运用空间计量模型即空间误差模型（SEM）、空间滞后模型（SLM）以及空间杜宾模型（SDM），实证检验了五大旅游营力系统及其耦合协调力对旅游产业效率的空间影响效应，这为有效厘清上述变量间的作用关系提供了实证依据。此外，在当前深入推进旅游全域化战略的时代背景下，精准把握我国内地旅游产业效率的内在增长机制、空间效应关系（共生性或排他性）尤为关键，因此该章节的研究结论也为进一步推动旅游产业全域化、区域经济一体化、效率扩散全面化的有效实现而提供路径保障。

第八章为基本结论与对策建议。通过归纳此前的研究结论，在结合旅游产业效率的影响机理、我国内地旅游营力系统发展水平、区域分布现状的基础上，从中观产业层面出发，以旅游营力系统耦合为视角，着重针对我国内地旅游产业效率结构的优化、旅游营力系统的强化以及旅游产业效率的协调化三个方面提出了相关对策建议，进而为我国内地旅游产业的提质增效提供可复制可推广的新模式。

第三节 研究方法和技术路线

一、研究方法

(一) 文献分析法

系统收集研究国内外相关文献，借鉴经济学、社会学、运筹学、统计学等多学科的相关理论与方法，根据当前最新研究趋势进一步修正和完善本项目的研究思路，保证本项目研究在理论、方法上始终处于前沿领域。针对旅游产业效率、旅游营力系统、旅游产业复合系统的内涵、结构及特征进行理论研究，主要采用逻辑推理与建立概念模型相结合的定性分析方法。

(二) 专家咨询法

在研究过程中，笔者通过参加相关学术会议和专家咨询，了解与本书内容相关的研究成果，请教相关领域专家并与其进行合作研究，对本书阶段性及最终研究成果进行修正和完善；同时结合德尔菲法，以背对背匿名的形式就衡量旅游产业营力系统的相关指标体系进行专家意见征询，确保了评价指标的专业性、客观性、合理性和全面性，从而为下一步评价指标体系的构建奠定了扎实的基础。

(三) 统计分析技术

本研究采用了随机前沿技术构建了我国旅游产业生产函数，以达到对旅游产业效率量化测算的目的，并在生产函数的基础上利用迪维西亚指数、Massell (1961) 以及 Kumbhakar (2000) 的效率增长解构法对我国旅游产业效率进行了解构研究，分解成技术效率变化率、技术进步率、规模效率变化率以及配置效率变化率。此外，还结合熵权法、加权逼近理想解方法（SFA）、耦合协调模型、系统聚类法以及变异系数对我国旅游产业营力系统及其耦合协调度的时空分析情况进行了实证研究。

(四) 空间分析技术

研究将运用空间数据以及空间信息统计分析法,同时借助数学工具软件、空间统计分析软件 (Open – Geo – Da)、地理信息系统 (GIS) 等研究工具对我国省级区域旅游产业经济属性进行地图定位标识、全域及局域自相关检验、冷热点区域分层,以此作为空间分布特征研究的基本依据。具体而言,在分析旅游产业效率的空间影响机理过程中,运用全域及局域莫兰 (Moran) 指数对旅游产业效率、旅游综合营力、系统耦合协调力的空间分异特征进行了探索性分析,还采用了空间计量面板模型实证检验了各类营力及其耦合协调力对我国内地旅游产业效率的直接和间接效应。

二、技术路线

研究技术路线图详见图 1 – 5。

第四节 可能的创新点

一、研究内容创新

(一) 研究视角创新

旅游产业体系是一个集经济、社会、政治、生态为一体且开放的复合巨系统。该系统会受到各种作用力的影响(即旅游营力),旅游系统中的各类营力(如基础支撑力、发展保障力、旅游扩张力、市场消费力、生态承载力)不仅会单独作用于旅游产业的现状水平,进而引致产业内部的发展变革,而且各类营力还会彼此关联、相互作用、共生依赖,形成一定的系统耦合协调力。旅游营力系统的耦合程度直接制约着整体旅游产业效率的充分释放,特别是由旅游营力系统中最薄弱的那块短板所决定的(木桶原理)。正如丰富的生态资源(资源生态承载力)需要与其余营力系统(基础支撑力、发展保障力、旅游扩张力、市场消费力)的全面耦合协调才能够有效地将生态资源优势转化为产业效率优势,提升

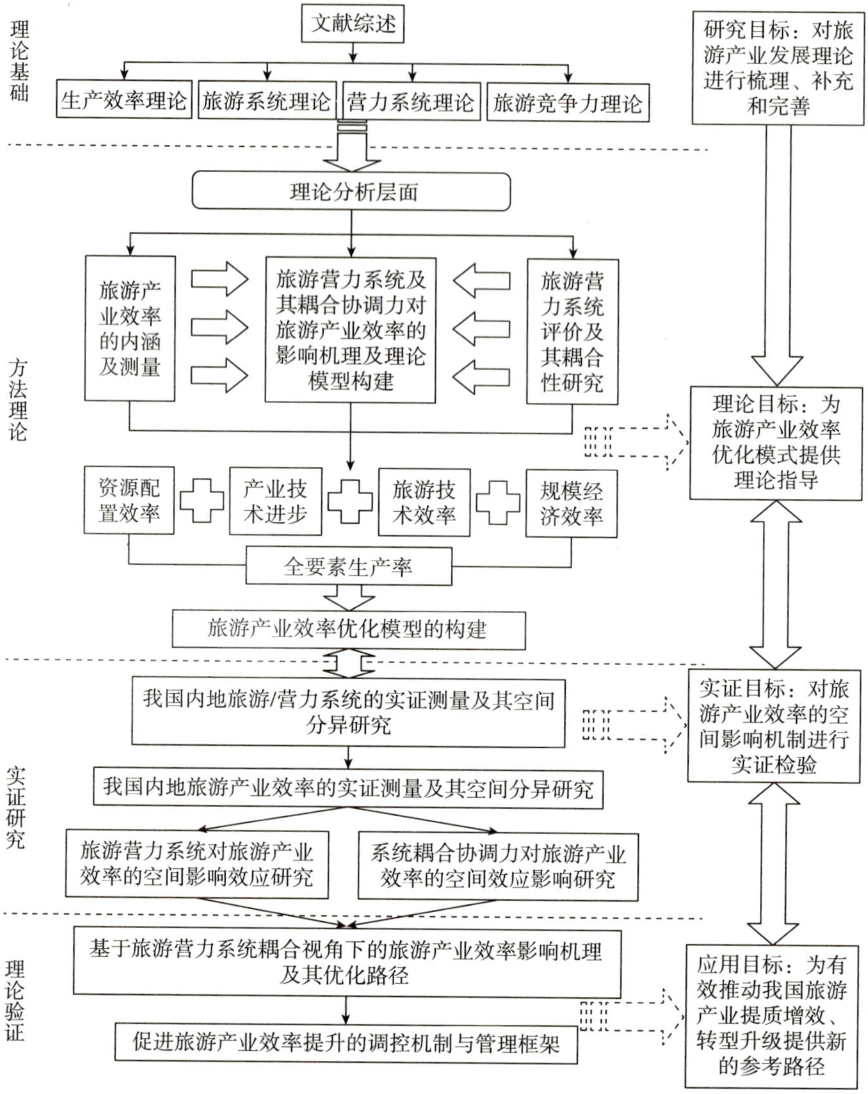

```
理论基础 ──┬── 文献综述
          │
          ├── 生产效率理论  旅游系统理论  营力系统理论  旅游竞争力理论
          │
          ↓
       理论分析层面

方法理论:
  旅游产业效率的内涵及测量 → 旅游营力系统及其耦合协调力对旅游产业效率的影响机理及理论模型构建 ← 旅游营力系统评价及其耦合性研究
         ↓
  资源配置效率 + 产业技术进步 + 旅游技术效率 + 规模经济效率
         ↓
      全要素生产率
         ↓
  旅游产业效率优化模型的构建

实证研究:
  我国内地旅游/营力系统的实证测量及其空间分异研究
  我国内地旅游产业效率的实证测量及其空间分异研究
  旅游营力系统对旅游产业效率的空间影响效应研究 / 系统耦合协调力对旅游产业效率的空间效应影响研究

理论验证:
  基于旅游营力系统耦合视角下的旅游产业效率影响机理及其优化路径
  促进旅游产业效率提升的调控机制与管理框架
```

研究目标：对旅游产业发展理论进行梳理、补充和完善

理论目标：为旅游产业效率优化模式提供理论指导

实证目标：对旅游产业效率的空间影响机制进行实证检验

应用目标：为有效推动我国旅游产业提质增效、转型升级提供新的参考路径

图1-5 研究技术路线图

区域旅游产业的综合实力水平，因此本书以旅游营力系统耦合为视角，尝试探讨我国旅游产业的经济效率优化、产业结构转型、区域协调发展等热点问题，该视角或许是旅游产业效率研究的一个有益尝试和探索。

（二）理论运用创新

目前，关于产业效率的研究已经成为国内外经济学界所关注的热点，然而在研究旅游营力系统及其耦合协调力对旅游产业效率的作用机理以及空间影响效应方面还有待深入。一直以来，旅游业往往被视为劳动力密集型产业，关于旅游产业效率的研究相对较为匮乏。2017年，国家旅游局提出建设高度集约型的世界旅游强国"三步走"战略，将旅游产业效率提升到一个全新的高度。本书将"营力系统理论"运用至旅游产业发展体系的构建中，通过理论与实证相结合，在充分厘清各类旅游营力系统及其耦合协调对旅游产业效率的影响机理基础上，深入探究旅游产业效率的优化路径和调控机制，这不仅对于丰富完善旅游效率研究领域的理论体系和逻辑框架方面具有一定的创新意义，而且对于我国旅游产业全域化战略的有效实施、促进旅游产业效率的提升扩散、实现区域效率协调发展等方面具有积极的理论创新意义。

二、技术运用创新

研究紧跟我国实际问题和发展形势，追踪旅游产业研究的热点与前沿，很多文献在对变量进行因果关系的研究中，均将样本区域假设成互为独立分布的个体（i.i.d），即样本区域间相互孤立且不存在任何形式的联系。然而，这显然不符合客观现实，由于现实中空间地理的关联影响，尤其是对于旅游产业的消费异地性而言，区域间资源要素的流动交换频繁密切，导致相邻地区的旅游产业效率可能存在着显著的空间结构特征以及区域扩散效应。因此，本书在估计各类营力及其耦合协调力对旅游产业效率的作用效应时，应充分考虑到地理空间依赖性的问题，运用空间误差模型（SEM）、空间滞后模型（SLM）以及空间杜宾模型（SDM）等计量工具，将空间区位信息对旅游产业效率的影响也充分考虑在内，从而有利于优化影响效应测算结果的精准度，具有一定的运用创新价值。

第二章 基础理论与文献综述

第一节 基础研究理论

一、旅游系统理论

系统理论创始于20世纪40年代,美籍奥地利生物学家贝塔朗菲(Bertalanffy)通过借助数学和逻辑学,从系统整体层面来研究生物有机体的内部组织(刘志彬等,2010)。其基本思想是将研究对象看作一个有机整体(即组织系统),认为系统是由两个或两个以上彼此关联的部分所构成,且内含特定的逻辑结构和组织功能,构成有机整体的各个局部被称为子系统,最低级的被称为组成系统的要素,同时强调只有通过将有机体当作一个整体系统,才能发现不同结构层次上的组织原理,此后该研究理论被广泛应用于其他领域。系统论最早正式出现于1945年贝塔朗菲所发表的一篇名为《关于一般系统论》的文章中(索绍武,2004),但是由于当时的战乱,其著作并未得到妥善的保存,直至1968年他所编写的名为 *General System Theory: Foundation, Development, Applications* 专著的出现才引起了学术界的广泛重视。文中指出尽管所有系统的种类属性、构成部分及其相互关系不尽相同,但都具备各自特定的逻辑规律、组织原则和运行模式,而一般系统论就是着眼于这些复杂的组织体系,目的在于有效厘清并精准把握复合系统中所蕴藏的普遍性规律,并根据其本质属性达到系统整体效能优化的目的。系统论主张研究任何事物时,需要从以下四个层面加以考虑:

(1) 整体性。整体性是指任何一个系统组织都是由各要素或子系统所构成的有机整体，系统的整体效能大于各要素单独形成的效能之和，换而言之，系统中的各要素效能的最大化并不能等价于系统整体效能的最大化。因此，任何子系统或要素都不能脱离其系统整体，即使其中某子系统的效能处于最大值，一旦与整体相脱离，也就丧失了所有效能。只有遵循整体系统中的一般规律，通过注重系统结构和整体效能的作用关系，全面优化各要素在整体组织系统中的作用状态，才能实现整体组织效能的最大化。

(2) 层次性。它表示任何一个系统整体都是由若干个不同层次功能的子系统构成的，其特点在于各个子系统或要素在整体组织中都赋予了差异化的地位和作用，从而表现出了一定的层次异质性，因此在研究旅游产业效率时，需要从系统层次性的角度出发，考虑彼此间的相互作用关系。

(3) 自组织性。系统内部的各类要素、子系统与外部环境间都是互为开放、彼此联系、相互依存的。在系统自组织的演化机制下，内部要素间的互动联系会逐步增强，使其系统产生自发组织的现象，系统内部结构愈发趋于复杂而精细，从而在级别上由低级向高级演变，在功能上由单一向完善演变，在状态上由无序向有序演变，最终形成了运行有序、功能明确、自行组织的系统体系。

(4) 开放性。开放性是指任何一个系统并非完全独立且闭合的，旅游产业系统需要与外界不断进行物质、能量、信息的交换，如游客流、物流、现金流、信息流等，其组织的演化实质就是一个减熵的过程。因此需要首先明确旅游产业体系的边界，才能够有效地研究其产业性质以及各种物质、能量、信息的转化情况，以实现其系统的稳定性。

旅游产业是一个涉及多主体、多产业、多区域、多层次的复合开放型联动体系，它具有构成主体差异性、形式内容多样性、经济时空联动性、要素构成多元性、泛产业的融合性等诸多特征，旅游业通过旅游者的经济消费行为将各地区间的行业主体联系在一起，构成了一个完整且复杂的产业组织系统。所以在研究旅游产业效率时需要考虑社会、经济、生态等多维系统对整个旅游体系的影响效应，着重分析旅游产业效率的系统演化机制以及外部空间区域的关联交换机制，只有正确理解各系统间以及各要素间的依存关系，从系统最优化的视角把握各类要素对旅游产业效率的共生效应与排他效应，才能更好地为区域间旅游产业效率的全面提升提供对策建议。

二、产业竞争力理论

产业竞争力理论是从比较优势理论发展演化而来的。亚当·斯密（1776）认为，绝对成本优势是区域竞争的绝对优势，其著作《国富论》将交换和贸易作为基点，从成本差异和技术差异的角度提出了"自然优势"和交换的合理性。古典经济学家李嘉图提出，自然禀赋、技术水平和人力资源等生产要素是企业、区域、国家成本优势的主要来源，并将国际贸易间同种产品的差异性来源归结于劳动生产率的差异，同时还分析阐述了处于不同要素比较优势地位的国家在国际贸易分工中的行为选择，从而系统构建了具有代表性的理论——比较优势理论；赫克歇尔（Eli F. Heckscher）和贝蒂·俄林（Bertil Ohlin）在此基础上着重对生产要素的资源禀赋进行了衡量和比较，提出要素禀赋的差异决定了贸易的流向（即要素禀赋学说），从而更进一步地延伸拓展了比较优势理论的内涵。早在1990年，美国学者迈克尔·波特（Porter M.）在其著作 Competitive Advantage of Nations 中全面总结了各国有关产业竞争力优势来源的理论机制（即以竞争力为基点的国际竞争优势模型——"钻石模型"），同时还探讨了区域产业竞争力的持久性根源。他强调竞争力是一个较为宽泛的概念，先前的比较优势理论并不能够全面而有效地解释产业竞争力是如何形成的，这是由于在某些特定产业中，资源要素或自然禀赋并不能起到赢得竞争的决定性作用，而在当今现代化的市场环境中，原始资源的比较优势也在迅速弱化。迈克尔·波特还认为与比较优势理论不同的竞争优势是指在同一个国际市场条件下相同产业所展现出的争夺市场资源、优化资源配置、获取附加价值的竞争能力（赵贤等，2008）。六大核心因素在区域产业竞争力的形成过程中发挥着尤为关键的决定性作用，具体如下：①生产要素；②市场需求条件；③相关与支持性产业；④企业战略、企业结构与同行竞争；⑤政府行为；⑥机遇。上述因素在特定的产业环境机制下会彼此关联、相互作用，最终决定着某产业的实力水平。"钻石模型"的出现，以全新的视角诠释了某些特定的产业优势形成的机理过程和逻辑框架，所以竞争优势理论被学界所普遍接受，并广泛地应用于对不同区域产业绩效的研究中。

按照比较优势学说，旅游资源可以被视为旅游业的比较优势。我国旅游产业的发展初期主要是以初级资源型产品为主体，早期阶段通过有效发挥旅游资源的比较性优势是符合旅游业快速成长的路径规律。然而如今，我国旅游产业正面临着巨大的时代变革，倘若依旧坚持以初级生产要素的比较优势为发展导向将不再适应现代化市场竞争的需要，过于片面地强调初级资源的比较优势将会使我国旅游经济陷入"比较优势陷阱"，从而破坏生态、经济和社会三大系统效益的相统一，只有在注重经济发展质量的同时，努力推动旅游产业体系中各类资源要素的全面协调耦合，才能有效实现旅游产业竞争优势的显著增强。与比较优势理论所不同的是，竞争优势理论对于摆脱单纯的要素驱动，推动我国旅游业迈向集约化、永续化发展之路具有重要的积极意义。其理论核心是指利用生产力优势，在借助资源比较优势（并非完全依赖）的基础上，全面促进人力、资金、知识等多种要素的有效融合，以旅游经济为引领，充分带动与旅游相关及其辅助产业的发展。我国旅游产业若要在当前竞争激烈的国际市场环境中站稳脚跟并获得一定的优势地位，不仅有赖于原始资源的比较优势，更需要寻找出一条适合长期的、可持续的、难以效仿的发展道路。以竞争强效率、以效率促发展，不断提高我国旅游产业的核心竞争实力，最终实现区域资源比较优势向综合竞争优势的升级演变。由于效率是产业竞争力中的重要组成部分，所以产业竞争力理论也为我国旅游经济效率研究的深入开展奠定了前期基础和分析框架。

三、区域经济学理论

区域经济学与其他经济学理论不同，它是从区域发展增长极理论和区位论的基础上发展演化而来的，主要是以经济活动的空间载体——区位因素作为切入点，从空间视角研究稀缺资源配置、经济增长演化、产业要素集散以及区域发展关系等内容，具体包括传统空间经济学理论、传统区域经济发展理论以及新兴空间经济学理论三大层面。

（一）传统空间经济学理论

该研究理论可追溯到19世纪初大卫·李嘉图（David Ricardo）的农业地理论[1]，以及约翰·杜能（Johan Heinrich Von Thunen）的农业圈层论。大卫·李嘉图（1821）首次将地理因素融入到对农业土地差异性的研究当中，但却未考虑运输成本的影响。此后，约翰·杜能（1826）在其有关农业区域理论的著作中（即《孤立国同农业和国民经济的关系》），将运输成本纳入其分析模型中，以目标利润最大化为原则，并认为农场与市场的空间距离对农作物的选择以及农场的

---

[1] 大卫·李嘉图. 政治经济学及赋税原理[M]. 北京：北京联合出版公司，2013.

经营模式影响最为关键,而并非土地种植的自然属性。在地租与距离的相关性假设下(距离中心城市越近,可耕土地的地租就越昂贵),由于受到距离成本(地租和运费)的影响,离中心市场较近的土地应选择种植运输成本大且经济价值高的农作物,而离中心市场远的土地则会种植运输成本低的土地密集型农作物。约翰·杜能根据该理念提出了孤立国的六层农作物圈层结构(即"杜能农业环"),这是第一次从理论体系上诠释了空间结构的异质性对经济活动的影响。随着产业革命的兴起,许多学者逐步将空间视角由农业转到研究工业布局和产业迁移的问题上来。德国学者阿尔弗雷德·韦伯(Alfred Weber,1909)在其撰写的《工业区位论》中全面而系统地分析了工业区位迁移背后的空间机制和经济规律,并试图从区域要素和空间集聚效应两个层面解释对工业区位的作用机制。美国经济学家胡佛(Hoover,1948)从运输区位论的角度在韦伯的研究体系基础上进行了持续研究和不断深化,着重分析了运送方式以及成本结构对经济活动的区位选择影响。整体而言,上述理论都是以个体生产单元的区位选择为基点,采用静态局部均衡分析法,由于并未考虑到贸易往来对产业布局的影响,这种以资源要素在空间上可完全自由流动以及市场完全自由竞争为假设条件,以个体利益最大化的区位选择为研究目标的理论被称为古典区位理论。

(二)传统区域经济发展理论

传统区域经济发展理论主要是将地区经济增长与结构规模演化作为其研究内容的理论探讨(李小建,2006)。20世纪50年代法国学者弗朗索瓦·佩鲁(Francois Perroux,1955)根据"磁极"的原理率先提出了"区域增长极"的理念。他认为,各个地区的产业组织或部门都是遵循自身相应的发展速度演化的,在空间分布上往往会表现出不平衡的特征。一些效率优势明显、经济增长较快、创新能力较强的主导行业通常会以某个特定的区域为中心率先形成空间集聚,从而构成了优先发展的经济增长极。这些地区通过极化效应和扩散效应对本地区以及周边地区的产业组织或部门形成不同程度的支配作用。长期来看,增长极不仅有助于促进自身经济快速增长,当其达到一定规模程度时,外溢效应、扩散效应、乘数效应还将带动邻近区域共同发展。随后,瑞典经济学家冈纳·缪尔达尔(Gunnar Myrdal,1957)运用其代表理论——"循环积累因果原理"阐述了增长极与周边区域之所以会存在"扩散效应"(上升的循环累积过程)以及"回波效应"(下降的循环累积过程)的关系原因,从而有效地揭示了区域发展不平衡的内在机理。此外,英美学者同样也对区域经济发展理论进行了相关研究,并继续丰富了该理论的体系框架,使区域经济增长极理论成为该领域的主流观点。阿尔伯特·赫希曼(Albert Otto Hirschman,1958)认为,经济增长会预先出现在某个地区,并会对邻边区域构成极化和涓滴影响效应,所以政府应当通过适度的政策干预,积极引导区域经济的运行机制,着力强化"涓滴效应"的有效形成。美国经济学家米尔顿·弗里德曼(Milton Friedman,1966)提出了"核心-边缘理论"(也称为"中心-外围理论"),并认为由于核心地区通常集聚着经济发展所需的技术、资本、政策、人才等优质生产资源,核心区域通过使边缘地区的优质生产要素向其中心流动,以创新为经济驱动力,并在向边缘地区的经济、技术、文化等要素扩散中凸显其核心地位,因此核心地区往往主导于边缘地区,最终造就了区域发展的不平等性。上述理论都是从空间发展的角度系统研究区域自身以及区域间的经济发展关系,这极大地拓展完善了空间经济学的理论框架。

(三)新兴空间经济学理论

该理论学派的代表人物主要包括:保罗·克鲁格曼(Paul Krugman)、沃纳伯尔斯(A. Venables)、藤田(Fujia)、莫瑞(Mori)等经济学家。克鲁格曼(1991)将规模报酬递增与空间区位相结合,构建了不完全竞争市场条件下的"中心—外围"模型,开创性地使空间区域理论成为研究经济问题的中心视角。该学派以垄断竞争理论为研究范式,充分考虑到经济活动在地域分布上的规律特征,在借鉴国际贸易理论和"冰山贸易成本"理论的基础上重点研究了集聚效应与扩散效应的形成机理,并最终认为空间的集聚与扩散只是经济贸易向心力与离心力作用的结果。一般而言,向心力主要是由"本地市场效应"和"价格指数效应"所形成的;而离心力则是由"市场拥挤效应"所产生的。

总而言之,空间经济学是以经济活动的地域分布特征及经济增长规律为研究对象,从空间结构视角探寻经济增长的区域演化关系的系统性理论。在分析我国旅游产业效率的区域分布特征时,空间经济学的思路理论恰好适用于深入研究各类区域属性因素对旅游产业效率的影响机制效应,原因在于旅游产业的异地消费性特征决定着旅游客源地与旅游目的地间具有较强的互联协同关系,而旅游产业效率也是经济发展质量的充分反映,特别是在当前旅游产业全域化发展的趋势背景下,如何有效强化区域经济的协同联动,尽快消除地区间发展不充分、不协调、不平衡的现象,有力推动旅游经济质量的全面发展,空间经济学理论可为我国旅游产业效率的全面优化提供决策路径和理论依据。

四、营力系统理论

营力源于地质学中的概念，地质营力主要是指引起地质作用的自然力。根据这些自然力所形成的来源以及对地球产生作用的部位，可划分为地质外营力和地质内营力两大类。地质外营力是在地球外部形成并作用于地球表面的自然力，如风化、侵蚀、沉积等作用力，而地质内营力则是由地球内部所形成并作用于地下深处的自然力，如构造作用、岩浆作用以及变质作用等。在内、外地质营力系统的相互作用影响下，共同构成了营力体系，从而使地球表面存在各种形态特异的独有地质形状，这也是地质营力系统长期综合作用的结果。由于该理论具有很强的系统性思维和结构性特征，通过聚焦于系统营力的结构体系、组织功能、层次规律，可有效地推演出系统产生变化的因果关系和深层原因。因此，营力系统理论作为一种分析方法被很多学者所认可，如今已由初始的地质学、力学等自然学科被广泛地拓展至社会科学研究领域。

马新莉（2003）以系统营力为视角，并结合自组织理论分析了制造系统演化的内生机制，并将推动制造系统演化的动力源泉归为系统内的制造技术进步、劳动生产率提升、管理科学化等内营力作用，以及系统外的自然环境变化、产业结构调整、经济波动、企业经济规模变化等外营力作用。外营力会给制造系统带来突变，导致原本有序稳定的内部系统结构解体，当所有干扰因素被内营力束缚后又会形成新的系统内部稳定状态，这种从无序到有序且不断反复的过程就是制造系统的演化路径。张序强（2003）以生态学中的阻力理论对五大连池风景区进行研究，建立旅游空间联系关系影响因子系统，因而明确了该理论在旅游规划中的应用指导意义。金东海等（2004）将营力系统分析引入城市化发展研究中，发现潜力巨大和资源总量丰富有利于驱动和支撑城市化发展，但经济基础薄弱、产业结构与层级低下、资源环境约束趋紧以及观念制度相对落后等是制约城市化发展的主要阻滞力，在此基础上提出了推进可持续城市化发展的基本原则。荀文会等（2006）对中国耕地保护的营力系统进行了分析，指出虽然中国土地整理和复垦潜力巨大，有利于减小耕地压力，但土地后备资源与区域布局、资源环境承载能力等支撑力不足，加上生态退耕、农业结构调整和城镇化进程将进一步占用耕地，对耕地保护构成阻碍，亟须改进土地使用效率，推进耕地保护制度改革创新。李莉莉和高建军（2010）围绕城中村的城市化和城市生态化问题构建了力学模型，按照营力系统中作用力构成框架，对主要约束因子进行了归类，并区分出各因子主次关系，为城中村改造、生态化发展提供了借鉴。他们认为，城中村是由自然、经济、社会等系统共同组成并具有适应演化特征的有机整体，城中村向城市化演进的过程中会受到来自系统外部的驱动力、支撑力以及阻滞力的影响，同时也会受到系统内部的压力、拉力和阻力等内驱因素的影响。具体而言，该系统在受到外营力（如城市化进程、城市功能、生态水平以及二元体制间的差异矛盾等）的影响下，城中村内部的结构体系要素也会随之发生交互作用，并引致相应的变化，这些变化则被统称为内营力。城中村向城市化和生态化的变革过程正是这些内、外营力系统的交互关联、迭代演替的综合结果，因此营力系统理论给我们提供了一个较为完整的系统结构及作用力分析视角。

第二节 旅游产业效率研究综述

"效率"一词原本来源于物理学中的概念，是指功率对驱动功率的比值，而在经济学中，效率通常用以表示对资源的利用程度和能力效应的指标，同时还表示通过对资源要素的优化配置使社会总剩余实现最大化的程度反映（曼昆，2003）。英国学者法瑞尔（M. J. Farrell，1957）最早提出了关于"经济效率"的内涵界定并给出了明确的测量尺度。现阶段我国经济正处在由高速增长向高质发展的特殊转型时期，因此产业效率被广泛地运用于我国国民经济和社会发展的各个领域，成为研究经济增长的新视角。旅游产业效率作为反映旅游经济增长质量的关键性指标，对于当前我国旅游产业改革的顺利推进具有重要的现实指导意义。旅游产业效率是指特定区域内旅游资源要素的投入与相应效益产出两者间的内在转换能力。由于我国各地区域的经济水平、基础设施、资源禀赋、地理区位、生态条件等发展因素都不相同，因而造成对要素资源的利用程度也会呈现出较大的差异，这种差距就构成了旅游产业效率在空间演化特征上的异质性结果。旅游产业效率作为识别和判断旅游生产要素的投入与产出是否合理的重要标准，对于推动我国旅游业发展方式由传统的外延型朝未来的内涵型方向转变具有较强的指导价值（刘佳和张俊飞，2017）。

一、研究文献整体概述

通过分别以"旅游产业效率"和"旅游效率"为主题关键词,在中国知网(CNKI)中进行了文献检索后发现,2007～2017年间CSSCI以及核心期刊科研成果总数达211篇,博士论文数量为20篇,文献成果总数合计231篇。为能更加清晰把握我国旅游产业效率研究领域的动态变化特征,研究结合检索统计数据绘制了旅游产业效率研究文献趋势图(见图2-1)。从图2-1中可以清晰看出,11年间国内学界对于旅游产业效率研究领域的关注度正逐步得到增强,尤其自2011年以后,论文成果数量呈现出急剧上升的态势,这可能与我国旅游产业成长阶段以及经济改革发展要务有关。同时,这些高质量研究成果的大量涌现也说明了我国学者不仅在数量方面对该领域进行了较为广泛且丰富的研究,而且在质量上也体现出了很强的学术价值和理论深度。

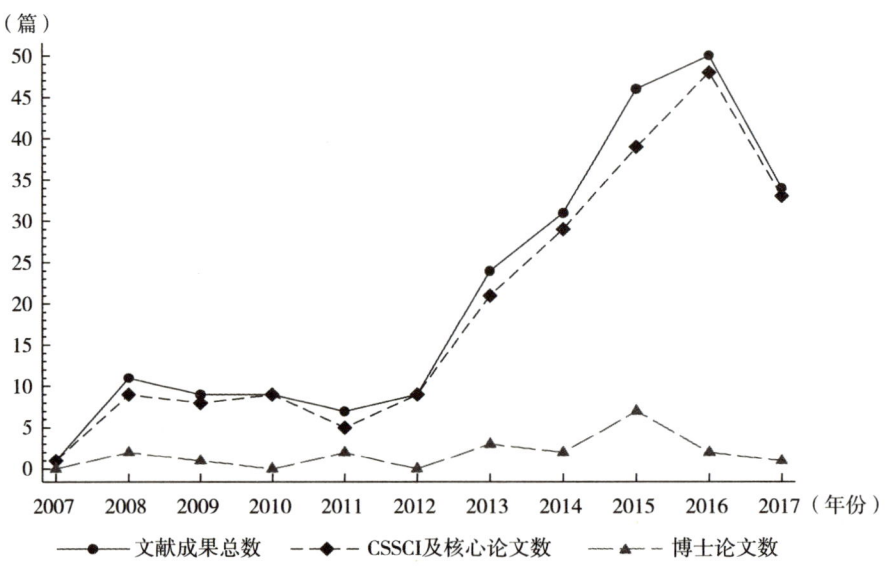

图2-1 2007～2017年国内旅游产业效率研究文献趋势

此外,通过运用SATI 3.2以及NetDraw 2.141软件对上述文献成果进行可视化处理,并生成了文献网络关系图(见图2-2),经归纳梳理后发现我国学界关于旅游效率研究主要侧重于旅游企业生产效率(谭伟等,2010;韩国圣等,

2015；任毅等，2017）、区域旅游产业效率（李亮等，2013；王松茂等，2016；胡亚光，2017）、城市旅游经济效率（马晓龙，2014；刘建国等，2015；游诗咏等，2017；）、乡村旅游运营效率（江燕玲等，2016）、文化旅游产业效率（刘改芳等，2013；徐文燕等，2013）、入境旅游发展效率（何俊阳等，2016；杨颖等，2016；唐睿等，2017）等诸多领域。同时在研究视角方面也不断地创新拓展，很多学者借助多元化的理论体系对我国旅游产业效率的现状问题开展了较为充分的机理论述和实证研究。具体包括：碳排放及环境生态约束（韩元军等，2015；张玉钧，2016；查建平，2016；刘佳等，2017；赵金金，2016）、效率空间演化（刘建国，2016；钟敬秋等，2016；王坤等，2016；孙盼盼等，2017）、旅游产业集聚（郭悦等，2015；张广海等，2016；高俊等，2017）、城镇化进程（马勇等，2016；王恩旭，2016）、信息化发展（孙媛媛，2016）等视角。

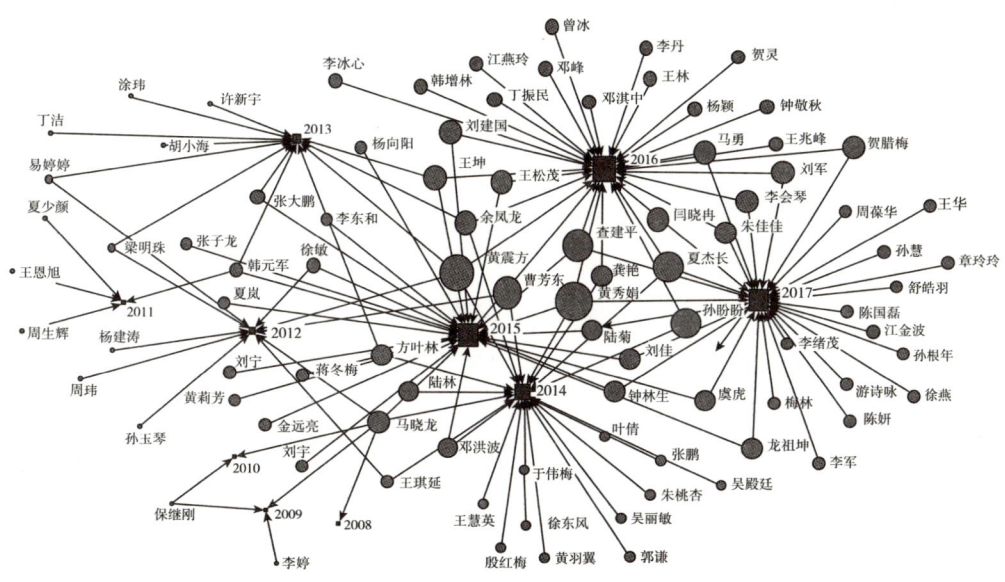

图 2-2　2007~2017 年国内旅游产业效率研究文献网络关系

综合而言，国内学界对于旅游产业效率的研究主要是从两个方面展开的：第一是旅游产业效率的测评比较，即针对我国不同区域的旅游经济效率进行量化测算，从区域层面探讨旅游产业效率的时空演化分异特征；第二是旅游产业效率的内生机理分析，即通过运用不同的计量模型（如 Tobit 模型、空间杜宾模型、

SFA 模型、三阶段 DEA 模型等),对影响旅游产业效率的关键因素进行实证分析和检验,以期探寻出一条行之有效的旅游产业效率优化路径。上述文献从不同角度和研究层面对旅游产业效率的内生机理演化、因素影响机制、优化路径选择等问题进行了深入的分析和探讨,这为我国旅游经济向效率化迈进奠定了扎实的前期理论基础。本小节从旅游产业研究对象、影响因素、研究方法三大维度对旅游产业效率的相关文献进行了系统归纳述评。

二、研究对象

(一) 空间区域对象

当前,国内大多数文献通常都是以省级或市级行政区域为样本单元来开展对旅游产业效率的量化评价。此外随着该研究领域的不断深入,空间单元尺度愈发细化,旅游产业效率的研究重点逐步从全国省域层面聚焦于某个特定经济区内的市域层面。

(二) 经济区域对象

近年来,许多学者通常将某特定经济区域作为研究对象,以省或市级行政区为样本单元,从投入产出的角度对其旅游产业效率进行实证测量,并在此基础上结合相关数理计量方法,根据旅游产业效率的时空分异特征着重开展原因分析和对策研究。例如,何俊阳等 (2016) 采用超效率 DEA 的方法测算了 2005~2014 年间泛珠三角区域(九个省份)的入境旅游产业效率,并通过运用广义最小二乘法 (FGLS) 实证研究了突发事件、产业结构、区位交通、接待设施、资源禀赋以及对外开放六大核心变量对入境旅游发展效率的影响效应。张舒宁等 (2017) 选择城市作为样本单元实证测量了 2010~2015 年间成渝经济区的城市旅游发展效率。此外,笔者通过以经济区为标准对相关文献进行梳理总结后发现(见表 2 - 1),长江三角洲、珠江三角洲等东部发达地区往往是我国旅游产业效率研究所关注的热点,然而,随着近年来我国"一带一路"倡议的不断深化推进,"丝绸之路经济带"沿线的中西部相关省市也成了旅游产业效率的研究焦点。这也说明旅游产业效率的研究空间范围正迅速扩大,并向欠发达地区延伸,旅游经济发展质量已成为新时代下我国各地区产业改革的重要目标。

表 2-1 旅游产业效率研究区域分布

经济区域名称	样本尺度	研究学者
泛长三角经济区	省级区域尺度 市级区域尺度	曹芳东等（2012）
长三角经济区	市级区域尺度 （25 座旅游联盟城市）	王坤等（2013）
泛长三角经济区	市级区域尺度	王坤等（2016）
长江经济带	省级区域尺度	龚艳等（2016）
东部地区 长三角、珠三角、京津冀、山东半岛	市级区域尺度 （42 个地级以上城市）	李瑞等（2014）
泛珠三角经济区	省级区域尺度 （9 个省份）	何俊阳（2016）
东部沿海地区	市级区域尺度 （53 个地级以上城市）	秦伟山等（2014）
山东半岛蓝色经济区	市级区域尺度 （7 个沿海城市）	李淑娟等（2015）
中部地区	省级区域尺度 （8 个省份）	何俊阳等（2015）
西部地区	省级区域尺度	袁丹等（2013）
成渝经济区	市级区域尺度 （15 个地级以上城市）	张舒宁等（2016）
21 世纪海上丝绸之路经济带	省级区域尺度	冯学钢等（2017）
丝绸之路经济带	省级区域尺度 西北五省（区）	唐睿等（2017）
丝绸之路经济带	市级区域尺度 （30 个地级以上城市）	屈小爽（2017）

资料来源：笔者根据 2007~2017 年间 CNKI 中 CSSCI 以及核心期刊论文归纳而成。

（三）省级区域对象

随着研究样本尺度不断细化，很多学者常以某省级区域作为研究对象，从地级市层面对旅游业效率进行研究。例如，龚艳和郭峥嵘（2014）运用超效率

DEA 及 Malmquist 模型从静态和动态双重层面入手，重点测算 2001~2012 年间江苏省内 13 个样本地区的旅游产业效率分异情况。王松茂等（2014）同样采用数据包络法将每一年作为决策单元 DMU，重点对 2000~2012 年间新疆旅游产业效率进行时间序列的纵向比较分析。刘建国和刘宇（2015）则分析了 2006~2013 年间杭州市旅游产业效率的演化特征和关联因素。此外，还有游诗咏等（2017）借助 Bootstrap-DEA 纠偏模型着重测算分析了广东 21 个城市旅游效率发展水平，并从空间分布特征以及内生增长机制的视角探究了广东省旅游效率的演化情况。由此可见，很多学者都从地域空间视角研究了特定省份的旅游产业效率，并详细分析了相关的影响因素。在这些研究省份中，"长三角"经济区的发达省份以及旅游资源丰饶的地区往往是研究关注的重点对象。上述研究成果为我国各地区在因省施策、因地制宜方面提供了科学依据。

（四）行业领域对象

国外研究文献在旅游行业效率方面更倾向于从旅游企业的微观层面对生产效率进行评价，成果主要集中在酒店、旅行社、旅游目的地以及旅游交通等领域。具体而言，很多国外学者对旅游酒店及其连锁行业的经济效率、管理水平、经营业绩等方面做了大量且翔实的测度研究（Barros，2005；Perrigot & Cliquet G，2009；Huang & Mesak，2012；Ashrafi & Hsinvonn，2013）。Sami Jarboui（2015）采用了 SFA 分析了突尼斯的酒店经营效率和相关因素，并在此基础上提出了企业的独立董事比率会对酒店经营效率构成积极的影响效应。在旅行社行业效率的相关研究方面，国外学者大多运用 DEA 将旅行社企业作为数据样本，着重分析旅行社企业的效率分异情况。例如，Fuentes（2011）测算比较了西班牙阿里坎特（Alicante）区域 22 家旅行社的技术效率情况，并在此基础上着重研究了所有权、区位、服务等因素对旅行社技术效率的作用关系。Barros 和 Dieke（2007）从效率测算和影响因素两个方面探讨了葡萄牙旅行社的运营情况和发展制约原因。随着旅游产业效率研究领域的深入，旅游行业范围逐步延伸至旅游目的地（Assaf & Josiassen，2012；Barros & Botti etc，2011；Medina & Ignacio etc，2012）以及旅游交通等领域（Brida & Deidda etc，2014）。

与国外研究所不同的是，由于我国旅游行业统计数据的局限性，国内学者通常以行政区域为研究对象，并从中观产业层面开展对旅游相关部门效率的评价研究。在星级酒店行业方面，绝大多数学者往往将省级或地级市区域作为样本单元,进行全国或某经济区中酒店行业效率的测度研究(方叶林等,2013;杨振山等,2015;龙祖坤等,2016)。在旅行社行业方面,以往国内研究成果相对较少,但自从熊伯坚等(2009)采用数据包络法对江西省旅行社经营效率进行测算之后,研究成果相继涌现,同样是以行政区域为生产单元,重点着眼于旅行社行业的生产效率结构(赵海涛等,2013;郭峦等,2013)、省际空间差异(孙景荣等,2014)、发展演化趋势(武瑞杰,2013)以及效率影响因素(李向农等,2014;胡宇娜等,2017)等方面。例如,胡志毅(2015)运用 DEA – Malmquist 模型,评价了我国内地 31 个省(市/区)2000~2009 年间旅行社行业的技术效率(TE)、规模效率(SE)以及全要素生产率变化率(TFP)的情况。胡宇娜等(2017)以我国内地 31 个省份的旅行社行业数据为研究样本,在对其行业效率进行测算分析的基础上,采用空间滞后模型和空间误差模型对旅行社行业效率的影响因素进行了研究,并归纳总结了其效率的驱动机制。此外,近年来也有学者从旅游企业的微观层面着手,分别对我国旅游上市公司的生产效率(唐金稳等,2017)、经营效率(任毅等,2017)、经营效率与盈利能力关系(刘文华等,2017)等方面进行了研究。总体而言,国内学术界对旅游行业效率的研究大多集中在中观或宏观层面,重点以旅游行业的效率时空演化以及相关影响因素为研究内容。

三、影响因素

由于旅游产业具有典型的经济外部性以及综合关联性等特征,因而作为一个开放的巨系统在很大程度上容易受外部因素的影响。国内很多学者从中、宏观层面实证检测了各类关键因素对旅游产业技术效率、全要素生产率的作用影响效应,并对其相应影响机理进行了总结和归纳(刘佳等,2015;钟敬秋等,2016)。笔者在对相关文献进行梳理的基础上,将主要影响因素绘制成表 2 – 2,以便有效厘清国内学界对效率影响因素研究的脉络思路。

由表 2 – 2 可知,近年来国内不同学者从诸多视角对我国区域旅游产业效率的差异原因进行了详尽的分析。整体而言,虽然我国旅游产业效率逐年呈递增趋势,但投入产出水平仍然处于较低水平(李姝姝等,2017)。张广海和冯英梅(2013)认为影响旅游产业效率变化的因素较多,正是由于地区中各类因素条件都不尽相同,从而导致旅游产业效率呈现出了较为明显的空间异质性特征。这些影响因素大体包括:旅游产业集聚、技术创新水平、地区经济状况、基础设施条件、产业规模结构、城市化水平（城镇化率）、政府干预程度、对外开放程度、旅游资源禀赋等方面。

表2-2 旅游产业效率影响因素

作者（年份）	影响因素	研究领域	方法
李姝姝等（2017）	旅游产业集聚、经济发展水平、对外开放程度、科技创新水平、旅行社、星级旅游饭店	旅游产业效率	固定效应模型
张舒宁等（2017）	产业结构、经济发展水平、交通便利程度、政府对旅游经济的干预程度、城市化水平	成渝经济区旅游发展效率	DEA、Malmquist、面板数据回归模型
何俊阳等（2016）	突发事件、产业结构、区位与交通条件、服务设施及接待、旅游资源禀赋、对外开放	泛珠三角区域入境旅游发展效率	超效率DEA、广义最小二乘法
龚艳等（2016）	经济发展水平、交通便利程度、旅游产业结构、对外开放程度、科技发展水平	长江经济带旅游业效率	DEA、Tobit模型
何俊阳和贺灵（2015）	服务业发展水平、居民收入、产权结构、对外开放、基础交通条件	中部地区旅游全要素生产率	超效率DEA、Malmquist、Tobit
何俊阳等（2015）	地区经济发展水平、技术创新、人力资本、区位条件、服务接待能力、旅游资源丰度	省域旅游业运营效率	随机前沿分析SFA
郭悦等（2015）	集聚水平、旅游业规模、人均GDP、旅行社数量、星级酒店数量、景区景点数量	旅游业全要素生产率	DEA、Malmquist、广义矩估计
刘佳等（2015）	城市化水平、对外开放程度、第三产业比重	旅游产业效率	DEA、Malmquist、变系数固定效应模型
刘建国和刘宇（2015）	产业结构、旅游基础设施、对外开放程度、经济发展水平、服务业发展规模	旅游全要素生产率	Malmquist、一阶差分GMM、系统GMM
张鹏等（2014）	旅游资源禀赋、产业结构、知识基础、市场化程度、开放度、交通基础设施	旅游业效率	SFA、SDM

续表

作者（年份）	影响因素	研究领域	方法
李亮和赵磊（2013）	旅游资源禀赋、城市化、制度环境、区位因素	旅游发展效率	SFA
王坤等（2013）	技术水平、劳动投入量、固定资产投入量、实际利用外资额、旅游资源丰度	城市旅游效率	修正DEA、ESDA-GIS、空间计量模型
赵磊（2012）	旅游发展、基础设施、对外开放程度、创新能力、产业结构升级	旅游产业全要素生产率	Malmquist、系统GMM
王栋等（2011）	对外依赖程度、旅游资源开发水平、竞争结构、旅游企业技术装备水平、旅游产业人力资本	旅游产业技术效率	SFA

具体而言，在产业集聚、科技创新的研究方面，李姝姝等（2017）认为产业集聚有助于加快旅游业技术效率以及规模效率的有力提升，从而带动旅游产业整体效率的增长，而且科技创新水平也决定着全国旅游效率的发展程度。郭悦等（2015）也认同旅游产业集聚对全要素生产率存在显著的正向促进效应。在地区经济水平、基础设施条件、产业规模结构、城镇化比率、政府干预程度等方面，很多学者普遍表示上述因素对于旅游产业发展效率的强化均具有显著的正向影响关系。例如，张舒宁等（2017）在对成渝经济区旅游发展效率测算研究后发现，经济发展水平、政府干预程度、产业结构、交通条件、公共服务、城市化水平对旅游产业效率均有显著的正向推动作用。持相关类似观点的学者还包括何俊阳等（2015）、龚艳等（2016）、马勇等（2016）、游诗咏等（2017）、李姝姝等（2017）。在旅游资源禀赋以及对外开放程度方面，很多学者则认为旅游资源禀赋不能有效地促进旅游效率的显著增强。同时，对外开放程度（FDI）对旅游业发展效率的拉动效应也不显著（向艺等，2012；王坤等，2013；张鹏等，2014）。这是因为外资倾向于流入具有资源竞争优势明显的地区（热衷于廉价的劳动力和丰富的资源禀赋），而且存在外资对当地旅游资源过度开发、未能科学合理利用的现象，因而造成了旅游产业效率的耗损（何俊阳等，2015）。就资源禀赋而言，旅游资源丰饶区域往往容易对其原始资源形成严重的依赖性，从而造成旅游产业结构单一的现象，落入"旅游资源诅咒"的陷阱，这对旅游产业效率产生抑制作用（王坤等，2013）。然而，李亮和赵磊（2013）的观点却截然相反，他们通

过对我国内地 30 个省份的旅游发展效率进行实证计量后认为，旅游资源禀赋对旅游产业效率具有显著正向影响，其原因在于旅游资源的吸引力与旅游潮的流动强度具有一致性，旅游资源依然是旅游产业得以发展壮大的根本要素，这充分地体现了它在旅游产业中的主体地位。

四、研究方法

一般而言，研究内容决定着研究方法的运用和选择，因此根据研究内容的划分可以明确方法的路径用途和使用目的。目前，关于旅游产业效率的研究内容主要分为效率量化测算、时空特征分析、影响因素及其效应研究三大部分。因此，在研究方法上也分为三大研究类型工具，即产业效率测算类方法、时空特征统计类方法以及因果关系类分析方法。

（一）产业效率测算类方法

在旅游产业效率测算方面，很多学者主要采用参数分析法和非参数分析法对旅游区域效率进行评价，参数法主要是以随机生产前沿技术为代表；而非参数分析法则是以数据包络法 DEA 为代表。通过对近十年间旅游产业效率相关文献进行整理后发现，由于 DEA 方法不需要事先设定函数的具体形式，在涉及复杂的生产关系时，不会因此受到模型偏误的影响，而且适合多投入多产出的研究，所以该方法几乎占据了现有研究文献的绝大比例，已成为了旅游产业效率测算的主流工具。具体而言，自 2008 年以来仅有杨勇等（2008）、朱承亮等（2009）、简玉峰等（2009）、王栋等（2011）、李亮等（2013）、毛润泽等（2014）、张鹏等（2014）、何俊阳等（2015）少数学者采用随机生产前沿法对旅游产业效率以及旅游相关行业效率进行测算研究，其余文献均采用 DEA 进行区域旅游效率的实证测量。

近年来，随着旅游产业效率研究的不断深入，传统的 DEA 方法也在逐步改进和推广。例如：①超效率 DEA：当生产单元 DMU 属于技术效率最佳状态时，其效率值为 1，因而无法对技术效率最优的区域单元进行深入评价比较。许建伟等（2013）则采用超效率 DEA 技术对中国省级行政区的旅游效率进行了深入分析和定量评价。②三阶段 DEA：传统 DEA 所测得的效率值通常会受到技术无效率因素、外部环境因素以及随机性因素的干扰，从而造成效率估计值的偏误。为了避免该问题的产生，三阶段 DEA 模型则被很多学者在旅游产业效率测算时所广泛采用（王耀斌等，2016；徐凯等，2015）。③SBM 模型：为能有效避免投入与产出变量松弛性的问题，同时又可以让非期望产出（即不好的产出）包含在内，使技术无效率的原因得到更深层次的分析，查建平（2016）运用 SBM 方向距离函数对我国旅游产业的低碳发展效率以及减排潜能进行测评分析并提出了相应的路径建议。④Bootstrap – DEA 纠偏效率测度模型：由于传统的 DEA 方法假设生产单元 DMU 与生产前沿面之间是不存在随机误差的，因此在样本数据较小的条件下，对各区域的效率进行实证测量时可能会导致偏误，同时也无法进行统计显著性检验，但根据 Simar 等所设计的 Bootstrap 法能够有效克服此类问题，所得到的 Bootstrap – DEA 估计值在较为一般的情况下是一致的，因而 Bootstrap – DEA 比传统 DEA 在实践应用性方面更具优势（李瑞等，2014；游诗咏等，2017）。由此可见，在旅游产业效率研究中，以 DEA 为代表的效率测度方法正日臻完善，这为后续的效率研究提供了更为科学、可信、有效的分析工具。

（二）时空特征统计类方法

采用效率测算类方法虽然能够量化分析旅游业生产要素的利用效率，但却无法反映出各地区旅游产业效率在时间以及空间维度上的相对变化趋势，以及演进特征。因此，很多学者在 DEA 的基础上，结合时空特征统计类方法对特定区域的旅游各类效率进行时空分异研究，主要工具包括曼奎斯特（Malmquist）指数、空间探索性分析等：①曼奎斯特指数（Malmquist index，MI）模型以及变异系数（CV）。Malmquist 指数模型与 DEA 的结合最为常见。该方法可有效地弥补 DEA 在效率时序相对变化测量上的不足，有效地厘清各类效率的动态演变特征。例如，梁明珠、易婷婷和 Bin Li（2013）采用 Malmquist 指数分析比较了 2004 ~ 2010 年间广东省 21 个地市的旅游产业效率。邓洪波和陆林（2014）采用 Malmquist 指数动态分析了 2005 ~ 2010 年安徽 17 个市级行政区域的旅游产业效率实际发展水平，并结合变异系数对安徽旅游综合效率的离散变化情况进行了测度研究。变异系数常用于反映组内旅游效率观测值的变动差异情况，重点比较各个组别数据离散程度的大小。孙景荣等（2014）在分析 2003 ~ 2009 年间中国旅行社效率水平时，也采用了变异系数对样本期间效率的变化情况进行了测量。②空间探索性分析（ESDA）。空间探索性分析主要是以区域旅游产业各类效率数据为基础，从空间全域或局域依赖性的角度出发，探索旅游产业效率的地域分布特征以及关联属性。其中，运用较为常见的工具包括全局莫兰指数、局域莫兰指数、

Getis – Ord G_i^* 指数、重心坐标及标准差椭圆法等。曹芳东等（2012）在结合 Malmquist 指数的基础上，对泛长三角城市旅游业的综合效率、纯技术效率和规模效率进行了空间探索性分析，发现其旅游效率存在显著的地域关联性。王坤等（2013）运用 ESDA – GIS 对长三角城市旅游效率进行了全局莫兰指数的检验，同时还采用局域空间关联 G 指数，根据 Jenks 最佳自然断点分类法生成四类冷热点区域。此外，还有涂玮等（2013）、方叶林等（2013）、刘佳等（2017）学者都运用该类空间方法对旅游效率分布特征进行了深入的研究。最后，重心坐标以及标准差椭圆在研究旅游效率空间分布方面也较为常见。例如，曹芳东等（2014）学者采用 DEA 数据包络法在综合测算我国国家级风景名胜区旅游效率的基础上，通过重心坐标以及标准差椭圆法对全国各个样本区域旅游效率的重心演化轨迹进行了深入探究。方叶林等（2015）学者对 1997～2011 年间我国省域旅游产业各项效率进行了重心分析，并发现我国旅游综合效率与纯技术效率的重心轨迹向西北部发生跃迁，而规模效率则往东南部移动。此外，吕志强等（2015）、钟敬秋等（2016）学者对我国旅游产业效率的重心演化方面也进行了相关且深入的研究，这些文献无论是在方法上还是在视角上都对旅游产业效率研究的深入起到了促进作用。

（三）因果关系类分析方法

国内很多学者不仅测度分析了我国区域旅游产业效率的时空分异特征，而且还在此基础上进一步对影响旅游产业效率的相关因素和驱动机制做了大量的因果关系研究。在这些分析工具中，偏相关分析、空间计量模型、Tobit 回归、SFA 一步法、面板回归模型（冯学钢等，2017；张舒宁等，2017；赵金金，2016）以及系统矩 GMM 分析（高俊等，2017；郭悦等，2015；刘建国等，2015）等分析工具较为常见。具体而言，马晓龙和金远亮（2015）采用了偏相关分析法依次检测了张家界城市旅游总效率与其规模效率、技术效率、利用效率的偏相关关系。对于我国广大地区而言，旅游经济发展水平在空间上的不平衡、不协调依旧突出，其地域分布具有典型的自相关特征，因此近年来空间回归模型在旅游效率的内生机制影响研究方面正逐步得到广泛应用。胡宇娜等（2017）在对我国省级区域旅行社行业效率进行了空间探索性研究的基础上，通过运用空间滞后模型（SLM）以及空间误差模型（SEM）实证计量了旅游交通、市场化程度以及信息化水平等因素对旅行社效率的空间影响效应。游诗咏等（2017）借助全局线性回归模型以及局部加权回归模型（GWR）对影响广东城市旅游效率的因素进行了实证研究。此外，还有王坤等（2016）学者运用空间计量模型对旅游产业效率的相关影响因素进行了估计，并将实证结果与基础理论相结合，推演总结了各类因素对旅游产业效率的作用机理关系。除了空间计量模型之外，由于技术效率是一个受限变量，取值范围一般在 0～1 的区间内，因此 Tobit 截断回归方法在旅游产业效率的影响机制研究中也十分常见。唐睿等（2016）在研究"丝绸之路经济带"的入境旅游市场效率时，就采用了面板 Tobit 模型估计验证了旅游企业对入境旅游市场综合效率的影响效应。龚艳等（2016）也同样运用面板 Tobit 模型专门研究了经济发展水平、交通便利程度、旅游产业结构、市场开放程度、科学技术对长江经济带旅游综合效率的作用程度。采用该类方法建模的学者还包括王慧英（2014）、何俊阳等（2015）、韩国圣等（2015）、胡亚光（2017）等，这说明面板 Tobit 模型在效率关联因素的分析运用方面已较为成熟。SFA 一步估计法（即一步最大似然估计法）在实证考察影响我国旅游产业效率的相关变量时也得到了学界较为普遍的认同和运用，王志刚等（2006）、李亮等（2013）、毛润泽等（2014）、何俊阳等（2015）、Kumbhakar 等（2000）、余泳泽等（2010）学者一致认为，一步估计法比两步估计法更符合经济现实。综合而言，目前关于旅游产业效率的研究方法日新月异，同时随着研究内容的深入，各类方法也不断得到修正改进，在研究的深度和广度方面正逐步臻于完善，这为我国旅游产业经济的健康持续发展提供了更多有益尝试和理论借鉴。

五、旅游产业效率的研究评述

（一）研究视野不断拓展，但该领域还需不断完善

近年来，关于区域旅游产业效率的研究正日益得到广泛重视，相关文献数量呈现出急剧增长的态势，而且研究视角也不断拓展延伸。例如，在研究对象视角层面上，由最初的星级酒店、旅行社、旅游交通等个体行业视角转移至当下主流的观光目的地、休闲城市以及各级行政区等地域空间视角。在研究尺度视角选择上，从原来的旅游企业微观层面到如今的中观或宏观经济层面。在相关业态视角的分析上，由先前传统而单一的观光旅游业态转变至时下流行的冰雪旅游、文化旅游、森林康养、邮轮度假、乡村游憩等新兴旅游业态层面。虽然目前研究视角正日趋多元化，但在该研究领域的现有层面上依然存在诸多盲点和不足（如缺乏从县域尺度以及衍生产业等视角层面对旅游经济效率进行系统研究），因此研究视角应当紧跟新时代的发展趋势和产业融合创新速度，特别在智慧旅游、全域旅游、泛旅游产业效率的研究视角上需要不断创新、积极拓展，才能有效实现旅游产业效率研究体系的日趋完备。

（二）研究厚度不断加深，但科学研究范式仍未完整构建

随着研究规范性的不断加强，旅游产业效率已逐步回归到旅游研究的一般范式中，研究深度不只是停留在简单的数据测算和现象描述层面，而是向旅游产业效率的形成原因以及演化机理等层面深化。然而相对于国外文献而言，当前国内文献成果在旅游产业效率的基本理论研究方面还稍显不足，科学研究范式仍未得到完整构建。比如：缺乏对旅游产业效率内涵的明确界定以及系统分类。此外，也鲜有相关文献对旅游产业效率的基础理论进行有效阐述，尤其在旅游产业效率形成机制方面，很少有学者能够对效率的影响因素进行系统性归纳，也未能从影响因素间的关联耦合、交互机制、模型机理等维度入手，全面分析我国区域旅游产业效率的发展演化和优化路径。因此，有关旅游产业效率的基础理论研究还需进一步强化，从而为今后研究的深入开展奠定坚实的基础。

（三）研究方法不断创新，但缺乏旅游效率形成过程研究

从现有文献数量来看，旅游产业效率的量化测算描述型研究显著多于定性因果分析型研究。其中，广泛采用的方法主要有数据包络法、随机前沿分析法、Malmqusit 指数及其改进模型等。这些数理模型在旅游产业效率的研究中展示出了较好的适用性，其原理得到了学界广泛的认可和应用。此外，还有少数学者通过借鉴空间计量模型，以空间外溢性为视角对旅游效率进行了实证研究，而且研究重心已逐渐从描述性阐述向解释性分析转移。然而就整体文献而言，当前研究内容仍然是以各地区旅游效率的测算和结构性描述为主，缺乏对旅游产业效率形成过程以及不同关联因素的综合性分析，因此需要在旅游产业效率的影响因素及其作用机制上进行更多的初探性研究。旅游产业是一个集综合关联性、空间外溢性、业态融合性、辐射带动性等特征为一体的复合型产业，这决定了影响旅游产业效率的相关因素非常复杂且繁多。在这些影响因素中不仅会受到旅游产业内部系统因素的影响，而且会受到外部宏观环境因素的关联作用，只有在充分厘清和把握旅游产业效率形成及演化机制的基础上，深入揭示各类因素对旅游产业效率

的影响机理，才能正确指导我国旅游产业经济顺利迈向效率化转型、质量化升级的发展之路。

（四）交叉研究更加复杂，但因素耦合性研究仍较为欠缺

由于早期研究旅游产业效率的学者大多都是管理学、经济学背景，这种学科背景直接决定着该领域的研究视角，因此早期文献大多是以研究旅游运营效率以及管理效率为主，对效率评价结果的解释也基本遵循相关学科的理论体系。如今随着研究范围的不断扩大，具有生态学、旅游学、统计学、地质学、数学等学科背景的学者也开始加入到研究旅游产业效率的队伍中来，从而使得该领域的研究范围以及观点视角得到进一步的扩大提升，学科之间的交叉与融合程度不断精细化和复杂化，对效率增长来源因素的解释也更加多样化，旅游产业效率的研究程度正不断延伸。虽然目前交叉研究更加复杂并已取得了一定的阶段性进展，但鲜有研究文献关注这些交叉影响因素间的耦合协调程度，也并未从旅游营力系统耦合协调的视角对旅游产业效率进行深入的理论及实证研究。由于旅游产业体系庞大且复杂，涉及政治经济、社会文化、生态自然等多个层面体系，各类因素间也会彼此制约、交叉关联、互为影响，进而会对旅游产业效率形成更为复杂的作用机制，所以在研究过程中更加需要考虑各类影响因素间的交叉作用以及耦合机制，以空间关联为视角对区域旅游产业效率的影响机理进行深入研究，这为促进我国旅游产业效率体系间的内部耦合以及推动区域间的平衡发展提供理论依据。

第三节　本章启示及小结

一、本章启示

通过对旅游产业效率的相关文献进行梳理分析后发现，鲜有研究成果能够从旅游产业体系结构及其系统耦合的角度对旅游产业效率进行深入分析。本书试图对旅游产业效率理论进行适当完善和补充，尝试引入"营力"概念（即有助于增进旅游产业效率的系统结构作用力），将旅游系统营力作为研究产业效率的切入点，详细分析各类旅游营力系统及其耦合协调关系对旅游产业效率的内生影响

机理。将营力理论与旅游产业系统理论相结合，有效识别并厘清能够促进旅游产业发展优势以及体系实力强化的系统性因素，并在归纳总结推演的基础上，构建一套适合我国旅游产业发展实情的旅游营力评价模型，从旅游营力系统机制层面对我国旅游产业效率的优化效路径进行探索研究，以期为我国旅游产业向质量化转型提供理论依据和对策建议。

二、本章小结

本章节首先对开展旅游产业效率研究所需要的旅游系统理论、产业竞争力理论、营力系统论、区域经济学等基础理论进行了全面而系统的概述，总结归纳了相关理论的主要流派及代表观点，同时还说明了各类基础理论与旅游产业效率研究的关系意义。此外，本章还从旅游产业效率层面入手，着重对其分析视角、研究方法、影响因素以及相关进展等方面进行了文献梳理和研究评述，通过基础理论以及相关文献的综述分析，可为下一阶段以旅游营力系统耦合为研究突破口，探寻各类发展力因素对旅游产业效率的空间影响效应机制等方面奠定了前期理论基础。

第三章　旅游营力系统及其耦合协调对旅游产业效率的作用机理分析

本章着重从理论机理层面对旅游产业体系的边界界定、产业效率结构的划分及其关系、旅游营力系统的内涵及构建、各类旅游营力系统对旅游产业效率的影响机制四个方面进行了理论分析和推论演绎，这为后续实证研究的深入开展奠定了理论基础。

第一节　旅游产业体系的范畴内涵

当研究旅游营力系统及其耦合协调力对其产业效率的影响机理时，首先需要对"旅游产业体系"的基本范畴及其产业边界进行明确界定，才能保证后续的相关分析在既定的范式内有效开展。

一、旅游产业的内涵

目前学术界对于旅游产业的概念界定仍未达成统一的定论。产业经济学在研究某一特定产业时，不仅需要考虑其内在行业的基本组成架构（Structure），同时还应进一步研究其行业与行业、业态与业态间的相互关系、作用行为（Conduction）以及绩效表现（Performance），即产业的组织分析理论范式"SCP"，这对清楚地认识旅游产业的基本内涵具有重要的意义。然而相对于其他产业而言，由于旅游业具有涉及涵盖面广、综合依存度高、行业关联性强等属性，从而导致内部行业的构成非常广泛，业态功能极为丰富，融合效应十分显著，产业边界较为模糊，所以沿袭传统的产业分类方法，很难对当前现代化的旅游产业体系进行精准描述和清晰界定。

正是由于旅游产业具有边界模糊的特殊属性，所以学术界对旅游产业的概念主要还是以旅游需求相关性为原则来予以界定的，具体而言是指满足游客在旅游消费活动中所需的一系列产品和劳务的行业或部门的集合，具体涵盖了旅行社、景点景区、星级酒店、交通运输、文化娱乐等多个行业组织和部门（汪季清，2009）。然而，随着当今旅游产业的快速变革，上述概念的界定范围就显得较为狭隘，这是因为它仅仅关注了旅游产业的基本核心内容，却忽略了其复杂且动态的外延内涵部分，所以对其内涵的理解也应当更为多元化。不仅要从需求现象的角度理解旅游产业活动的本质，更需要以供给侧的视角关注旅游产业中的产品创新以及业态融合，例如，会展商务、农旅游憩、文体赛事、工业观光等多种形式，因此旅游业具备非常丰富的形式内涵和极为宽泛的外延边界，而且其外延属性具有很强的动态演化特征。鉴于此，只要是为游客外出活动提供相关服务以及产品的任何行业组织或部门都可视为旅游产业的范畴。如果只是简单地按照现行的产业分类体系对旅游产业进行归类的话，将很难清楚地说明旅游产业所独具的"泛产业融合"本质特性。如今，国内学术界在对旅游产业的概念界定方面已经逐步形成了三大基本论调：首先是"食、住、行、游、购、娱"旅游需求要素论，主要认为旅游业就是上述行业的加合汇总。其次是服务视角论，即以服务业为视角对旅游产业进行有关内涵属性的界定，认为旅游产品本质上就是无形的服务和感官体验，所以将旅游业归属于第三产业的门类中（赵亚丽，2010）。同时还有很多学者在对旅游业的投入产出效率进行分析时，由于旅游产业实际从业人数很难合计，尤其在市级层面的统计年鉴中缺乏对应的统计指标，因此普遍采用某地区的第三产业实际从业人数来对该指标进行表征。最后是结构系统论，认为旅游业实质上属于一个具有复合性、层次性、关联性等特征的组织结构体系，它的平稳运行需要功能齐全、形式多样、种类繁多的行业体系加以辅助支撑和综合保障（于秋阳，2010）。

综合上述观点，首先，旅游产业是一个柔性且边界性模糊的产业。它不仅将与旅游活动直接相关的行业部门包含在内，而且还涉及为旅游直接相关部门提供服务保障的纵向辅助行业以及与旅游间接相关的横向关联型行业，通过这些行业的有效汇集，在空间上形成了功能协同效应，因而在整体上构成了综合性的旅游产业体系。其次，旅游产业的发展具有其相应的时代阶段性特征。当今的旅游业强调产业开放与融合，而且随着信息科技的快速发展，旅游与相关产业的协同融合性日益增强，通过对资源要素的优化整合，谋求整体综合效益的最大化，实现经济、社会、生态效益的和谐统一，最终导致产业边界越发模糊，传统意义上的旅游产业概念正在渐渐淡化，新的产业体系、新的组织模式、新的概念内涵正在我国旅游业中逐步形成。最后，随着旅游消费群体需求的日趋多元化，旅游产业在供给侧的层面上也表现出了柔性的变化态势。例如，大众散客自由行市场与特种兴趣旅游市场已悄然成为主流，这对以往的"门票型经济""羊群式观光""景区类导向"的传统概念形成了冲击，在线旅行社（OTA）、特色民宿、房车宿营地、汽车租赁公司、第二住宅、旅游个人保险、汽车旅馆等新兴业态正孕育而生。因此，旅游产业资源、生产要素流向、市场运营模式是以不断变化的市场需求为中心，在市场永动机制的迭代作用下不断萌发新的时代变革。

二、旅游产业体系的边界

旅游产业所独具的柔性动态特征导致其产业边界模糊，尤其是随着信息智能化技术、旅游个性化需求的日新月异，旅游产业融合性显著增强，这使得很多学者对旅游产业边界的理解和认识越发混乱，因而造成了旅游产业被边缘化的现象。为了能更加有效地对旅游产业效率进行深入研究，首先应对旅游产业的边界体系进行清晰界定，具体详见图3-1。

（一）旅游延伸产业的柔性边界

从动态演化的视角来看，旅游产业的边界会随着市场消费需求的不断变革而无尽拓展。只要是与旅游业相关联的，并对旅游活动产生支撑、配套、辅助等直接或间接作用的产业都可以纳入旅游经济体系的范畴内。尤其是在市场需求多极化的今天，旅游产业不断与各类行业竞相融合，促进了旅游产业分支体系的逐步蔓延，同时也催生出了更多的新生业态。此时，旅游延伸产业的边界显得更为模糊，将无法按照传统的分类体系对现有的旅游产业进行辨别和划分。同时，产业内的生产要素、运营模式、组织行为都会围绕着市场需求的永动变化机制以及信息科技的飞速发展而不断融合更新，以便更加适应当代市场环境的发展需要。因此，旅游核心产业通过与其他产业的协同创新而不断延伸，激发了旅游供给层面的巨大变革。例如，当今的信息互联时代有力地推动了旅游与传统的金融、地产、电商、交通、制造等行业的融合共生、协同创新。例如，优步（UBER）、滴滴打车等网约车平台的出现也加速了旅游产业中资源要素的配置效率，使旅游产业边界进一步外移。正是因为旅游产业的资源供给具有无限的可能性，而且受到技术演进、市场变革、经济发展等多种因素的冲击影响而不断迭代，所以旅游产业的外延边界将无法确定，但这恰恰是引领未来我国旅游经济不断增长的内驱力。

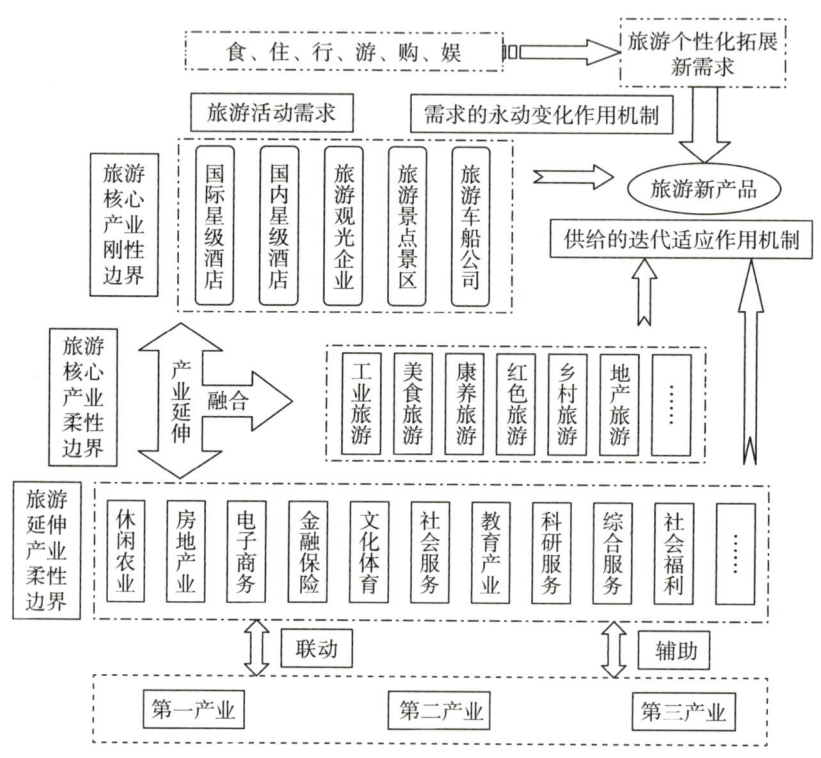

图3-1 旅游产业体系结构边界图

（二）旅游核心产业的边界

1. 旅游核心产业的柔性边界

就旅游目的而言，旅游的本质是社会文化经济活动，涉及旅游观光、住宿饮食、审美休闲、娱乐体验等目的。就活动内容而言，任何活动都离不开"食、住、行、游、购、娱"等基本要素,虽然对这些要素的需求程度有所不同,但是任何类型的旅游活动在不同程度上都必须包含对上述要素的组合。所以在现有的大多数研究中,往往将住宿餐饮、旅游交通、旅行社组织、景点景区、文娱休闲、观光购物等部门组织纳入到旅游产业核心体系内。但值得关注的是,由于核心旅游产业的边界随着各类区域的特色优势及其发展阶段而改变(即不同地区、不同发展阶段的旅游核心产业范围也不尽相同),所以通常也很难将旅游业与其他产业区分开来,表现出了旅游核心产业的边界柔性化特征。例如,很多地区将其经济主导产业作为依托,借助旅游业融合性强的特点,将旅游活动的核心载体——景点景区换置成了乡村田间、厂房车间、运动场馆、城市街道乃至康养医院等,因而成就了当今的观光农业、乡村游憩、工业旅游、文体节事、城市休闲、旅游地产、医疗康养、蜜月度假等新兴形式,使传统的旅游核心产业边界向外拓展渗透。此外,对于旅游交通而言,由于其基础设施具有特定的公用性以及使用目的多元化的特征,现实中不可能将游客与一般乘客加以区分,所以旅游核心产业在实际的统计核算中无法与其他社会经济产业相剥离。

2. 旅游核心产业的刚性边界

旅游产业的刚性边界实际上就是旅游核心产业的研究边界,鉴于研究上的可比较性、可衡量性、可操作性以及可获得性,刚性边界内的行业对象需要具备较强的统计学意义和实际操作意义,因而构成了最为狭义的旅游核心产业边界。具体而言,在刚性边界的划分上,应充分考虑到旅游核心产业相关变量指标在其概念定义、统计口径、时序演变方面的一致性和稳定性,确保研究结果具有较高的可信度以及可比性,过于笼统且宽泛的行业组织以及与旅游核心活动关联较低的产业部门都会远离旅游产业的核心本质。因此,本章研究在国民经济核算体系的框架内,结合《中国旅游统计年鉴》对旅游产业体系的核心研究对象进行了界定,即将旅游核心产业的刚性边界定义为:为旅游者直接提供其出游所需的系列核心产品和服务的行业部门,而间接提供旅游产品的配套行业组织则被排除。因此将国际星级酒店、国内星级酒店、旅行社企业、旅游景点景区、旅游车船公司作为旅游核心产业,这也是本书所重点关注的研究对象。

第二节　产业效率理论及说明

一、生产效率、全要素生产率及全要素生产率增长率

（一）生产效率的概念

马克思在其著作《资本论》中已对生产效率做了相应的阐述，它是指"生产活动在一定时间内的效率"①。英国的大百科全书则对其定义为，"产出与生产这些产出的要素投入之比，一般以分数的形式表达，其中要素投入量作为生产率的分母，而产出量则为分子"。《新帕尔格雷夫经济学大辞典》② 也对生产率的概念进行了界定，"产出的某种度量与所用投入的某种指数之比"（刘海云，2010）。基于上述表述，笔者认为：生产效率是指对生产要素（如劳动、资本、土地、信息等）综合开发及合理利用的程度。换言之，就是某经济单元在其生产过程中，将所投入的初始要素转换为实际产出的能力程度。就旅游产业而言，旅游产业生产效率表示的是在一定时间内特定区域中旅游产业的经济总产出与各种生产要素总投入的比值。其内涵是特定区域旅游业的现有技术水平、资源配置状况、旅游发展规模、产业制度保障、管理组织能力、创新科技应用、整体竞争实力等多重因素在生产活动中的综合体现。

从产业经济增长的角度来看，推动特定区域经济发展的主要因素来源于要素的投入量和生产效率水平两个方面，其中随着生产要素投入量的增加，所带来的经济产出增长在短期和长期内分别会受到边际收益递减，以及规模报酬递减的影响而丧失发展动力。只有生产效率的不断提升才能确保旅游产业发展的永续性和稳健性，生产效率的本质就是产业经济增长质量的根本反映。因此，强化生产效率是未来我国旅游业由数量型向质量型发展转变的核心要务，也是实现旅游大国向旅游强国迈进的有效路径。

---

① 马克思. 资本论（第一卷）[M]. 北京：人民出版社，2004.
② 伊特韦尔. 新帕尔格雷夫经济学大辞典 [M]. 北京：经济科学出版社，1992.

(二) 全要素生产率与全要素生产变化率

荷兰经济学家丁伯根（Tinbergen，1942）首次将新古典经济增长理论公式化，并对全要素生产率（Total Factor Productivity，TFP）进行了解释①。美国经济学家施蒂格勒（Stigler，1947）也对全要素生产率的内涵定义给予了相应的概念阐述（赵阳光，2015）②。随后，美国经济学家罗伯特·索罗（Robert M. Solow，1957）在其 *Technical Change and the Aggregate Production Function* 的著作中，运用计量经济学的方法构建了生产函数模型，首次将无形的技术进步因素纳入生产函数中，并对全要素生产率进行了量化测度（被称为"索罗余值"），以至于更能有效地解释经济持续增长的背后力量，因而被西方主流经济学所推崇，并成为衡量经济增长质量和技术进步的重要指标。全要素生产率（TFP）所反映的是某生产单元的总产出量与其全部生产要素综合投入量之间的比例关系（张海波，2012）。相对于单要素生产率（例如，劳动或资本要素的生产率）而言，TFP能够更加充分地衡量特定经济单元的整体综合效率。TFP可采用如下公式表述：$TFP = Y/X$。式中的Y为特定经济单元的总产出；X代表该经济单元所有生产要素加权后的投入。根据以上计算公式，在用时间t对各变量求偏导后，可进一步得到全要素生产率变化率($\dot{TFP}$)的数学表达式，即$\dot{TFP} = d\ln Y/dt - d\ln X/dt = \dot{Y} - \dot{X}$。其中$\dot{Y}$代表产出变化率，而$\dot{X}$则代表所有生产要素投入的变化率。由此可见，$\dot{TFP}$并非反映的是所有投入要素的生产率，而是将经济增长率中的要素投入贡献率剔除之后的部分（即经济增长残差）（秦君玲和郑家兴，2017）。

就TFP的量化测算而言，原有的生产函数估计方法一般都是假定任何一个决策单元都是技术充分且有效，不存在技术无效率的情况，因此从经济总产出增长率中剔除了要素投入贡献的额外部分则被视为技术进步的作用。然而，此后很多学者又提出了无效率生产前沿面的方法，重新对TFP做了分析解构，并将产出增长率余值的部分解释为是由于技术效率、配置效率、规模效率以及技术进步等而共同推动经济增长的最终结果。

---

① 转引自：石风光. 基于全要素生产率视角中国省际经济差距研究［D］. 南京航空航天大学，2010.

② 转引自：赵阳光. 服务业全要素生产率影响因素分析——基于空间面板模型［D］. 上海师范大学，2015.

二、技术效率、技术进步、配置效率、规模效率

（一）技术效率、技术进步与生产效率的关系

法瑞尔是经济学界历史上首位以要素投入为导向系统阐述有关技术效率的概念和测度理论的学者。他表示技术效率是指在其他因素不变以及产出水平固定的前提下，所有要素的投入所能实现的最小成本①。随后，勒宾森（Leibenstein, 1966）又以要素产出为导向对技术效率重新做了相应的解释，即在其他因素不变以及要素投入水平既定的前提下，某生产单元的实际产出与在现有生产技术情况下所能实现的最优产出之间的比例。可以看出，对于技术效率的分析是以生产理论为基础，它代表的是在生产前沿水平固定的情况下，生产单元能够获得当前最大产出的能力，即对现有生产技术的利用程度。其中，生产前沿面（又称为生产可能性边界）是指对应于既定的要素投入量，在所有生产决策单元中能够达到产出最高水平的集合。然而，并非所有的决策单元都能够处在最佳生产可能性边界上的位置，其实际产出一般都会离最佳产出存在不同程度的差距，这段距离所体现的就是该生产单元对当前现有技术的利用水平（即技术效率）。因此，最优生产可能性边界是衡量各个决策单元技术效率实际水平的参照依据。在生产前沿函数的构建方面，当前学术界中存在两种较为普遍的方法，分别为数据包络法非参数法和随机前沿分析法参数法。两者最大的区别在于对生产前沿构建的方式不同，DEA通过线性规划的方法根据每个决策单元的投入产出数据，选取其技术效率最优点（即现有技术条件下所能达到的最大产出点），构建固定的最优生产可能性边界。而SFA则是通过最大似然法构建生产函数模型，由于函数中包含了误差项，其生产前沿面也具有随机性特征，因而更接近现实一般情况。上述方法的运用为系统量化分析技术效率水平提供了可行的操作路径。

技术进步主要是指在当前最优的生产工艺方法以及运营管理模式的基础上产生的革新和改进，它涵盖了对各种形式知识的积累与完善。具体而言，当技术进步出现时，最优生产前沿面（生产可能性边界）就会向外移动，这代表着行业内当前最高技术水平的提升。因此，根据技术效率的界定内涵可知，技术进步给技术效率的优化提升带来了无限的改进空间。为了能更好地说明技术效率与技术

---

① 转引自：张各兴. 中国电力工业：技术效率与全要素生产率研究 [D]. 复旦大学，2011.

进步两者间的差别和联系,下面内容将基于产出导向的视角,借助总产量曲线(Total Production Circle,TPC)以单要素投入和单产出报酬的结构形式系统地揭示技术效率、技术进步与生产效率的作用关系,如图 3-2 所示。

图 3-2 中横轴 X 为某种单一生产要素的投入量,纵轴 Y 表示产出量。TP 则代表最优产量曲线(即生产可能性边界或生产技术前沿),它所反映的是在目前技术水平下,相应要素投入量的最大产出。当某生产单元的产出水平恰好位于最优产量曲线(TP)上的 C 点时,可认定该生产单元是技术有效的,其技术效率值为 $TE = AC/AC = 1$;否则,处于边界之下的点(如 B 点)都被视为技术无效率。当产量为 AB 时,该决策单元的技术无效率比率可用 BC 与 AC 之比加以反映,其相应的技术效率则为 $TE = AB/AC$。这是因为在要素投入量 OA 不变的情况下,通过强化对现有技术的利用程度,从而实现总产出在当前 AB 的水平上进一步提升 BC 个空间。此外,根据生产率的定义可知,生产率 = 总产出量/要素投入量,当该决策单元的产量为 AB 时(技术无效率状态),其生产率为 AB/OA。如果能够最大程度地提升对现有技术的利用水平,使产量增长到 C 点(技术效率状态),那么生产效率也会得到增强,由原来的 AB/OA 提升为 AC/OA。因此,技术效率在生产效率的提升强化中发挥着重要的推动性作用。

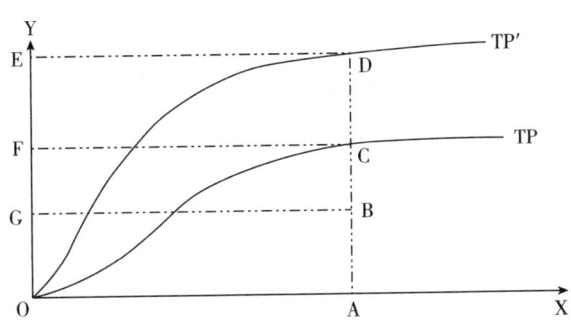

图 3-2 技术效率、技术进步与生产效率关系说明

在图 3-2 中,生产前沿面的移动幅度代表着该决策单元的技术进步程度,即 TP 提升至 TP′的位置,说明在现有的要素投入不变的前提下,原有的技术最高水平得到了显著进步。例如:假设某生产单元的要素投入量为 OA,实际产量为 AC,处于初始时的技术效率状态。然而由于旅游行业中的前沿技术水平得到

了长足的进步,使原来的生产可能性边界 TP 提升至 TP′,如果该生产单元仍停留在原点,未能在生产技术上及时调整、与时俱进的话,其技术效率为 TE = AC/AD,从原来的技术效率状态退化成技术非效率状态。因此,生产前沿技术的每次演进革新都能给技术效率的优化改善带来更多的增长空间。此外,就技术进步与生产率的关系而言,当产量为 AC 时,初始生产效率为 AC/OA。在技术进步以后,倘若该生产单元能够迅速做出反应,通过引进先进技术、加大研发创新,并将最新技术方法运用在生产组织和管理上,使其技术进步后的技术效率依然为 TE′=1 的状态,那么该生产单元的生产率水平就由原先的 AC/OA 提升至 AD/OA, CD/OA 的部分则是由技术进步所带来的生产效率增加。因此,在增强生产效率的过程中,技术进步同样起着关键性的引领作用。

就区域旅游产业效率的发展而言,准确掌握生产效率的结构状态极为重要,特别是明确自身产业效率中技术效率和技术进步的程度水平,这在有关我国旅游产业效率的政策制定中发挥着重要的决策依据作用。低下的生产前沿面会限制旅游产业效率的发展,则需要将政策改革的重点放在最新技术的成果引进、研发创新、开发应用上,大力加强对旅游产业技术运用创新的扶持力度,促进旅游产业生产可能性边界的提升外移。如果是技术效率阻碍了生产效率的发展,产业政策的重点则应倾向于对现有技术水平的扩散强化方面。通过构建紧密的区域协作关系,加强生产单元间的交流与合作,形成技术溢出效应,从而推动旅游产业技术效率水平向生产前沿面靠近。

(二)配置效率、规模效率与生产效率的关系

配置效率的概念曾经在经济学家法瑞尔(1957)的著作中已有专门的阐述。微观意义的配置效率(Allocation Efficiency, AE)又称为价格效率或分配效率,主要体现的是各类生产要素及产品组合结构在生产效率上的合理程度,具体表示为在所有要素价格恒定的条件下,决策单元能否按照投入要素的最佳构成比例进行有效生产,从而达到生产要素的优化配置以及在当前规模水平下经济产出最大化的目标。宏观意义的配置效率是指在市场竞争机制的作用下,资源要素会自由流向生产效率更高、技术实力更强的生产部门,并让要素资源得到最大程度的开发利用,从而促进要素资源在全社会经济部门间的合理分配,提高了要素资源的产出附加价值,社会整体的生产效率也因此得到优化改善。然而在实际的生产经营过程中,由于生产信息的不及时、不充分、不对称以及政策壁垒、地方保护主

义等多种原因，或许给资源要素在市场中的自由流通构成了阻碍，一般无法保证资源要素配置效率的最优化，市场配置效率较低的现象在我国旅游产业中仍然存在一定的普遍性。因此，通过优化配置效率来带动我国旅游业经济效率的提升改善具有重要的现实意义。下面将以投入导向为视角，运用等产量曲线来解释生产要素配置效率情况（见图3-3）。

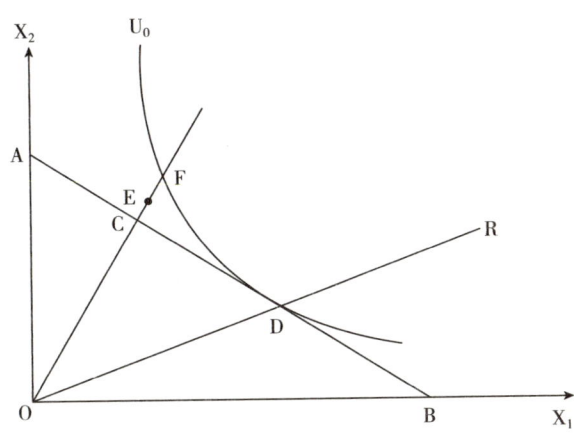

图3-3 配置效率与生产率关系说明

由图3-3所示，X1和X2分别为横轴和纵轴，具体表示用于生产同样一种商品所需的两种生产要素的投入量。其中，AB为等成本曲线；U_0为等产量曲线，在该条线上存在着无数种要素投入的组合方式，但每种组合都能够带来相同的商品产出量，它是结合线性规划方法拟合构建的一个凸函数，也被称为法瑞尔前沿面。D点为AB与U_0的切点，表示在现有的企业产出规模以及恒定不变的要素价格水平下，达到资源要素的投入成本最小化的均衡状态，具体而言，只有当用于购买各类生产要素的单位货币所带来的边际产量相等时，$\frac{MP_{X_1}}{P_1} = \frac{MP_{X_2}}{P_2}$（$P_1$、$P_2$分别为$X_1$和$X_2$的价格），就能够实现生产要素的最优化组合。因此，假定在两种生产要素价格水平既定的条件下，OR则代表着某决策单元保持要素最佳搭配比例进行规模扩张的路线，因而被称为规模扩张线。如果产量都处在规模扩张线上，说明配置效率有效；如果产量恰好处于D点，这说明该决策单元的配置效率和技术效率都达到了最佳的生产状态；如果该决策单元的产量落在F点，虽然该点位于法瑞尔前沿线 U_0 上，却不在 OR 上，从而说明决策单元的技术效率有效，但资源配置效率并非处于最佳的状态；再假设某生产单元的产量落在 E 点的位置，与 U_0 线以及 OR 线无任何交集，则说明该生产单元的技术效率和配置效率都不是最佳有效，属于非效率状态。

从生产效率的角度而言，当某生产单元的产量正好处在 U_0 上的 F 点，假定生产要素的价格用 P 表示，要素总投入量是 X，总产出量是 Y，产品价格是 Z，此时虽然技术效率最优，但配置效率无效，其 F 点的生产效率为 $(Y \cdot Z)/(X \cdot P)$。如果通过调整两种生产要素的投入比例，将产出量定在 D 点上，该点既是技术效率最优也是配置效率最优的状态。假设生产 D 产量的要素投入总量为 W'，从图 3-3 中可以很明显地看出，F 点的要素投入要大于 D 点要素总投入，这是因为 F 点在等成本线以外，而 D 点在等成本线上。其 D 点的生产效率为 $(Y \cdot Z)/(W' \cdot P)$，由此可见，因为 $X > W'$，所以 $\frac{Y \cdot Z}{X \cdot P} < \frac{Y \cdot Z}{W' \cdot P}$。说明在不改变产出量的情况下，依靠对生产要素的配置效率优化，最终可促进生产效率的增强，所以市场要素的配置效率也是推动生产率提升的关键所在。

在研究配置效率时，分析模型所暗含的假设条件为规模报酬固定。然而在现实生产中，规模报酬的收益往往是可变的。规模报酬变动的含义是：决策单元通常将生产要素等比例增加，当生产要素产出增加率大于其投入的变化率时（产出率高于投入率），则被称为规模报酬递增状态，因而加大对生产要素的投入规模可以实现产出效率的显著增长；相反，当生产要素产出规模的增加率小于（或等于）要素投入规模的增加率时，则代表规模报酬递减（或固定）的状态。下面将以单投入、单产出的形式详细分析规模效率对生产效率的影响关系（见图 3-4）。

由图 3-4 可见，虽然 A、B、C 点都位于规模报酬可变的生产前沿面上（即均为技术有效状态），但是根据生产效率的定义可知，这三种产出情况的生产效率各不相同，该差异主要是由规模效率所致。具体来看，若决策单元在 A 点上进行生产，此时属于规模报酬递增的状态，可通过加大要素投入（向 B 点移动）促进产出显著提高，因为此时产出的增长率大于要素的增长率，所以扩大要素投入规模将有助于促进生产效率的改善提升；如果该决策单元在 C 点上进行生产，由于产出增长率小于要素投入变化率，所以应当减少要素投入量，向 B 点移动，也能提升生产效率；如果某决策单元在 B 点处生产，该单元的规模效率则为最优状态。为了能够更加清楚地说明规模效率,假设某决策单元的生产状态位于 D 点上,在规模报酬固定的条件下,其技术效率可表述为:TE = GE/GD;在假设规模报酬可以变动的情况下,其技术效率为 TE′ = GA/GD,根据上述两种情况的技术效率值便可推导出规模效率 SE = TE/TE′ = (GE/GD)/(GA/GD) = GE/GA。根据规模效率的公式可以看出,随着 A 点向 B 点逐步靠近,规模效率(SE)也会渐渐向 1 接近。当过 B 点后,如果继续增加要素投入量的话,规模效率(SE)则会向零接近,所以规模效率也是推动生产效率提升的重要力量。

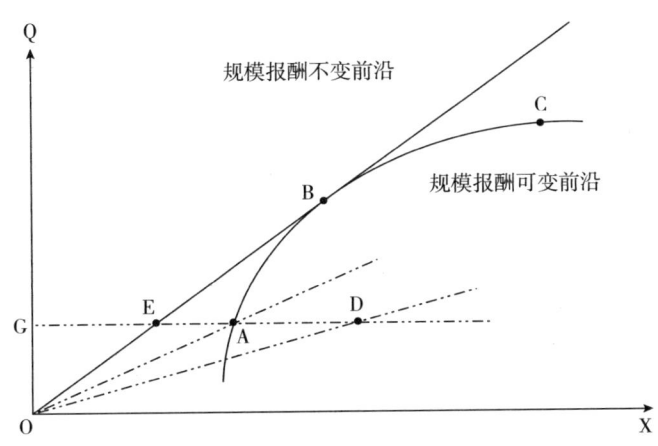

图 3-4 规模效率对生产效率的影响关系

第三节 旅游营力系统的概念内涵及体系构建

一、旅游营力系统的概念内涵

地质营力是指作用于地球的各种自然力。本书借鉴了地质学中"营力"的概念,尝试采用动力学原理系统分析推动我国旅游产业效率升级的演化机制和作用路径。区域旅游产业发展体系犹如一个不停运转的地球(一个开放且具有复合结构的巨系统),它会受到各种系统作用力因素的影响,从而决定着旅游产业的发展状态和运行轨迹。书中将各种作用于旅游产业发展或竞争优势提升的动力因素定义为旅游营力，通过研究厘清旅游营力系统的结构组成、逻辑关系和作用机理可为深刻认识旅游产业发展特征、增强旅游竞争优势、优化产业运行效率等方面提供新的研究视角和理论支撑。此外，旅游业是一个综合关联性极强的产业，其发展水平和运行效率的提升强化需要来自经济、社会、文化、生态等多维系统要素的有力支撑，以营力系统为视角有助于将这些影响旅游产业发展以及竞争优势提升的繁杂因素从系统作用力的层面进行归纳提炼，进而更加清晰地识别出这些复杂因素的结构关系及功能作用。因此，文章选取旅游营力系统作为研究产业效率的切入点，深入探讨我国内地旅游产业效率的影响机理及优化路径，尤其在当前我国旅游产业转型升级的发展阶段中，这更具有重要的理论价值和现实意义。

基于上述对旅游营力的理论概念及内涵意义的说明，本书将区域旅游营力系统定义为对某地区旅游产业发展水平及综合竞争优势产生影响作用的动力因素体系。各类旅游营力系统的现状水平及关联程度不仅是推动区域旅游产业效率发展的动力因素，更是一种旅游竞争优势的衡量手段。一般而言，旅游产业体系是由众多社会发展因素所构成的有机整体，系统中任何一种支撑因素的缺失都会对旅游产业的良性发展构成阻碍，甚至导致当地旅游产业发展陷入系统性瘫痪的艰难困境。旅游营力系统的构成就源自于这些驱动并支撑旅游产业得以平稳运行、发展升级的动力要素，这些营力系统不仅具有其特定的层次结构性、内在功能性和逻辑关联性，而且还处于永动变化的状态，因而造就了区域旅游产业动态化的内部结构体系，要素资源和系统能力在内部与外界环境的交互作用下，通过自组织和他组织的系统动力行为，从混沌走向有序，逐渐形成了某地区旅游产业特定的发展水平和竞争实力（左浩坤，2009）。因此，通过研究分析旅游营力系统的构成关系、运行规律、现状水平及作用机制，对于深刻认识旅游竞争优势及产业效率的形成条件与特征，推动我国旅游产业尽快走上集约化的发展道路具有至关重要的实践指导意义。

二、旅游营力系统的体系构建

（一）旅游营力系统体系构建机理

对于某区域的旅游产业而言，其发展水平和竞争实力的有效形成，离不开各类旅游营力系统的影响，特别是这些旅游营力系统的作用程度、关联结构、运行

第三章 旅游营力系统及其耦合协调对旅游产业效率的作用机理分析

方式及组织规律，在整个旅游产业发展机制中扮演着极为重要的角色。那么作为一个能够影响区域旅游产业发展水平并增强综合竞争优势的旅游营力体系应当如何构建？系统间又具有怎样的内在逻辑关系？根据此前关于旅游营力系统的定义可知，旅游营力系统是指在旅游产业体系中能够对其发展水平、竞争优势产生影响作用的系统性因素。因此，在结合旅游系统理论的基础上，通过运用动力学中的"爬坡"模型，可有效地阐释旅游产业发展体系的受力结构，这为有效构建旅游营力系统提供分析框架。

由图3-5可知，我们将影响某区域旅游产业发展体系的作用力因素（营力系统）视为由驱动力、支撑力和阻滞力共同作用的结果。旅游产业发展体系被假定为正在斜坡上爬行的实体（见图3-5），由于各地区域旅游产业的发展环境、地理位置、资源禀赋、经济状况、配套设施等初始条件均有差异，初始条件决定着各地区旅游产业发展的起点阶段以及难易程度，所以不同区域间的斜坡角度也大相径庭。根据动力学原理，区域旅游产业体系在受到各类营力系统的综合影响下，会导致其整体实力及演进方向发生相应的变化（体现在坡面的上升或下降），同时又由于旅游产业具有复合系统内生性的特点，在旅游综合营力系统的冲击下还会引致产业内部运行结构的自组织变革，并决定着该地区旅游产业效率的最终水平，因此旅游产业的发展水平、效率程度正是受到旅游营力系统综合作用的结果，其中既有直接冲击作用，也包含了引致影响作用。

总体而言，在各类旅游营力系统的交互机制下，系统中的各类要素通过组织演化不断调整运行，最终使某地区的旅游产业形成一定的发展水平、规模质量、行为模式和分工布局。因此，旅游产业发展体系的运行规律正是建立在各类旅游营力系统间的相对运动以及耦合协调基础之上的。

（二）旅游营力系统说明

由图3-5可知，旅游营力系统主要由旅游产业驱动力、支撑力以及阻滞力构成。

1. 产业驱动力系统

旅游产业驱动力是指对旅游产业发展体系的需求拉力以及要素供给的推力合力，其作用大小是影响旅游产业经济发展水平的主导力量，而不同程度的优势驱动力则对旅游产业的发展规模、增长速度、效率质量均产生深远的影响。实践证明，正是在消费需求的永动变化机制和创新供给的迭代适应机制的作用下，旅游产业经济才能够焕发出持续增长、永不饱和的无穷生命力，因此将旅游产业规模扩张力（旅游需求规模和供给规模）和市场消费力视为推动旅游产业发展及整体优势提升的主导力量。具体而言：

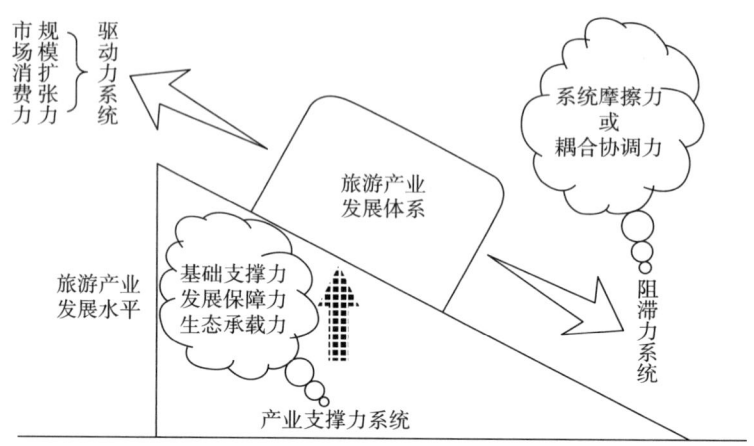

图3-5 旅游产业营力系统作用模型

（1）规模扩张力反映的是旅游产业的规模化、专业化程度，主要表现为旅游市场需求规模及供给规模两个方面。规模扩张力的强化有助于提升旅游产业集聚度，借助地区产业规模和范围的优势效应（例如：降低成本、技术外溢、资源共享、专业分工、文化根植、品牌提升、产业融合、业态创新等），最终实现引导区域旅游产业内部发展变革、优化经济产出效能的根本目标。

（2）市场消费力为旅游产业经济的发展壮大提供了重要的动力来源。该子系统主要借助农村、城镇和社会三方面的消费水平及可支配收入指标加以衡量，从而在一定程度上能够有效反映出该地区旅游产业的消费活力及其经济增长空间。

2. 产业支撑力系统

旅游产业支撑力系统主要来源于旅游资源要素、基础支撑条件以及产业发展保障等因素。从营力系统论的原理来看，旅游产业支撑力也存在反作用力，即体现在旅游产业发展对资源要素条件和基础配套设施的压力方面。这种压力源自于在旅游产业发展规模不断扩大的过程中，对于旅游资源要素的持续有效供给、产业综合运行和生态环境优化等方面的能力需求。因此，产业支撑力系统一般是建立在旅游发展需求对生态资源承载、发展环境保障、基础设施配套等条件要求之上的。这种能力的强弱既依赖于区域旅游资源的基础条件和生态环境的禀赋状况，又取决于旅游经济的驱动方式，或者说，旅游发展模式能否有效体现出资源利用方式的集约性、效率性。这从很大程度上决定着区域旅游资源与基础设施环境对旅游产业发展体系的保障程度和永续支撑的能力。如图3-5所示，旅游产业驱动力与旅游产业发展体系的运动方向始终保持在同一层面，但与产业支撑力的方向垂直，这说明旅游产业发展水平的提升需要相关的基础服务设施、配套产业环境、生态资源条件、发展环境保障等因素作为有力支撑，进而旅游产业发展体系机制才能平稳运行。因此，基础支撑力、发展保障力、资源承载力共同构筑了旅游产业支撑力系统。

具体而言：①基础支撑力是旅游产业平稳运行以及全面改善的重要根基，完善的交通运营网络、便捷的公共基础服务、齐全的接待配套设施以及充足的专业人才储备都是旅游产业赖以生存的必要条件。这主要体现在交通、金融、通讯、市政、科教、服务等综合型配套体系方面。②旅游产业发展环境保障力不仅是促进旅游竞争优势有效增强的前提，而且也是旅游产业友好开放程度的外在体现。优越适宜的旅游产业发展环境可为区域资源的优化配置、市场要素的高效集聚等方面提供前期必要的发展平台。该系统由经济、社会、政策、外资四类环境构成，主要从经济、社会、政治、开放程度的角度构建环境保障力评价子系统，用以衡量当地旅游产业成长条件的适宜水平。③优质的生态资源环境是旅游产业得以壮大的先决条件，通过大力提升资源生态承载力、不断优化地区自然资源环境，可为推动旅游经济规模的扩张、吸引市场客源的集聚等方面创造更为有利的发展机遇。

3. 产业阻滞力系统

基础支撑力与产业驱动力系统中任何一个营力要素的缺失或削弱都会给旅游产业发展体系的强化提升带来阻滞影响，因此，阻滞力主要表现为旅游产业驱动力系统与支撑力系统间的协调程度（摩擦力），即代表着驱动力与支撑力系统因素间的耦合协调关系。当旅游产业发展体系中的各类营力系统彼此矛盾，相互掣肘，势必会对旅游产业的发展水平以及综合实力构成一定程度的逆向阻滞影响。这是因为旅游产业具有综合依赖性和脆弱敏感性的特征，旅游经济活动关乎国民经济的各个方面（具有"一业兴、百业旺"的特点），同时也有赖于这些行业业态的系统协同，若旅游发展体系中的某个支撑力因素陷入失调的状态，那么旅游业的整体发展也必将受到阻碍。正如"木桶原理"所描述的那样,旅游产业实力的真正水平往往取决于最为薄弱的那块短板。

此外,伴随旅游产业规模的不断扩张,旅游经济的提升(驱动力)对资源基础环境(支撑力)的压力也逐渐增强,生态资源环境、基础支撑条件也随之发生改变。这种变化结果往往取决于旅游产业的驱动方式是否能够与支撑力系统的运行现状相适应。适应的结果则反映出该地区旅游经济发展水平的内涵式提升(旅游产业效率得到全面优化增强),而不适应的结果则体现为地区旅游经济发展水平的整体削弱甚至损毁,相继暴露出旅游产业的供给模式与新兴需求的结构性矛盾、发展规模与支撑能力的对称性矛盾以及发展速度与内涵质量的效率性矛盾。旅游发展体系中驱动力与支撑力之间的非耦合协调程度代表着"爬坡"模型中的摩擦力(即系统阻滞力),阻滞力与旅游产业综合发展体系呈反向运动关系。因此,只有通过促进旅游营力系统间的协调耦合(润滑作用),着力消除或减缓旅游产业发展中所遇到的阻滞力,同时在一定程度的产业牵引力(特色优势)带动下,才能有效提升区域旅游产业的整体发展水平以及综合竞争实力。

第四节 各类旅游营力系统及其耦合协调对旅游产业效率的影响机理

一、各类旅游营力系统对旅游产业效率的影响机理

(一)规模扩张力对旅游产业效率的影响机理

旅游产业规模扩张力主要包含了旅游供给规模和需求规模两个方面:

首先,旅游产业供给链条的纵横双向延伸可有助于实现旅游供给规模的空间集聚与扩散,进而促进了当地旅游产业的集聚度水平、专业性程度、系统化分工、全域化范围的明显改善,并引发区域经济结构的合理演化和转型升级(刘建国和刘宇,2015)。由于旅游业是一个需求综合型的多元化产业,因此通过健全完善区域内旅游产业的供给规模以及体系结构,可让地区内部的旅游企业最大限度地整合资源,发挥产业协同效应,强化范围经济优势,从而形成业态功能互

补、产业相融互促的协作共赢机制。这不仅提升了当地旅游产业经济的附加价值（范围经济），同时还能有效地降低生产成本，共享基础设施和公共服务等社会生产资源（规模经济），使生产技术效率得到强化。

其次，旅游产业供给规模的壮大也会对市场消费需求起到虹吸极化的效用。相对而言，旅游产业需求规模的提升又孕育了旅游相关服务产业的迅速成长，正是在旅游产业供求规模相互推演共生的机制下，促进了供求关系在迭代共进中，不断推陈出新、发展升级，最终实现了区域旅游资源的合理配置，使旅游产业中的运营主体不断向专业化、系统化、协同化、市场化转变，这也是区域旅游产业在自组织作用下走向高级化的过程。

再次，在旅游产业规模经济和范围经济的影响下，旅游产业体系的边界将会向更为广阔的领域外延扩张，所形成的行业领域技术融合效应、空间地域技术外溢效应也会随之强化，这为产业融合、协同创新带来了新的技术发展机遇，与此同时技术进步又将为旅游产业效率的提升增添无穷动力。

最后，旅游产业规模的壮大激发了区域内相关配套企业的空间集聚，这不但能降低企业的经营成本，形成规模效应，还有助于激励旅游企业寻求自身差异化的特色优势，参与市场竞合活动，谋求经济效率的最大化发展。通过技术运用创新、模式运营创新、产品设计创新、服务功能创新等手段，以资源共享、问题共商、互惠共赢为原则，合力共建区域旅游品牌形象，从而促进了优质高效的生产要素向本区域集聚（如高层次人力资本要素），同时也有效地拓展了当地旅游产业的市场规模和经济范围，推动旅游产业技术效率的优化升级。

此外，当本地区旅游产业规模发展到一定阶段时，由于旅游核心集聚区域会受到土地租金、物价水平等各种成本因素上涨的影响，产业要素就会向周边地区进行扩散外溢，这也必将带动邻边地区旅游产业效率的协同共进、合理改善。虽然短期内本地区产业规模的壮大会对周边地区的生产要素形成虹吸挤占效应，抑制周边旅游产业的发育成长，但在长期发展过程中，规模扩张力对生产效率的提升依然具有全域共生性。①

然而，当区域内旅游产业规模达到过度扩张的状态时，也会造成规模不经济的现象出现。根据规模效率的原理可知，在实际的生产活动中，旅游产业规模报

---

① 全域共生性：是指规模扩张力的提升具有显著空间外溢性，不仅有助于本区域产业效率的提升，还有助于周边地区效率的增强，具有全域带动性特征。

酬是可变的，当特定区域内的旅游产业发展水平处于规模报酬递减的状态时，如果依然持续加大要素投入，扩大生产规模，势必导致区域内的旅游行业过度竞争，造成资源要素的利用效率低下，推高了旅游产业长期平均成本（Long-term Average Cost，LAC）水平，形成"外在不经济"的产业环境，进而阻碍了旅游产业效率的平稳发展。

综合而言，一方面，旅游规模扩张力的增强会引致区域旅游产业空间的集散、生产技术的创新、专业组织的协同、相关行业的融合以及全域共生效应的有效形成，从而给旅游产业效率的强化提升带来积极的推动作用。但在另一方面，产业规模的过度扩张也可能引起区域竞合关系的失衡、生产成本的增高、恶性竞争的加剧，最终造成产业规模效率的缺失。因此，规模扩张力对区域旅游产业效率的实质影响还有赖于上述两种正反效应间的制衡结果。

（二）市场消费力对旅游产业效率的影响机理

市场消费力是拉动旅游产业经济增长的活力引擎，也是我国供给侧结构性改革的必要前提。市场消费力对于旅游经济效率的影响作用主要取决于刺激拉动和转化驱动两个方面。首先在刺激拉动方面，旅游产业效率的提升不仅需要在生产技术上的创新运用，同时还需要消费市场以及消费能力作为驱动，尤其是足够的消费者（洪银兴，2013）。极富潜力的消费市场犹如一块磁石，对旅游产业的供给层面构成强大的引力刺激，也为产业效率的改善提供了必要的动机前提。具体而言，由于市场主体的逐利性特征，大量的优质资源要素都倾向于汇入市场空间更大、经济效益更好、消费实力更强的地区（如北京、上海、广州、深圳等地），因此，市场消费力的增强不仅促进了生产要素的有机整合，降低了区域内的生产要素成本，同时还给当地旅游产业技术的创新、管理运营能力的增强带来动力。所以，市场消费力是激活旅游技术创新、产业空间集散、系统协同共生等内在动力的催化剂。其次在转化驱动方面，当前我国旅游产业在供求方面存在严重的结构性失调，很多旅游消费领域的需求潜力尚未激活，无法得到有效释放。例如，反季节旅游市场由于缺乏正确的需求引导和产品开发，从而造成了某些旅游目的地在淡季时期的资源闲置和成本浪费，而在旺季时期，又显现出"排浪式消费"矛盾，缺乏管理效率，最终导致旅游产业效率的缺失。只有通过对现有旅游产品供给层面的优化创新、产业结构的合理调整，才能将旅游产业中的消费潜能转化为经济发展的强劲动能，从而带动资源要素的充分利用，彰显资源要素的

第三章 旅游营力系统及其耦合协调对旅游产业效率的作用机理分析

经济附加价值,提升旅游产业整体效率水平。因此,市场消费潜实力对于旅游效率的作用影响还有赖于旅游产业系统内部的转化驱动能力。

(三)基础支撑力对旅游产业效率的影响机理

旅游基础支撑力是旅游产业效率得以充分释放的前提保证,同时也是旅游经济活动顺利开展的核心所在。

首先,依托交通运输、智慧化通信、市政设施、技术研发等相关支撑条件,可有助于促进资源要素的自由流通,拉近了市场客源地与观光目的地、经济发达区域与发展滞后区域的空间距离。尤其对于交通基础支撑力而言,通过以旅程时间的节约换取距离空间的拉近,从而改善了资源要素在空间分布上的格局,这不仅有助于当地特色优势的转换利用,实现了旅游资源经济附加值的显著提升,而且还优化了生产要素在空间上的配置效率,带动了落后地区经济效率的有力增强,因此基础支撑力对旅游产业效率还具有空间溢出的外部影响。

其次,随着旅游产业公共基础设施和相关配套服务的逐步完善,这在很大程度上降低了旅游活动中市场企业以及消费群体的综合成本(例如,在市场进入、时间消耗、信息收集、经济花费、生产交易、精力消耗等方面的成本投入),进一步地提升了旅游产业经济的附加价值。

再次,随着区域基础支撑条件的日趋完善,还会引致各类生产要素的广泛集聚,激发旅游产业内部形成资源共享、技术外溢、专业分工、功能协同、文化厚植、合作共赢的良好格局,并有效提升旅游资源的转化效率和利用效率,为旅游产业营力系统间的协调耦合以及技术创新提供必要的支撑条件,有力地推动了当地旅游产业经济的全面升级。

最后,智慧化通信、旅游信息平台、旅游物联网等信息基础设施的优化改善不仅可以有效降低旅游市场中信息不对称问题发生的概率,提高旅游产业运营主体的生产决策能力,增强其对资源要素的利用效率,降低市场逆向选择的风险,而且也减少了信息收集、处理、运用的成本,避免了市场主体在旅游经营活动中经济效率的无谓损失。一方面,对于旅游企业而言,信息化水平的提升优化了生产组织的结构,使组织构架更为精简、市场反应更为迅速、沟通交流更为便利、运营能力更为高效,从而促进了区域旅游产业的整体效率变革。另一方面,对于消费群体而言,智慧化通信使旅游消费出行更加便捷,这又进一步激发了旅游市场的需求活力,让旅游产业消费规模得以壮大(规模效应),经济附加价值充分显现，所以基础支撑力对旅游产业效率的强化增进具有积极的影响意义。

（四）发展保障力对旅游产业效率的影响机理

发展环境保障力主要反映的是社会发展环境、市场经济环境、对外开放以及政策制度环境对旅游产业发展的适宜程度（见图3-6）。旅游产业经济效率的提升改善需要政治、经济、社会、外资等多方环境因素的有力支撑和保障。

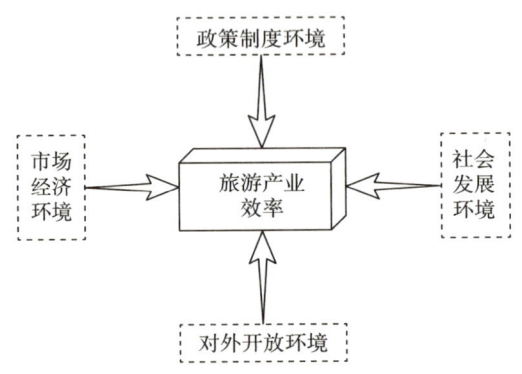

图3-6 旅游产业发展保障力因素

首先，产业效率的显著增强需要市场机制以及政策制度作为保障，优越的市场环境使资源要素得到了优化配置，而合理的政策制度又给市场机制的有效实现提供了重要的前提支撑，从而避免了因市场失灵而导致的价格扭曲、资源错配等无效现象。旅游产业政策制度环境是由区域内部及外部相关的法律法规、政策条例以及社会习惯、风俗文化等正式和非正式的制度构成的。若产业政策设计科学合理，旅游市场中的各类主体就会在其制度框架下遵循特定的行为规律高效运行。例如：一套以技术创新为驱动、以运营效率为目标、以实践运用为引领的旅游产业政策，可有效地激励当地旅游企业积极创新生产模式，不断提升运营效能，主动参与市场分工，从而带动旅游产业效率的全面升级。特别是在市场机制的作用下，资源要素会不断向发展环境更加稳定、运营条件更具保障、经济结构更为合理的领域集中，由此带来了产业配置效率和技术效率的优化改善。此外，还需强调的是政策环境主要从降低社会综合成本以及激励市场主体效能两个方面来实现旅游产业效率的优化提升。制度安排不仅可以促进市场交易成本的大幅降低，社会外部成本得到有效节约，避免寻租行为所造成的无谓损失等，而且还可通过有效调整市场中的成本约束以及收益激励机制，有力激发各类行业组织的主观能动性，从而推动我国旅游产业经济向效率化、质量化的顺利变革，因此，合理的政策制度环境是推动旅游产业提质增效的有力保障。

其次，通过加大外资的引入力度，可为当地旅游产业的发展营造一个良好的投资环境，也是促进旅游产业技术进步的一种外源途径。因为外资的引入不仅会给当地旅游经济注入新的生产活力，而且还为本地区传统的旅游运营模式带来更为成熟的生产技术和管理经验，先进的生产技术在与当地企业、本土市场的融合渗透下又会催生新的技术变革和模式改进，从而实现效率提升。同时在技术示范的外溢作用下，还会激发周边地区旅游产业效率的共同进步。

最后，繁荣的经济环境和稳定的社会环境是保障旅游产业向效率化转型的根本前提。因为社会资本、生产劳动、专业人才、市场客源等资源要素往往会流向经济发达且社会稳定的地区，良好的经济发展环境能够吸引大量优质的资源有效汇聚，从而实现了当地旅游产业供求规模的发展壮大，使规模经济的市场红利得到了充分释放。

总体而言，良好的区域发展环境决定着旅游产业发展的起点，通过对旅游产业在制度、经济、社会和外资环境方面进行有效的扶持培育和定向引导，很大程度上能够优化旅游市场竞合关系，释放市场机制活力，提高旅游产业规模化和范围化水平，保障旅游产业经济效率的平稳运行。因此，发展环境保障力对旅游产业效率的改善增强将具有积极的影响意义。然而值得注意的是，各类发展环境因素也会相互影响，并非彼此独立，所以在制定相关产业政策时，应当从系统耦合的角度考虑效率发展制度的统一协调性，必须注重多规合一，才能使发展环境保障力对旅游产业效率的增进带动效应充分彰显。

（五）资源承载力对旅游产业效率的影响机理

生态资源承载力是旅游产业赖以生存和成长的必要条件，旅游产业经济效益需要与资源生态承载力彼此依存、互促共进，才能实现其永续发展。良好的资源生态条件可为旅游产业发展创造出无穷的市场需求潜能、提供产业平稳运营的基本要素支撑、彰显区域旅游资源品牌的特色魅力形象。这些内在机理的形成无疑对现有的资源利用效率、生产运营方式、生产技术创新、产业规模结构等方面提出了新的要求。通过增强生态资源环境与旅游经济发展的融合性，可让旅游经营主体彻底改变以往粗放式发展,将资源耗费成本与经济增长效益共同纳入到旅游产业绩效的考核体系中来,以强化技术进步为主线、以提升资源利用效率为根本,不断优化旅游产业规模和市场配置效率,让生态优化与经济增长和谐共生,使绿色生态系统与社会经济系统更加协调耦合、互融与共。在保障生态效益的前提下,促进旅游产业制度的有效创新,引领区域旅游产业向绿色生态化、集约节约化、技术现代化、效益综合化的路径转型。因此,生态资源承载力对旅游产业效率的实际作用结果还要取决于旅游产业制度能否有效地协调生态文明与经济发展的共生关系。

虽然优越的生态资源环境为旅游目的地的客源集聚、品牌推广、形象塑造等方面奠定了良好的前期基础,但这可能引发当地旅游产业经济对自然资源的全面依赖,一旦自然资源对其他产业要素(尤其是优质的人力资本要素)产生了"排斥挤出效应",这将对旅游产业效率的发展构成负面影响,并使当地经济深陷"资源诅咒"的困难境地。其机理在于如果当地经济过度依靠其优越的生态资源,由于自然旅游资源具有一定的垄断性特征,因而在配置效率失衡的影响下,势必导致产业结构单一、配套体系薄弱、运营模式滞后、要素支撑不足、附加价值缺失的局面,"门票经济"也就成为当地旅游产业最为主要的收入来源,随着资源压力的日趋增大,经济增长的可持续性和旅游产业的效率性必将受到制约阻碍,最终造成了"资源经济"对"效率经济"的挤占现象。

综合而言,资源生态承载力为旅游经济的发展创造了重要条件,但优越的生态资源又可能引发旅游经济效率陷入"资源诅咒"的发展困境。因此,生态承载力对旅游产业效率的实际影响还取决于当地产业制度能否有效地协调生态文明与经济发展的和谐共生关系。

二、耦合协调力对旅游产业效率的影响机理

耦合协调力代表着旅游营力系统间的交互作用、动态响应、协同共生的关系程度。根据旅游产业的内涵属性可知,由于旅游发展体系具有较强的综合依赖性以及泛产业关联特征,只有在区域内经济、社会、生态等多重关联体系有力支撑的前提下才能实现旅游产业的平稳运行。因此,各类旅游营力系统(如基础支撑力、发展保障力、市场消费力、规模扩张力、生态承载力)间的耦合协调性对于旅游经济的增长、附加价值的提升、综合效益的强化具有重要的影响意义。特定区域内任何一类旅游营力系统的失衡都会给旅游经济效率构成负

第三章 旅游营力系统及其耦合协调对旅游产业效率的作用机理分析

面阻碍。如同"木桶效应"原理,旅游产业效率的实际水平是由最低的那块营力短板所决定的,就特定区域的旅游产业效率而言,即使其他旅游营力系统都具备显著的比较优势,但由于旅游基础支撑力或其他任何一个营力因素的限制,旅游产业的经济效益和附加价值依然无法得到充分释放,旅游产业效率始终锁定在较为低端的状态,甚至还导致其他营力系统的比较优势都无法得到有效显现。只有当整个旅游营力体系达到高效耦合的协调状态时,产业内部的效率机能才能被有效激活,协同共生、空间集散、技术创新等(这些能够反映产业组织向高级化演进的特征)内部变革效应才会得以充分彰显和释放,进而促进了"1+1>2"协同效应的形成,这也在很大程度上激发了区域旅游产业规模经济的增长、资源要素的集聚、生产成本的降低、产业技术的提升,最终为旅游经济效率的驱动强化带来活力。此外,通过旅游营力系统的耦合互动,区域旅游产业在系统自组织的作用下还会演化至更为复杂的空间层面,如旅游产业区域联合、旅游产业协调发展等现象(曹艳英和胡宇娜,2011),这在很大程度上有利于区域间旅游产业发展系统稳定性和有序关联性的增强,最终带动整体区域间旅游产业效率的优化提升。因此,系统耦合协调力犹如旅游产业发展体系中的润滑剂,当系统的耦合协调性越高,则越有助于产业效率向高级化发展,降低系统运行时所产生的摩擦阻滞力。

综合而言,基于上述旅游营力系统的理论分析框架,如图3-7所示,在旅游经济增长的过程中,旅游营力系统中的驱动力(旅游规模扩张力、市场消费潜实力)、支撑力(旅游基础支撑力、发展环境保障力、旅游资源承载力)以及两者互动关联所形成的阻滞力(耦合协调力)会共同作用于当地旅游产业的综合发展水平,进而引发旅游产业内部系统间的资源相对运动和组织行为演化,并形成影响旅游产业效率的内在机理变革,这将对整体区域的旅游产业发展构成直接和间接影响。同时,旅游产业在营力系统良性耦合的协同机制下,通过旅游产业的组织演化行为,不断协调互动、融合创新,促使区域旅游产业的内在潜力得到充分释放,并转变成为旅游产业的显性绩效优势,让旅游产业发展体系内部要素的转换效率得以提升,最终带动旅游产业效率的全面增长。换句话说,旅游营力系统的有机耦合程度及系统整合能力(旅游产业发展摩擦力)共同决定着区域旅游经济的产出效率。旅游营力系统的耦合效应代表着对旅游资源协调配置以及子系统间协同发展的合理程度,这必然会激发旅游产业形成内在的组织演化行为,从而给旅游经济非要素收入的技术变动带来深远影响。因此,旅游营力系统给旅游产业体系的发展带来了外生动力,同时也为旅游产业内部的组织变革及效率强化提供了内生引致动力。正是在旅游营力系统耦合协调机制的影响下,我国旅游产业效率及其组织演化才能得到平稳推进。

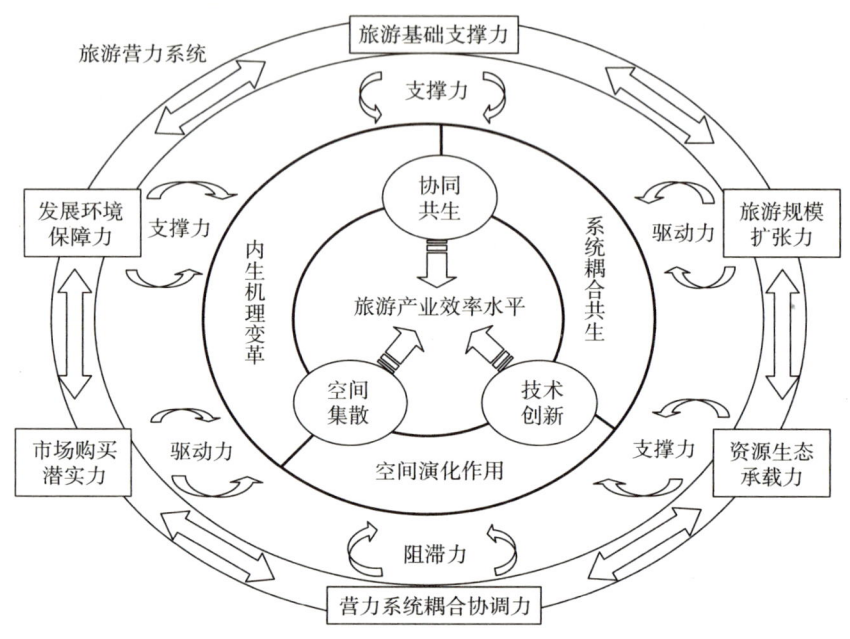

图3-7 旅游营力系统对旅游产业效率的影响机制模型

第五节 本章小结

本章首先对旅游产业的范畴内涵进行了系统归纳和总结,并着重分析了旅游产业的特殊属性,对其产业边界进行了划分和界定,明确定义了旅游产业的学术型研究边界,这为保障旅游产业效率后续实证研究的顺利开展提供了理论基础和范围框架;其次,本章还对生产效率理论进行了详细说明,系统阐述了技术效率、技术进步、配置效率、规模效率与生产率之间的逻辑关系,这为深入研究我国旅游产业效率演化机制、系统剖析旅游产业效率结构体系现状等方面提供了理论路径；再次，在结合旅游系统组织理论的基础上，对旅游营力系统进行了概念界定、体系构建和机理分析，重点阐述了旅游营力系统中相关变量的理论含义和层次关系，这为有效认清我国旅游产业整体发展现状、补齐旅游产业缺失短板等方面提供了系统性研究框架；最后，从理论逻辑层面上重点分析了各类旅游营力系统及其耦合协调力对旅游产业效率的影响机理，这为后续开展对我国旅游产业效率的实证影响研究提供了理论支撑。

第四章 我国内地旅游产业效率的量化评价

——基于 SFA 的实证研究

本章主要从经济增长效率及其结构性（因变量）视角对我国内地旅游产业发展状况进行量化评价，以期有效把握我国内地旅游产业效率实际水平，精准识别当前我国内地旅游产业效率的发展短板，同时也为后续深入研究我国内地旅游产业效率的影响机制效应提供前期实证数据。

第一节 问题提出

经过旅游产业 30 多年来的发展变革，中国已经顺利地实现了向国际旅游大国的转型跨越。如今，不论是国内市场规模总量还是国际旅游消费份额都保持着高速的增长势头，"十二五"期间国内旅游收入平均增速约为 15.38%，现已成为驱动我国社会经济稳步增长的战略性支柱产业。但与此同时，我国内地旅游产业也开始逐步面临劳动力成本急剧上升、生态资源不断恶化、人口加速老龄化所造成的资本积累减弱，以及要素市场供求矛盾激化等诸多问题。随着资源要素对经济发展的约束增加，我国内地旅游产业能否经得住考验，能否摆脱束缚持续增长？就以往我国内地旅游业发展而言，其经济增长的动力源泉是要素驱动还是效率提升所致？此外，我国内地旅游产业经济效率水平如何？存在何种结构效率短板？其演化特征又呈现出怎样的规律？上述问题的解答将有助于深入理解我国内地旅游产业近十年来的发展状况，同时也为有力推动我国内地旅游产业向现代化服务业转型提供了路径支撑。因此,本书重点围绕旅游经济发展效率,以生产效率理论为基础,采用随机前沿法对2005~2014年间中国内地31个省级行政区域的旅游经济效率发展水平进行了量化测度,同时综合了Kumbhakar(2000)的效率增长解构法,从数理角度对TFP增长率进行了推演分解,将其解构为旅游产业技术进步率(TP)、旅游产业技术效率变化率(TE)、旅游产业规模效率变化率(SE)以及旅游产业要素配置效率变化率(AE)共四类结构型效率变化,通过系统研究各种效率的演化规律及其贡献程度,以期为精准识别我国内地旅游经济发展的内在动力,弥补旅游效率发展短板,拉升区域发展优势长板,提供可行可信的参考依据。

第二节 实证研究设计及数据来源处理

该部分主要基于2005~2014年间我国内地31①个省级行政区的旅游企业数据,着重对我国内地旅游经济发展效率进行定量测算,以期从经济发展质量的视角,系统把握我国内地旅游产业效率地域分布水平和演进脉络趋势。此外,鉴于旅游产业的边界模糊性和敏感脆弱性等特点,其统计数据的透明程度较低,在某些特别情况下会因为样本个体或时空的异常,而表现出过度敏感性,从而造成较大的测量误差,因此研究主要采用随机生产前沿方法对生产函数模型进行估计,可将技术无效率项从复合扰动项中有效地分离,从而避免了统计数据中的随机异常值对旅游产业技术效率以及模型参数估算的偏误影响。

一、模型构建及数据处理

(一)生产函数模型设定说明

目前,旅游产业全要素生产率增长率的测度方法主要包括增长会计法、索洛残差法和经济计量法三类(李福柱,杨跃峰,2013)。由于经济计量法中的前沿

---

① 本书的研究区域是指内地31个省、直辖市和自治区,简称省(市/区),不包含中国香港、中国澳门和中国台湾。

生产函数（Frontier Production Function）能够真实有效地将经济增长的来源分解为要素投入带动、技术进步引领和技术效率优化等因素，所以备受学界重视，在实际运用中较为普遍。此类方法具体包括了以随机生产前沿法为代表的参数分析法以及以数据包络法为代表的非参数分析法。由于非参数 DEA 法在估算生产前沿面时，并未将随机误差进行分离，从而导致计算结果缺乏鲁棒性，在某些特别情况下会因为样本个体或时空的异常，而表现出过度敏感性。尤其是当今我国内地旅游产业正处于经济转型、提质增效的换挡期，所以本项研究选择 SFA 随机前沿法对我国内地旅游产业的生产函数进行拟合构建更为适合。拟采用 Kumbhakar 等（1995）提出的时变非效率前沿生产函数模型，函数表达形式如下：

$$y_{it} = f(x_{it}, t)\exp(v_{it} - u_{it}), \quad i = 1, 2, \cdots, n; \quad t = 1, 2, \cdots, t \quad (4-1)$$

对式 4-1 两边取对数可得：

$$\ln y_{it} = \ln f(x_{it}, t) + v_{it} - u_{it} \quad (4-2)$$

$$u_{it} = u_i \exp[-\eta(t-T)] \quad (4-3)$$

式 4-1 中，y_{it} 为第 i 个样本省份第 t 年旅游产业实际产出量。$f(\cdot)$ 代表随机生产函数中确定性的最优前沿产出。X 表示生产要素的投入向量。函数中的变量 t 为时间趋势指数，可视为衡量技术进步变化程度的时间变量。$\exp(v_{it} - u_{it})$ 为生产函数的复合扰动项，其中 v_{it} 代表随机扰动项，服从正态分布 $v_{it} \sim N(0, \sigma_v^2)$，并假设其与 u_{it} 相互独立。式 4-3 中，u_i 为技术无效率项，所衡量的是某决策单元的实际产出与其最优生产前沿的相对距离，同时假定 $u_i \geq 0$，并服从截断正态分布，$u_{it} \sim N^+(\mu_{it}, \sigma_u^2)$。$\eta$ 为技术无效率项 u_{it} 的时间变化率，即时变速率。当 $\eta > 0$，表明技术效率的变化程度会随时间而递增；若 $\eta < 0$ 或 $\eta = 0$，则表明技术效率的时变速率递减或不变。

各省份（生产单元）在时期 t 的技术效率如下：

$$TE_{it} = \exp(-u_{it}) = \frac{E[F(X_{it}, t)\exp(v_{it} - u_{it})]}{E[F(X_{it}, t)\exp(v_{it} - u_{it}) \mid u_{it} = 0]} = -\frac{du}{dt} \quad (4-4)$$

从式 4-4 可看出，技术效率 TE_{it} 的取值在 [0, 1]，表述的是各生产单元的技术效率状态水平，当技术无效率项 $u_{it} = 0$ 时，$TE_{it} = 1$，则处于技术效率最优状态；当 $u_{it} > 0$ 时，$0 < TE_{it} < 1$，说明该生产单元处于技术无效率状态，实际产出水平并未达到最优生产前沿，在现有的技术水平下，尚存提升改进的空间。技术无效率函数形式具体表述如下：

$$\mu_{it} = \delta_0 + Z_{it}\delta_{it} + w_{it} \quad (4-5)$$

式 4-5 为技术无效率函数模型。其中 Z_{it} 表示影响旅游产业技术无效率的系列参数；μ_{it} 表示生产无效率项的均值；δ 为解释变量估计值；w_{it} 表示技术无效率函数的随机扰动项。通过极大似然法估计出方差参数比：

$$\sigma_{it}^2 = \exp(Z_{it}\theta) \tag{4-6}$$

$$\sigma_v^2 = \exp(Z_{it}\lambda) \tag{4-7}$$

$$\gamma = \frac{\sigma_u^2}{\sigma_u^2 + \sigma_v^2} \tag{4-8}$$

其中，θ 为技术无效率系数的待估计值；σ_v^2 为复合扰动项中的随机误差 v_{it} 的方差，σ_u^2 表示技术无效率项 u_{it} 的方差，γ 称为变差率，取值范围为 [0, 1]，代表技术无效率方差在总复合误差中的占比。若 γ 越接近 1，则说明生产函数模型中的误差主要归因于技术无效率变量，即技术无效率项 u_{it} 是导致实际产出与最优生产前沿面偏离的关键原因。然而，当 γ 越接近 0 时，则表示模型误差主要源于统计误差，绝大程度上是由于随机扰动变量 v_{it} 所导致的白噪声误差。两个更为极端的情况：在进行假设检验的过程中，当 $H_0: \gamma = 0$ 被接受，则表示所有决策单元均处于生产前沿面上，不存在技术无效率因素，因此在构建生产函数时，不必使用 SFA 分析，只需要采用 OLS 即可。然而当 $\gamma = 1$，生产函数的形式则由随机前沿演化成固定前沿，不具备随机项的任何扰动影响。

（二）全要素生产率增长率TFP的估计及分解说明

全要素生产率增长率（TFP_{it}）包括了非要素投入因素的一切方面，既包括技术进步和制度因素，也涵盖了资源配置和规模效应因素等诸多方面。Kumbhakar 和 Lovell（2000）在随机前沿分析中提出，可将 TFP_{it} 解构为以下四种效率结构变化，即技术进步率（TP_{it}）、技术效率变化率（TE_{it}）、规模效率变化率（SE_{it}）以及配置效率变化率（AE_{it}），通过估算出上述四种效率层面，便能得到 TFP 的整体变化情况。根据定义可知，TFP 是产出增长 $\dot{y}$ 中不能被要素投入所解释的余值部分，因此其变化指数为产出变化率与要素投入增加率之差。假设要素投入为：Input $(X, t) = \Pi_j X_j^{s_j}$，全要素生产率变化指数 TFP_{it} 为：

$$\dot{TFP}_{it} = \frac{d\ln y}{dt} - \sum_j \left(s_j \cdot \frac{d\ln x_j}{dt} \right) = \dot{y} - \sum_j (s_j \cdot \dot{x}_j) = \dot{y} - \sum_j s_j \cdot \dot{x}_j \tag{4-9}$$

s_j 表示要素 j 在投入总成本支出中的份额，即：$s_j = \dfrac{p_j \cdot x_j}{\sum_j p_j \cdot x_j}$，$p_j$ 为要素 j

的价格，且 $\sum_j s_j = 1$；$\dot{x}_j$ 是生产要素 j 的投入增长率，即：$\dot{x}_j = \dfrac{d\ln x_j}{dt}$。根据式 4-2 中的确定性生产前沿部分，推导可得：

$$\dot{y}_{it} = \dfrac{d\ln f(x,t)}{dt} - \dfrac{du}{dt} = \dfrac{\partial \ln f(x,t)}{\partial t} + \sum_j \dfrac{\partial \ln f(x,t)}{\partial x_j} \cdot \dfrac{dx_j}{dt} - \dfrac{du}{dt}$$

$$= TP_{it} + \sum_j \varepsilon_j \cdot \dot{x}_j - \dfrac{du}{dt} \qquad (4-10)$$

其中，$\dot{y}_{it}$ 表示产出增长率；$\dfrac{\partial \ln f(x,t)}{\partial t}$ 代表技术进步率 TP_{it}，即在所有生产要素规模恒定的前提下，最优生产前沿面随时间的变化程度；$\varepsilon_j = \dfrac{\partial \ln f(x,t)}{\partial x_j}$ 表示要素 j 的边际产出弹性，而 $\sum_j \dfrac{\partial \ln f(x,t)}{\partial x_j} \cdot \dfrac{dx_j}{dt}$ 指要素投入所引起的产出增加的部分；$\dfrac{du}{dt}$ 所代表的是技术无效率变化，也可反映在生产前沿面以及要素规模固定的条件下，某决策单元利用现有技术水平进行专业化生产的能力程度。根据增长核算的原理，将式 4-10 代入式 4-9 中，可转化为：

$$\dot{TFP}_{it} = TP_{it} + \sum_j \varepsilon_j \cdot \dot{x}_j - \dfrac{du}{dt} - \sum_j s_j \cdot \dot{x}_j$$

$$= TP_{it} - \dfrac{du}{dt} + \varepsilon \cdot \sum_j \dfrac{\varepsilon_j}{\varepsilon} \cdot \dot{x}_j - \sum_j \dfrac{\varepsilon_j}{\varepsilon} \cdot \dot{x}_j + \sum_j \dfrac{\varepsilon_j}{\varepsilon} \cdot \dot{x}_j - \sum_j s_j \cdot \dot{x}_j$$

$$= TP_{it} - \dfrac{du}{dt} + (\varepsilon - 1) \cdot \sum_j \dfrac{\varepsilon_j}{\varepsilon} \cdot \dot{x}_j + \sum_j \left(\dfrac{\varepsilon_j}{\varepsilon} - s_j \right) \cdot \dot{x}_j \qquad (4-11)$$

式 4-11 中，$\varepsilon = \sum_j \varepsilon_j$ 表示总规模报酬，即所有生产要素的产出弹性之和。$(\varepsilon - 1) \cdot \sum_j \dfrac{\varepsilon_j}{\varepsilon} \cdot \dot{x}_j$ 为规模报酬变化率，它所反映的是旅游产业中全部要素的投入规模与产出收益比例之间的关系。当 ε 大于 1，则表示我国内地旅游业正处在规模报酬递增的发展阶段，此时应当加大资源要素的投入规模，充分发挥规模经济所带来的产业收入效应；若小于 1 则为规模报酬递减，说明所有要素的边际产出增长率小于全部要素的边际规模增加率，因此需要适当减少对原有要素的投入规模，优化生产要素的规模结构，减少因要素的边际产出递减而给生产效率造成的负面阻碍；而 $\sum_j \left(\dfrac{\varepsilon_j}{\varepsilon} - s_j \right) \cdot \dot{x}_j$ 衡量的是要素配置效率的变化程度，即要素投入结构的变化对生产效率增长的影响（邓蕾，2010）。经济学中利润最大化的条件是，要素的边际收益与其边际成本相等，所以，在完全竞争的市场中，各类生产要素的相对产出弹性应当与其成本份额相等，然而在现实中该部分不可能相等，这正是由于资源配置效率所导致的。如果要素投入的价格未知，此时将 s_j 假设为 $s_j = \dfrac{\varepsilon_j}{\varepsilon} \forall_j$，故式 4 - 11 也可简化为：

$$\dot{TFP}_{it} = TP_{it} - \dfrac{du}{dt} + (\varepsilon - 1) \cdot \sum_j \dfrac{\varepsilon_j}{\varepsilon} \cdot \dot{x}_j = TP_{it} + \dot{TE}_{it} + \dot{SE}_{it} \quad (4-12)$$

从 TFP_{it} 中解构出的四类结构性效率的数学表述式依次如下：

技术进步率：$TP_{it} = \dfrac{d\ln f(x, t)}{dt}$ （4 - 13）

技术效率变化率：$\dot{TE}_{it} = -\dfrac{du}{dt}$ （4 - 14）

规模效应变化率：$\dot{SE}_{it} = (\varepsilon - 1) \cdot \sum_j \dfrac{\varepsilon_j}{\varepsilon} \cdot \dot{x}_j$ （4 - 15）

配置效率变化率：$\dot{AE}_{it} = \sum_j \left(\dfrac{\varepsilon_j}{\varepsilon} - s_j \right) \cdot \dot{x}_j$ （4 - 16）

二、数据来源及变量说明

（一）指标的选取及说明

投入产出变量的合理选择对于 SFA 函数形式的正确构建十分重要。在经济学中，通常将资本、劳动和土地视为经济活动中的主要生产要素，但由于土地并非是约束旅游业发展的核心生产性因素，所以将资本（K）和劳动（L）设定为两个要素投入变量和一个旅游产出量（Y）。

1. 投入产出指标变量

（1）产出变量：选取旅游企业实际营业收入作为旅游产出水平的测度指标，单位为"万元"。为保证数据在时间上的可比性，本书以 2005 年为基期按第三产业增加值指数对 2005～2014 年间我国内地 31 个省级行政区的旅游企业营业收入进行平减处理。

（2）投入变量：资本要素选取旅游业固定资本存量来衡量（单位为"万元"）。旅游资本存量主要是指经济社会在某一时点上所积累的构成全部旅游生产力的资本总量,其中不仅将直接用于旅游业生产的各类固定及流动资产纳入在内,而且还包含了在旅游服务过程中的各种服务及福利设施资产等。在变量数据的处理上,借鉴 Hall 和 Jones (1996) 的做法,首先,利用 $K_0 = \frac{I_0}{(g+\delta)}$ 对初始资本存量 K_0 进行估算。其中,I_0 为初始年份的旅游企业固定资产投资额;g 为后数年投资额的平均增长率;δ 为资本折旧率,根据张军等学者 (2004) 的测算,将折旧率设定为 9.6%。其次,结合固定资产投资价格指数对历年来各省份旅游企业名义固定资产投资额进行折算,将其平减为 2005 年的基期价格。最后使用永续盘存法,根据 $K_t = (1-\delta) \cdot K_{t-1} + I_t$,推算得到各样本相应年份的旅游资本存量。将旅游企业从业人员总数作为劳动要素的代理变量。

2. 技术无效率控制变量

由于我国经济发展水平在地域发展上存在典型的区域非均衡性特征,然而就中国旅游产业技术效率而言,该特征是否也同样存在?为验证全国旅游产业技术效率的区域分布状况,故选取中部 $Middle_t$ 和西部 $West_t$ 作为区位解释变量。由于是以东部地区作为参照的基准变量,为避免多重共线性的问题产生,故在模型中将其省略。此外设 t 为时间趋势变量,以衡量技术效率的动态发展趋势。

3. 要素成本变量说明

在估计旅游产业的资源配置效率时,将会涉及劳动要素和资本要素的总成本。劳动成本可用劳动报酬表征,即行业平均工资与旅游从业人数的乘积。由于相关统计年鉴中缺少旅游行业平均工资的基本统计量,所以行业平均工资使用"城镇单位就业人员平均工资"代替。资本总成本应为资本投入量与资本价格的乘积,经济学中的资本价格就是资本的利息率,因此本书采用"一年以内贷款利率"作为资本价格的替代变量。为使数据具有可比性,本书根据城镇单位就业人员平均货币工资指数,以 2005 年不变价格对名义货币工资变量进行平减折算,用以衡量各地区真实要素的成本价格。表 4-1 分别报告了投入产出模型、技术无效率函数中所采用的各类变量以及要素成本变量的描述统计结果。

(二) 数据来源及处理

文中涉及的数据均为 2005~2014 年间中国内地 31 个省级行政区域所共同构成的旅游产业面板数据,投入产出变量的相关数据分别源自于国家旅游局 2006~2015 年的《中国旅游年鉴》,而第三产业增加值指数、固定资产投资价格指数、

表4-1 变量描述性统计结果

变量名	定义	均值	标准差	最小值	最大值
lnY_{it}	旅游企业实际营业收入(万元)/(取对数形式)	13.1662	1.1157	9.7900	15.3500
lnK_{it}	旅游企业实际固定资本存量(万元)/(取对数形式)	15.8558	1.1115	13.2500	18.3000
lnL_{it}	旅游企业从业人数(人)/(取对数形式)	10.9141	0.8493	8.3700	12.6700
t	时间趋势变量2005年赋值为1	5.5000	2.8769	1.0000	10.0000
$Middle_t$	虚拟变量,中部地区省份,赋值为1	0.2581	0.4382	0.0000	1.0000
$West_t$	虚拟变量,西部地区省份,赋值为1	0.3871	0.4879	0.0000	1.0000
$lnWage_{it}$	城镇单位就业人员实际平均工资(元)/(取对数形式)	9.89625	0.2470	9.6393	10.5887
$Loan_{it}$	一年以内贷款利率(%)	0.0581	0.0049	0.0522	0.0693

注:实际产出、资本和劳动投入、实际工资的描述性统计量均为其相应指标的自然对数值。

城镇单位就业人员平均货币工资指数,以及相关控制变量数据则来源于历年的《中国统计年鉴》,贷款利率数据则是通过查阅历年的《中国人民银行年报》收集整理获得。此外,我们还对样本数据进行了两个方面的调整。第一,将样本数据中明显不符合逻辑关系的错误记录进行了删除和修正。第二,统一了2005年以后中国各省份旅游企业层面数据的统计口径。因为2006~2015年的《中国旅游统计年鉴》中所报告的旅游企业类数据主要涉及旅行社、星级饭店、旅游景区以及其他旅游企业四个层面,但由于该年鉴中的统计信息不完全,自2010年以后并未报告旅游其他企业层面的相关营业数据,而且年鉴中还缺少2010年旅游景区的信息数据,所以鉴于数据的实际可获性,同时兼顾数据的客观可比性,故将2005~2010年中的其他旅游企业层面的数据剔除,以旅行社、星级饭店、旅游景区作为省级旅游企业数据来源,而且采用插值法对2010年各样本的旅游景区营业数据补齐,最后根据该层面的投入产出变量核算出全国内地31个省市区的旅游产业效率水平,保证了数据来源的真实有效。

第三节　随机前沿生产函数模型检验

一、随机前沿基础模型的设定

在构建生产函数模型中，考虑到在我国内地旅游产业发展过程中存在技术进步对旅游产业效率的冲击影响，故将基本函数设定为 Translog 的时变形式以及技术无效率方程，具体模型如下：

$$LnY_{it} = \beta_0 + \beta_k lnK_{it} + \beta_l lnL_{it} + \beta_t t + \beta_{tt} t^2 + \beta_{kk}(lnK_{it})^2 + \beta_{ll}(lnL_{it})^2 + \beta_{kl} lnK_{it} \cdot lnL_{it} + \beta_{kt} lnK_{it} \cdot t + \beta_{lt} lnL_{it} \cdot t + v_{it} - u_{it} \quad (4-17)$$

理论界通常采用的生产函数形式主要有 C-D 函数、CES 函数以及 Translog 超越对数函数等形式，但相对而言，Translog 函数形式放松了很多条件假设，不再认为技术进步是恒定不变的，综合考虑到了非中性技术进步、非固定的产出弹性以及要素间的替代效应等因素，使生产函数形式更具一般性，能够较好地避免由于函数形式误设而导致的估计偏误问题。式 4-17 中，Y_{it}、K_{it} 和 L_{it} 分别表示 i 省份第 t 年中旅游企业的实际营业收入、资本投入和劳动投入量；t 为时间趋势变量；$v_{it} - u_{it}$ 是生产函数的复合误差项，其中 v_{it} 代表随机干扰因素影响；u_{it} 表示技术无效率因素影响。

在 Translog 随机前沿生产函数式 4-17 的基础上，可以分别推导出资本和劳动要素的产出弹性，其具体的数学表达式如下：

$$\varepsilon_K = \beta_k + 2 \cdot \beta_{kk} lnK_{it} + \beta_{kl} lnL_{it} + \beta_{kt} t \quad (4-18)$$

$$\varepsilon_L = \beta_l + 2 \cdot \beta_{ll} lnL_{it} + \beta_{kl} lnK_{it} + \beta_{lt} t \quad (4-19)$$

根据式 4-18 和式 4-19 表明，生产要素的产出弹性主要包含四个部分：①固定常数值，即截距项（β_k、β_l）；②随自身投入量的变化而变化的部分，即非线性弹性（β_{kk}、β_{ll}）；③随其他投入要素量的变化而变化的部分，即替代弹性（β_{kl}）；④随时间变动而变动的部分，即要素偏性技术进步弹性（β_{kt}、β_{kt}）。

二、技术无效率影响因子设定

式 4-17 是加入了区域因素及时间趋势变量的技术无效率方程，关于模型中

的 μ_{it} 及 w_{it} 在式 4-5 中已做说明。本部分重点关注区位因素以及时期变化对我国内地旅游产业技术效率的影响,根据我国区域划分情况,可将全国 31 个省、直辖市、自治区(除中国香港、中国澳门及中国台湾地区外)划分为东部、中部和西部三大经济板块(张磊,2012),具体函数形式如下:

$$\mu_{it} = \delta_0 + \delta_1 Middle_i + \delta_2 West_i + \delta_3 t + w_{it} \qquad (4-20)$$

其中,$Middle_i$ 和 $West_i$ 分别代表我国中部、西部区域的虚拟变量,如果 δ_1、δ_2 都大于零,则说明中部与西部的技术效率水平比东部要低;如果都小于零,则说明我国中部和西部区域在旅游产业技术效率水平上均要高于东部。t 表示时间趋势,如果 δ_3 符号为正,说明全国技术效率平均水平会随时间而递减,相反则递增。

三、生产函数形式的假设检验

当运用随机前沿法对旅游产业效率进行分析时,其测算结果的可靠程度有赖于对模型形式及参数的恰当设定,因此对生产函数的准确设定尤为关键。

(一)检验方法说明

本研究首先构建超越对数生产函数,如式 4-17,然后再对模型其他形式依次进行检验,从而确定其最终形式。在检验方法的选取上,主要运用单边广义似然比统计量对随机前沿生产函数模型的确切形式进行了参数识别验证。单边广义似然比检验统计量 LR 的数学表达式如下:

$$LR = -2\ln\left[\frac{L(H_0)}{L(H_1)}\right] = -2 \cdot [\ln L(H_0) - \ln L(H_1)] \qquad (4-21)$$

式 4-21 中,$\ln L(H_0)$、$\ln L(H_1)$ 依次代表零假设 H_0 和备择假设 H_1 随机生产前沿函数的对数似然函数值(Log Likelihood Function,LLF);而 $\frac{L(H_0)}{L(H_1)}$ 则表示似然比统计量。如果 H_0 成立,那么统计量 LR 则服从混合卡方 χ^2 分布,即 LR $<\chi^2$,自由度为 H_0 中受约束变量的个数;相反,如果似然比大于混合卡方分布检验临界值(即:LR $>\chi^2$),应拒绝 H_0,而接受 H_1,说明 H_1 的生产函数模型形式具有更优的解释能力。此外,最后可通过 γ 对误差项特征进行检验,进而判断误差扰动项是否具有显著的复合结构,该原理已在式 4-8 中详细阐明。

(二) 检验结果分析

表 4-2 报告了关于四种零假设随机生产前沿模型的检验结果，同时将卡方临界值设定为 5% 的置信水平。验证过程依次从生产函数参数形式（检验①、检验②）和模型的适用性（检验③、检验④）两个方面进行。首先将包含技术无效率方程的超越对数基本形式作为备择假设 H_1（即式 4-17 和式 4-20）。

表 4-2 随机前沿生产函数模型形式的单边广义似然比检验结果

检验	零假设 H_0	对数似然函数值 LLF	单边广义似然比 LR	临界值 $\chi^2_{0.05}$	结论
	H_1: 式 4-17 + 式 4-20	-118.095	—	—	—
①	H_0: $\beta_{tt} = \beta_{kk} = \beta_{ll} = \beta_{kl} = \beta_{kt} = \beta_{lt} = 0$	-125.422	14.654	12.592	拒绝 H_0
②	H_0: $\beta_t = \beta_{tt} = \beta_{kt} = \beta_{lt} = 0$	-124.634	13.078	9.488	拒绝 H_0
③	H_0: $\gamma = \eta = \mu = \delta_0 = \delta_1 = \delta_2 = \delta_3 = 0$	-127.693	19.195	14.067	拒绝 H_0
④	H_0: $\delta_0 = \delta_1 = \delta_2 = \delta_3 = 0$	-132.952	29.714	9.488	拒绝 H_0

第一，在确定性前沿生产函数参数检验方面，分别做了两个假设：①检验生产函数是否可采用无任何变量交互的形式，即零假设为该模型中不存在任何的变量替代效应；②检验函数中是否存在技术进步效应，即零假设 H_0 是该模型中所有包含 t 的影响参数均为零。根据表 4-2 中单边广义似然比的验证结果，都在 5% 置信条件下拒绝了所有的 H_0，而接受 H_1。这说明相对而言，Translog 函数形式的设置是恰当的。

第二，在技术无效率函数的参数检验方面，对是否存在技术无效率（$\gamma = 0$）、技术无效率的时间变化效应（$\eta = 0$）、技术无效指数的半正态分布（$\mu = 0$）以及技术无效率方程中的解释变量进行了假设检验。通过表 4-2 中所反映的结果来看，零假设均被拒绝，这说明复合扰动项中存在明显的技术无效率，同时 μ_{it} 服从截断正态分布，技术无效率方程中的影响参数设置合理，因此我们将随机前沿生产函数模型以及技术无效率方程的最终形式设定为式 4-17 和式 4-20，接下来将着重对该生产函数的具体参数进行系统分析及说明。

第四节 实证结果分析

一、随机前沿生产函数结果分析

运用 Frontier 4.1 软件，通过最大似然法对样本面板数据进行估计，并在表 4-3 中分别报告出相关的参数结果。

表 4-3 我国内地旅游产业生产函数最大似然估计结果

变量	系数	随机前沿生产函数			系数	技术无效率方程		
		估计值	标准差	T统计量		估计值	标准差	T统计量
常数项	β_0	8.5896***	1.6361	5.2501	δ_0	-5.5816**	2.1712	-2.5707
$\ln K$	β_k	-1.7605***	0.5480	-3.2123	δ_1	3.2563***	0.7046	4.6215
$\ln L$	β_l	2.2580***	0.7433	3.0378	δ_2	3.9770***	1.1422	3.4819
t	β_t	-0.2013*	0.1131	-1.7794	δ_3	-0.1618*	0.0862	-1.8765
$(\ln K)^2$	β_{kk}	0.1054**	0.0439	2.3991	变量	复合误差项方差参数		
						估计值	标准差	T统计量
$(\ln L)^2$	β_{ll}	-0.0030	0.0704	-0.0419	σ^2	0.8575**	0.3473	2.4693
t^2	β_{tt}	0.0004**	0.0019	0.2105	γ	0.8942***	0.0451	19.8426
$\ln K \times \ln L$	β_{kl}	-0.1042	0.1032	-1.0095	诊断信息			
$\ln K \times t$	β_{kt}	-0.0071	0.0143	-0.4936	LLF	-118.0952		
$\ln L \times t$	β_{lt}	0.0266	0.0196	1.3534	LR	19.1952***		
样本数	$n \times t$	310						
年数	t	10						
截面数	n	31						

注：*表示当 t-ratio 的取值范围为 1.96≥|t|≥1.645 时，变量在 10% 的统计水平上显著；**表示当 t-ratio 的取值范围为 2.58≥|t|≥1.96 时，变量在 5% 的统计水平上显著；***表示当 t-ratio 的取值范围为 |t|>2.58 时，变量在 1% 的统计水平上显著；LR 检验值服从混合卡方分布。

（一）生产函数估计结果分析

根据回归结果（见表4-3）显示，模型中的 $\gamma=0.8942$，且在1%置信水平上显著，说明模型的误差扰动项具有极为显著的复合结构，实际产出距离确定性生产前沿面的偏差主要是由于生产单元的技术无效率水平所导致的，其解释程度约为90%，而随机因素仅占10%，因此采用随机前沿生产函数是合理有效的，同时也与拒绝检验③的原假设结论是相符合的。从参数估计结果来看，绝大部分变量均有较好的统计性质，与理论预期相符合。

首先，就资本要素而言，其产出弹性系数为-1.7605，且在1%水平上显著，同时其二次项系数也在5%的置信水平上显著为正，这表明资本要素的投入给旅游产业经济增长带来了"U"型的非线性变化效应（$\frac{E(Y)}{\partial K} = -1.7605 + 0.2108 \cdot \ln K$）。究其原因，可能是由于样本中的企业数据主要来源于景区、酒店及旅行社三类，而星级酒店和旅游景区的投资占比较大，该行业具有资产保值和收益滞后的特点，往往对前期资本要素的投入需求较大，当资本达到一定的规模程度后，其产出拉动效应才能逐步以递增的速率显现。在其他因素既定的条件下，资本投入量的均值对数为8.3515时，旅游收入达到"U"型曲线的最低拐点。此外，按照我国内地旅游产业资本投入量对数均值水平（15.8558）来测算①，10年间资本要素对旅游产业收入平均贡献程度约为1.581%。

其次，就劳动要素而言，劳动要素产出系数（2.2580）在1%的水平下显著为正，表示每增加1%的劳动要素投入量将会使得旅游产业总收入显著提升2.258%。此外，在综合考虑到生产要素间、要素与技术进步的替代效应基础上，劳动和资本的平均产出弹性分别为0.6866%和0.4056%。相比资本要素而言，劳动要素的边际产出弹性更高，且两者弹性之和大于1。一方面，说明在我国内地旅游产业过去发展的十年里，主要还是以劳动要素作为经济驱动的主导力量，这也与旅游产业的劳动服务密集型特性相符。另一方面，劳动和资本要素的平均产出弹性之和大于1，说明旅游产业正处在规模报酬递增的阶段，因此仍需加大并优化对旅游产业生产要素的投入力度及规模比例。

---

① 资本投入量对数均值为15.8558，是对样本中31个省份10年间的数据进行平均得到，在变量描述性统计结果（表4-1）中已经报告。

最后，就时间趋势的估计参数而言，变量 t 的估计值显著为负，但其二次项系数在 5% 的水平上显著为正，表明我国内地旅游产业的中性技术进步效率也呈现出近似"U"型的变化趋势：先下降，此后随着时间的推移，其边际速率递减，进而从某种程度上体现出 2005~2014 年间全国旅游经济在技术进步质量方面的不足。此外，还应值得注意的是，生产要素与时间趋势的交互项都不显著，这不仅充分反映出资源要素在生产投入的过程中尚未形成显著的技术进步偏性效应，而且也说明了现有的生产要素投入质量不高，要素供求关系的结构性失衡制约了旅游产业技术进步的有效提升，因此对于旅游产业要素规制而言，亟须盘活现有存量、扩大产业增量、提升要素质量、促进资源流量，切实引导生产要素向旅游产业环节中技术含量高、附加价值优、经济效能强、关联辐射广的领域配置流转。

（二）技术无效率方程分析

根据表 4-3 中技术无效率方程的估计系数显示，中部和西部地区的虚拟变量均在 1% 的置信水平上显著为正，而且相对于中部 $Middle_i$ 系数，西部 $West_i$ 的估计值较为偏高。这不但验证了区位因素在我国内地旅游产业技术效率方面存在显著的非均衡性，同时还在其层级分化上显现出了"东强西弱"的梯度演进态势。原因在于相比中西部而言，东部区域旅游企业能够有力抓住经济改革、对外开放的政策机遇，并获得产业经济发展的先行优势，尤其在技术获取、资本融通、人才引进、政策扶持等方面表现出了极强的竞争实力，进而能够有效地提升资源要素的利用率、降低生产交易成本、促进技术信息的区域扩散，由此形成了较高的技术效率水平。而中部地区的技术效率程度则要高于西部，由于旅游产业经济独特的异地消费流动性以及生产和消费的同步性特征，我国中部地区极易受到经济发展高梯度区域（东部）的"涓滴效应"影响，旅游产业所带来的人流、物流、信息流最终促进了东部地区的旅游技术效率向周边中部区域的外溢扩散，然而西部广大区域由于基础设施条件以及地理空间距离等因素的限制，在受到东部地区旅游技术效率辐射影响方面较中部更小，因而在当前我国内地旅游技术效率的发展进程中形成了非均衡的地域格局。此外，技术无效率方程中的时间趋势项系数表明，过去的十年间（2005~2014 年）我国内地旅游产业技术效率平均水平整体上显现为递增的态势。

二、旅游产业技术效率演化分析

以产出导向为视角,旅游产业技术效率水平(TE)是指在最优生产前沿面水平以及要素投入量既定的前提下,某地区旅游产业实际产出水平与其相应的最优前沿产出之间的关系比例。表4-4所反映的是2005~2014年间内地31个省市区旅游产业技术效率的实际发展情况。

表4-4　2005~2014年内地31个省市区旅游产业技术效率估计结果

单位:%

地区	样本	2005年	2006年	2007年	2008年	2009年	2010年	2011年	2012年	2013年	2014年	均值
东部	北京	91.78	93.00	91.82	91.55	90.16	92.04	92.01	92.80	92.86	93.48	92.15
	天津	91.73	91.51	91.34	91.07	90.64	90.70	91.23	92.00	92.44	93.46	91.61
	河北	89.82	88.49	87.89	81.78	80.43	81.08	84.80	84.02	85.27	81.94	84.55
	辽宁	83.82	83.14	82.64	84.80	81.23	82.39	86.88	87.90	89.11	89.30	85.12
	上海	92.68	92.35	92.82	92.41	91.45	92.95	93.59	93.82	94.25	94.42	93.07
	江苏	91.43	91.91	91.78	90.70	90.58	91.32	91.82	91.57	90.77	90.92	91.28
	浙江	89.61	90.54	90.32	90.58	90.11	92.45	93.20	92.22	91.18	91.23	91.14
	福建	90.77	91.32	90.86	91.17	91.37	92.26	93.28	92.00	92.81	93.00	91.88
	山东	89.55	89.65	89.90	90.88	90.31	91.90	89.87	90.33	88.87	86.35	89.76
	广东	84.68	85.30	86.43	87.52	82.53	87.77	90.13	90.20	90.57	91.23	87.64
	海南	84.78	86.25	86.68	88.48	88.71	88.37	90.69	91.17	90.75	91.53	88.74
	均值	89.15	89.40	89.31	89.18	87.96	89.38	90.68	90.73	90.81	90.63	89.72
	标准差	3.20	3.23	3.07	3.29	4.30	4.13	2.74	2.71	2.45	3.65	2.88
	变异系数	3.58	3.61	3.44	3.68	4.89	4.62	3.02	2.99	2.70	4.03	3.21
中部	山西	87.00	87.18	86.64	78.69	70.57	76.13	84.14	85.74	85.17	83.09	82.44
	吉林	74.76	74.52	67.91	75.88	79.89	78.62	75.51	78.29	75.07	76.54	75.70
	黑龙江	57.43	58.04	61.30	74.77	65.53	74.65	71.26	77.52	79.08	81.17	70.08
	安徽	84.04	85.65	92.29	92.41	85.87	88.64	89.60	89.91	89.14	87.36	88.49
	江西	87.31	80.23	69.51	89.14	89.91	87.35	88.15	89.48	88.53	87.66	85.73
	河南	83.04	94.93	82.22	86.82	88.21	86.85	81.66	82.36	80.01	79.72	84.58
	湖北	78.83	77.56	77.24	86.70	92.49	78.09	85.75	89.29	88.17	86.85	84.10
	湖南	87.59	86.91	85.70	87.89	84.08	88.68	90.94	91.60	90.24	89.66	88.33
	均值	80.00	80.63	77.85	84.04	82.07	82.38	83.38	85.52	84.42	84.01	82.43
	标准差	10.17	11.14	10.75	6.62	9.54	6.03	6.93	5.51	5.64	4.59	6.41
	变异系数	12.71	13.82	13.81	7.88	11.62	7.32	8.32	6.44	6.69	5.47	7.78

续表

地区	样本	2005年	2006年	2007年	2008年	2009年	2010年	2011年	2012年	2013年	2014年	均值
西部	内蒙古	33.89	77.52	74.33	70.45	80.66	80.30	82.70	81.66	77.97	75.36	73.48
	广西	83.13	84.85	83.99	80.74	80.55	81.03	84.72	84.99	81.63	86.91	83.25
	重庆	86.66	87.26	87.66	85.14	86.47	88.16	90.14	91.23	90.51	91.34	88.46
	四川	67.27	78.42	80.53	74.21	81.65	77.88	80.96	78.52	79.09	77.59	77.61
	贵州	81.99	74.74	58.63	91.42	87.99	84.00	79.85	81.16	77.03	77.49	79.43
	云南	87.56	85.93	86.31	87.57	85.66	84.06	87.68	87.20	85.65	89.04	86.67
	西藏	44.09	45.85	55.51	40.20	63.29	79.52	81.62	79.66	89.99	85.36	66.51
	陕西	79.11	77.70	76.70	74.39	79.50	81.04	83.04	83.23	81.68	80.61	79.76
	甘肃	79.61	78.09	76.04	62.99	65.19	76.91	81.02	79.99	75.93	78.69	75.45
	青海	68.52	78.37	84.23	83.97	86.67	77.09	84.98	86.53	86.70	85.79	82.27
	宁夏	81.58	83.95	83.58	76.65	85.00	87.30	88.59	89.30	88.97	89.69	85.46
	新疆	85.34	83.10	82.60	75.26	94.37	79.23	82.34	82.25	82.62	76.96	82.41
	均值	73.23	77.98	77.51	75.25	81.42	81.43	83.97	83.81	83.15	82.89	80.06
	标准差	17.34	10.88	10.41	13.56	9.01	3.76	3.30	4.04	5.15	5.70	6.17
	变异系数	23.67	13.95	13.44	18.02	11.06	4.61	3.93	4.82	6.19	6.88	7.70
总计	均值	80.63	82.72	81.79	82.46	83.90	84.50	86.20	86.71	86.20	85.92	84.10
	标准差	13.65	10.12	10.10	10.92	8.16	5.75	5.40	5.02	5.61	5.83	6.72
	变异系数	16.93	12.23	12.35	13.24	9.72	6.81	6.27	5.79	6.51	6.79	7.99

首先，就全国技术效率整体发展而言，十年间旅游产业技术效率的均值为84.10%，说明还存有15.90%的提升空间。根据历年全国技术效率的均值变化来看，总体上呈现出逐年小幅攀升的态势，这也在技术无效率方程的时间趋势检验中得到了有效印证。同时在总变异系数方面，除2005年表现异常外，整体上呈收敛趋势。此外还需说明的是，虽然从数据的表象上来看，我国内地旅游产业体现出了较强的整体技术效率水平，但是根据 TE_{it} 的经济含义和计算公式可知，它是相对于旅游产业生产前沿面而言的，其估计值的高低不仅取决于实际产出与前沿产出之间的距离，而且更有赖于该行业技术前沿面的水平（即参照基准的高低程度）。特别是在新兴行业中，如果对某少数企业加大科技创新或技术引进的力度，促使该行业生产前沿面向外沿提升，那么即使其余大多数企业的实际产出保持不变，整体技术效率水平也会随之下降。相反，对于发展较缓的传统行业而言，由于业内普遍对现有技术的掌握程度较高且更新速度较慢，所以技术革新表

现得相对滞缓，导致其生产前沿面的变幅不大，该类行业的实际产出水平离技术前沿间的差距也就相对更小。因此，对于隶属于三产服务型的旅游业而言，其效率的实际水平不能只关注于技术效率的数字变化，还应结合其生产前沿面的情况（即技术进步程度）综合考虑，才能得到比较客观的结论认识（技术进步情况将在下一小节中详细分析）。

其次，就三大区域的技术效率分异情况而言，区域间的非均衡性特征明显。据数字统计，东、中、西部年均技术效率指数依次是 0.8972、0.8243 和 0.8006，与全国均值 0.8410 相比，只有东部省市高于全国平均水平，这与之前旅游产业技术效率的"东高西低"分布态势结论相一致。从各区域所反映的动态趋势看（如图 4-1 所示），三大区域都以上升态势为主，随着技术效率的扩散，效率梯度等级较低的地区正向等级较高的地区靠齐，技术效率的极差趋于收敛，但在上升幅度和变化速度等方面均存在各自相应的异质性。东部地区在技术效率的时序演进方面较为平稳，提升速度较为缓慢，同时其平均变异系数（3.21%）也分别小于中部（7.78%）、西部（7.70%）以及全国平均水平（7.99%）。这说明东部地区在旅游产业技术运用等方面较为成熟，区域内部整体发展水平相对均衡，处于全国领先地位。然而，中西部地区的变化幅度以及增长速率表现得更为剧烈。一方面在于，离生产前沿面越近的地区，其技术效率改进的难度也就相应增大，可提升空间也随之小。另一方面，中西部地区由于资源禀赋、经济发展、

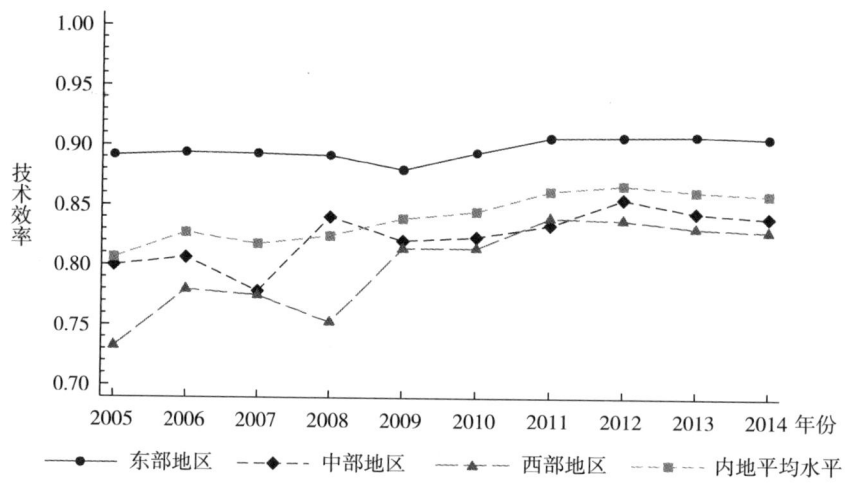

图 4-1　内地 31 个省市区旅游产业技术效率趋势

基础条件的不平衡,导致要素流动性差,技术效率的外溢效应不强,从而显现出区域内部的变异程度较为明显。

三、全要素生产率增长率解构分析

(一)技术进步率与技术效率变化率分析

1. 技术进步率结果分析

技术进步率是指在生产要素投入量以及规模水平既定的情况下,经济产出随时间变化而增减的幅度比例,用于反映旅游产业的投入产出结构关系,代表着当前产业中最大前沿的产出能力水平。根据随机前沿生产函数估计结果(见表4-3)并结合式4-13和式4-17可以得到我国内地旅游产业技术进步率函数:

$$TP_{it} = -0.2013 + 0.0008 \cdot t - 0.0071 \cdot \ln K_{it} + 0.0266 \cdot \ln L_{it} \quad (4-22)$$

通过式4-22可测算出2005~2014年间我国内地旅游产业技术进步率发展情况,计算结果详见表4-5。

表4-5 2005~2014年样本中各地区旅游产业技术进步率估计结果

单位:%

地区	样本	2005年	2006年	2007年	2008年	2009年	2010年	2011年	2012年	2013年	2014年	均值
东部	北京	-0.85	-1.26	-0.40	-0.08	-0.18	-0.38	-0.59	-0.32	-0.31	-0.46	-0.48
	天津	-3.69	-3.50	-3.50	-3.33	-3.53	-3.58	-3.41	-3.47	-3.56	-3.52	-3.51
	河北	-0.21	-0.32	-0.15	0.03	0.13	-2.06	-1.32	-1.34	-1.30	-1.53	-0.81
	辽宁	-1.55	-1.06	-0.91	-0.71	0.41	-0.75	-2.04	-2.01	-1.94	-2.29	-1.28
	上海	-1.87	-1.89	-1.78	-1.47	-1.38	-1.57	-1.60	-1.34	-1.49	-1.46	-1.58
	江苏	-1.01	-0.82	-0.49	-0.08	0.03	-0.08	-0.13	-0.11	-0.02	-0.30	-0.30
	浙江	0.69	1.00	1.20	1.21	0.80	0.20	-0.28	0.23	0.36	0.28	0.57
	福建	-1.49	-1.76	-1.66	-1.46	-1.46	-1.07	-0.78	0.14	-0.28	-0.49	-1.03
	山东	-0.52	0.11	0.28	0.39	-0.01	1.73	0.03	0.01	0.00	0.26	0.23
	广东	0.21	0.23	0.57	0.71	1.06	0.91	0.41	0.45	0.50	0.43	0.55
	海南	-3.24	-3.18	-3.04	-2.59	-2.62	-3.03	-3.40	-2.98	-2.80	-2.87	-2.98
	均值	-1.23	-1.13	-0.90	-0.67	-0.61	-0.88	-1.19	-0.98	-0.99	-1.08	-0.97

续表

地区	样本	2005年	2006年	2007年	2008年	2009年	2010年	2011年	2012年	2013年	2014年	均值
中部	山西	-1.72	-1.56	-1.46	-0.02	0.14	-0.46	-1.11	-1.10	-1.31	-0.93	-0.95
	吉林	-3.80	-3.76	-2.85	-3.39	-3.38	-3.40	-3.29	-3.42	-3.53	-3.76	-3.46
	黑龙江	-4.16	-3.72	-3.41	-3.82	-3.79	-3.99	-3.64	-3.66	-3.76	-4.18	-3.81
	安徽	-2.33	-2.01	-1.51	-1.47	-1.87	-1.50	-1.52	-1.35	-1.45	-1.60	-1.66
	江西	-2.67	0.19	0.27	-1.00	-1.07	-1.87	-2.29	-2.23	-2.25	-2.07	-1.50
	河南	-1.77	-1.51	-1.41	-2.29	-1.94	-1.02	-1.20	-1.20	-1.46	-1.81	-1.56
	湖北	-1.56	-1.25	-1.07	-0.98	-4.66	-0.37	-1.66	-1.52	-1.48	-1.23	-1.58
	湖南	-2.38	-1.81	-1.64	-0.84	-0.08	-0.47	-0.77	-0.64	-0.80	-0.75	-1.02
	均值	-2.55	-1.93	-1.64	-1.72	-2.08	-1.64	-1.93	-1.89	-2.00	-2.04	-1.94
西部	内蒙古	0.56	-2.71	-2.59	-2.38	-2.43	-2.22	-2.27	-2.12	-2.07	-2.29	-2.05
	广西	-1.50	-1.41	-1.26	-1.24	-1.10	-1.55	-1.97	-1.79	-1.83	-1.81	-1.55
	重庆	-2.85	-2.50	-2.32	-1.98	-1.76	-1.89	-1.81	-1.82	-1.78	-1.86	-2.06
	四川	-0.89	-1.11	-0.96	-1.53	-1.39	-1.69	-1.85	-1.65	-1.43	-1.80	-1.43
	贵州	-3.26	-3.23	-1.83	-2.83	-2.90	-2.94	-2.87	-2.78	-2.57	-2.59	-2.78
	云南	-0.98	-0.39	-0.24	-1.61	-1.42	-1.50	-1.60	-0.93	-0.39	-1.19	-1.02
	西藏	-4.78	-4.80	-4.66	-6.13	-4.91	-6.47	-6.36	-5.41	-7.17	-6.55	-5.72
	陕西	-2.75	-2.28	-2.16	-1.93	-2.05	-1.86	-1.67	-1.52	-1.62	-1.50	-1.93
	甘肃	-2.46	-2.31	-2.15	-0.96	-1.31	-1.73	-2.57	-2.20	-2.26	-2.52	-2.05
	青海	-6.22	-5.67	-5.54	-5.71	-5.85	-4.67	-5.09	-5.15	-4.96	-4.63	-5.35
	宁夏	-5.15	-5.24	-4.99	-4.01	-4.17	-4.69	-4.42	-4.11	-4.21	-4.38	-4.54
	新疆	-3.12	-2.35	-2.15	-1.99	-6.35	-1.40	-2.53	-2.29	-2.64	-2.78	-2.76
	均值	-2.78	-2.83	-2.57	-2.69	-2.97	-2.72	-2.92	-2.65	-2.74	-2.82	-2.77
样本总量	均值	-2.23	-2.02	-1.77	-1.78	-1.97	-1.76	-2.07	-1.87	-1.95	-2.02	-1.94

注：在TFP增长率的运算中所使用的是2005~2014年间技术进步率均值，东部、中部、西部以及样本总体的估计值分别为：-0.97%、-1.94%、-2.77%、-1.94%。

首先，研究表明十年间全国旅游产业技术进步率平均下跌1.94%，呈现出小幅滑落的趋势，但下降幅度逐年有所缓和。这说明我国内地旅游产业的科技含量普遍不高,旅游产业的供给模式以及技术化含量长期滞后于市场的多元化需求,所以亟待转变旅游企业传统的运营方式。同时,应当以未来旅游消费需求为导向,通过技术创新、服务创新、模式创新、产品创新等方式不断优化旅游产业供给侧结构,重视对先进技术的行业引入以及产业运用,从根本上扭转旅游技术进步率下降的趋势,切实推动我国内地旅游产业生产前沿面的有效提升。此外,在上一小节的分析中谈到技术效率水平的高低还应参考技术进步因素。由于样本期内旅游产业的技术进步率发展缓慢,其参照的技术前沿水平较低,从而表现出我国技术效率程度相对较高,因此技术进步构成了现阶段我国内地旅游产业提质增效的掣肘短板。

其次,从各区域所反映的数据来看,我国三大经济板块在技术进步率演变趋势方面均为跌落状态,但变化幅度各不相同。东部地区跌幅最小,仅为-0.97%,中部的技术进步变化率恰好与全国均值水平持平(-1.94%),而西部下降趋势最大(-2.77%)。究其原因可能是经济优势地区凭借其地理区位、要素集聚、制度环境、基础设施、市场开放等良好条件,在引进获取前沿性技术、优质资源以及核心要素上相对于欠发达地区更为容易,可有效吸引大量优质人才和资本汇集,致使其生产前沿技术水平更高,从而在技术进步率的地域分布态势上也与技术效率一样,呈"东强西弱"的阶梯式格局。

最后,以十年间技术进步率均值为依据对31个省市区样本进行排名后发现,浙江、广东、山东的旅游产业技术进步率都有正向提升(0.57%、0.55%和0.23%),依次位居全国前三甲,而其余区域则为负数。从某种程度上说明,这三个省份能够借助于外向型经济以及民营经济的独特优势,激发其在旅游科技创新和技术应用上的市场活力,致使旅游产业生产函数前沿面有所提升,但增长幅度较小。通过表4-6可知,在全国旅游产业技术进步率排名前十位的省份中,我国东部区域则享有绝对的数量优势,所占比重达70%,而来自中部地区的山西、湖南以及西部地区的云南也跻身于全国前十强,分别名列第七、第八和第九。排名在第11~20位的省份中,中部和西部的数量占比相同,各占40%,东部省份仅有辽宁和上海。在最后剩余的排名中,西部省份占据绝大多数比例(约为60.70%),东部和中部地区分别有两个省份归属于技术进步率欠佳的类型,依次为海南、天津、吉林、黑龙江。宁夏、青海、西藏等地区可能由于地理环境、交通条件等因素的限制,在旅游技术引进和产业生产革新方面阻力较大,以至于排名靠后,技术进步率分别下跌4.54%、5.35%和5.72%。

表4-6 2005~2014年内地旅游产业技术进步率均值排名

排名	样本	技术进步率	地区	排名	样本	技术进步率	地区
1	浙江	0.0057	东部	17	湖北	-0.0158	中部
2	广东	0.0055	东部	18	安徽	-0.0166	中部
3	山东	0.0023	东部	19	陕西	-0.0193	西部
4	江苏	-0.0030	东部	20	内蒙古	-0.0205	西部
5	北京	-0.0048	东部	21	甘肃	-0.0205	西部
6	河北	-0.0081	东部	22	重庆	-0.0206	西部
7	山西	-0.0095	中部	23	新疆	-0.0276	西部
8	湖南	-0.0102	中部	24	贵州	-0.0278	西部
9	云南	-0.0102	西部	25	海南	-0.0298	东部
10	福建	-0.0103	东部	26	吉林	-0.0346	中部
11	辽宁	-0.0128	东部	27	天津	-0.0351	东部
12	四川	-0.0143	西部	28	黑龙江	-0.0381	中部
13	江西	-0.0150	中部	29	宁夏	-0.0454	西部
14	广西	-0.0155	西部	30	青海	-0.0535	西部
15	河南	-0.0156	中部	31	西藏	-0.0572	西部
16	上海	-0.0158	东部	—	—	—	—

2. 技术效率变化率分析

在上一节的表4-4中已报告了我国旅游产业技术效率估计值,但是根据Kumbhakar(2000)对全要素生产率增长的测算方法,技术效率变化率也是构成TFP增长率的重要组成部分,因此还需要对我国内地旅游产业技术效率变化率TE_{it}进行逐年计算,根据式4-14:$TE_{it}=-\frac{du}{dt}$,可以测算得到2005~2014年间我国内地旅游技术效率变化率的发展情况,结果详见表4-7。

表 4-7　2005~2014年间各地区旅游产业技术效率变化率情况　　单位:%

地区	样本	2006年	2007年	2008年	2009年	2010年	2011年	2012年	2013年	2014年	均值	排名
东部	北京	1.33	-1.27	-0.29	-1.53	2.08	-0.03	0.86	0.07	0.67	0.21	21
	天津	-0.24	-0.19	-0.29	-0.47	0.06	0.59	0.85	0.48	1.11	0.21	22
	河北	-1.48	-0.68	-6.95	-1.65	0.81	4.60	-0.93	1.49	-3.91	-0.97	31
	辽宁	-0.81	-0.61	2.62	-4.22	1.44	5.45	1.18	1.38	0.21	0.74	11
	上海	-0.37	0.51	-0.44	-1.04	1.64	0.69	0.25	0.46	0.18	0.21	23
	江苏	0.52	-0.14	-1.18	-0.12	0.81	0.55	-0.27	-0.88	0.16	-0.06	26
	浙江	1.04	-0.25	0.30	-0.53	2.60	0.81	-1.05	-1.13	0.05	0.20	24
	福建	0.60	-0.50	0.34	0.22	0.97	1.11	-1.38	0.88	0.21	0.27	17
	山东	0.11	0.28	1.10	-0.62	1.75	-2.20	0.51	-1.61	-2.84	-0.39	29
	广东	0.73	1.32	1.26	-5.70	6.35	2.69	0.07	0.42	0.73	0.87	9
	海南	1.73	0.50	2.08	0.26	-0.38	2.63	0.53	-0.47	0.87	0.86	10
中部	山西	0.20	-0.62	-9.18	-10.32	7.89	10.51	1.90	-0.66	-2.44	-0.30	28
	吉林	-0.32	-8.87	11.74	5.28	-1.58	-3.96	3.68	-4.11	1.96	0.42	16
	黑龙江	1.06	5.62	21.98	-12.37	13.93	-4.55	8.79	2.02	2.64	4.35	3
	安徽	1.92	7.75	0.13	-7.08	3.23	1.08	0.34	-0.86	-1.99	0.50	14
	江西	-8.11	-13.36	28.24	0.86	-2.85	0.92	1.51	-1.06	-0.98	0.57	12
	河南	14.32	-13.39	5.59	1.61	-1.54	-5.98	0.86	-2.86	-0.36	-0.19	27
	湖北	-1.60	-0.42	12.26	6.67	-15.56	9.80	4.13	-1.26	-1.49	1.39	6
	湖南	-0.78	-1.39	2.55	-4.34	5.47	2.55	0.72	-1.48	-0.64	0.30	18
西部	内蒙古	128.71	-4.11	-5.22	14.49	-0.45	3.00	-1.26	-4.53	-3.34	14.14	1
	广西	2.06	-1.01	-3.87	-0.24	0.60	4.55	0.31	-3.95	6.46	0.55	15
	重庆	0.69	0.46	-2.88	1.57	1.95	2.24	1.22	-0.80	0.92	0.60	13
	四川	16.58	2.68	-7.84	10.02	-4.62	3.95	-3.00	0.72	-1.89	1.84	5
	贵州	-8.83	-21.56	55.93	-3.75	-4.54	-4.94	1.64	-5.09	0.59	1.05	8
	云南	-1.87	0.45	1.46	-2.18	-1.87	4.30	-0.55	-1.77	3.96	0.21	25
	西藏	3.98	21.07	-27.58	57.43	25.65	2.64	-2.41	12.98	-5.15	9.85	2
	陕西	-1.79	-1.28	-3.02	6.87	2.75	1.66	0.24	-1.87	-1.31	0.25	19
	甘肃	-1.91	-2.63	-17.17	3.50	17.98	5.34	-1.27	-5.08	3.64	0.27	20
	青海	14.37	7.48	-0.31	3.22	-11.06	10.23	1.83	0.19	-1.18	2.75	4
	宁夏	2.90	-0.44	-8.29	10.89	2.71	1.47	0.80	-0.36	0.81	1.17	7
	新疆	-2.62	-0.60	-8.89	25.40	-16.05	3.93	-0.10	0.44	-6.85	-0.59	30

续表

地区	样本	2006年	2007年	2008年	2009年	2010年	2011年	2012年	2013年	2014年	均值	排名
东部	均值	0.29	-0.09	-0.13	-1.40	1.65	1.54	0.06	0.10	-0.23	0.20	3
中部	均值	0.84	-3.09	9.16	-2.46	1.12	1.30	2.74	-1.28	-0.41	0.88	2
西部	均值	12.69	0.04	-2.31	10.60	1.09	3.20	-0.21	-0.76	-0.28	2.67	1
样本总量	均值	5.23	-0.81	1.43	2.97	1.30	2.12	0.65	-0.59	-0.30	1.33	—

注：上述标注的年份为时段，例如：2006年表示2005~2006年间，以此类推。

首先，通过比较2005~2014年间内地旅游业技术效率变化率的均值不难发现，除仅有的2006~2007年、2012~2013年及2013~2014年出现了微幅回落现象外，其余年份内地整体呈现出波动上扬的态势，而且2005~2006年上升幅度尤为明显，增长率达到5.23%，有效地实现了我国内地旅游产业"十一五"规划的良好开局。

其次，从内地10年间三大经济板块TE变化率的均值来看，东、中、西部都表现出了正向的增长态势，其中以西部地区增长率最高，平均增幅达2.67%，而中、东部地区的TE分别为0.88%、0.20%。由此可见，技术效率与技术效率变化率的地域分布格局恰好相反。一方面，这是由于相比其他的科技密集型和资本密集型行业，旅游服务产品在知识产权的保护上具有一定的特殊性，旅游产业中服务创新以及理念创新极易被同行复制效仿，因而其扩散程度较高；另一方面也说明发展滞后省份在后继赶超过程中有效地实现了技术效率的快速提升，而中、东部的增速相继放缓，旅游产业技术效率的扩散效应在全国范围内愈发显现，整体呈现出收敛的态势。

最后，就我国内地31个省市区TE变化率的平均排名而言，增长排名前六的省份主要来自于中西部地区，依次为内蒙古、西藏、黑龙江、青海、四川和湖北，其增长率分别为14.14%、9.85%、4.35%、2.75%、1.84%和1.39%，而且均高于全国平均水平（1.33%）。相反，旅游产业TE排名倒数后六的省级行政区域依次为江苏、河南、山西、山东、新疆、河北，这些地区的技术效率均反映出负向变化趋势，年均依次下滑0.06%、0.19%、0.30%、0.39%、0.59%、0.97%。

（二）规模经济效应变化率与配置效率

1. 规模经济效应变化率分析

旅游产业规模经济是指在生产技术水平恒定的条件下，依靠扩大旅游生产要素投入的规模水平，从而引起产业效益增收的现象，它主要体现的是要素投入的集中程度与经济产出效益间的比例关系。由规模效率变化率公式 4-15 可知，根据对规模报酬率（即全要素的产出弹性之和 ε）的预先估计，从而判断规模报酬对旅游产业产出效率的影响程度。在测算规模经济效应变化率的过程中所需要的资本产出弹性 ε_{Kit}、劳动产出弹性 ε_{Lit} 以及要素投入增长率 $\dot{x}_{jit}$ 的估计值都可通过以下函数得出：

$$\varepsilon_{Kit} = -1.7605 + 0.2108\ln K_{it} - 0.1042\ln L_{it} - 0.0071t \qquad (4-23)$$

$$\varepsilon_{Lit} = 2.2580 - 0.006\ln L_{it} - 0.1042\ln K_{it} + 0.0266t \qquad (4-24)$$

$$\dot{x}_{j,i,t} = \ln\left(\frac{x_{j,i,t}}{x_{j,i,t-1}}\right) \qquad (4-25)$$

基于上述公式，可以测算得到 2005~2014 年间内地 31 个省级样本区域旅游产业规模效率的变化情况，详见表 4-8。

表 4-8　2005~2014 年间各地区旅游产业规模效率变化情况　　单位:%

地区	样本	2006年	2007年	2008年	2009年	2010年	2011年	2012年	2013年	2014年	均值
东部	北京	-0.42	1.32	0.00	0.38	-0.99	-1.77	0.72	0.05	-0.75	-0.16
	天津	0.22	0.11	-0.03	-0.41	-0.46	0.03	-0.27	-0.71	-0.04	-0.17
	河北	-1.58	-0.29	0.06	0.29	-4.83	1.55	-0.49	0.14	-1.34	-0.72
	辽宁	0.48	-0.01	-0.14	1.70	-3.66	-6.76	-0.78	-0.46	-2.89	-1.39
	上海	0.12	0.06	0.24	0.95	-1.53	-1.43	0.95	-1.49	-0.45	-0.29
	江苏	0.37	0.45	0.01	0.48	-0.67	-0.78	0.30	0.36	-1.24	-0.08
	浙江	-0.14	-0.02	-0.06	-0.23	-1.49	-1.98	1.68	0.59	-0.20	-0.21
	福建	0.04	0.03	0.12	0.24	0.55	0.42	1.62	-1.07	-0.59	0.15
	山东	-0.28	0.02	0.07	-0.34	1.54	-4.85	-0.05	0.11	0.93	-0.32
	广东	-0.33	0.10	-0.73	0.82	-1.13	-2.90	-0.90	-0.73	-1.52	-0.81
	海南	0.08	-0.12	0.38	0.28	-2.31	-2.84	1.26	0.62	-1.09	-0.42

续表

地区	样本	2006年	2007年	2008年	2009年	2010年	2011年	2012年	2013年	2014年	均值
中部	山西	-0.46	-0.17	-2.90	-0.38	0.03	-0.97	0.18	-0.55	2.02	-0.36
	吉林	0.01	1.43	-1.59	-0.06	-0.37	-0.28	-1.01	-1.02	-2.10	-0.55
	黑龙江	0.39	-0.05	-3.18	-0.21	-2.63	-0.29	-1.57	-1.82	-4.28	-1.52
	安徽	-0.11	-0.11	-0.02	-0.45	0.49	-0.29	0.55	-0.16	-0.58	-0.08
	江西	-13.16	-0.71	0.89	0.30	-1.67	-1.99	-0.14	-0.45	0.55	-1.82
	河南	-0.02	0.02	-1.76	1.11	1.62	-0.92	-0.04	-1.12	-2.06	-0.35
	湖北	0.10	0.09	-0.15	-15.80	6.76	-5.06	0.14	-0.05	1.01	-1.44
	湖南	-0.11	0.03	-0.05	0.05	-0.39	-0.85	0.33	-0.59	-0.06	-0.18
西部	内蒙古	5.39	-0.24	-0.06	0.11	0.26	-0.17	0.57	0.56	-0.73	0.63
	广西	-0.21	-0.03	-0.02	0.28	-1.07	-1.79	0.41	-0.39	-0.20	-0.34
	重庆	0.04	0.06	0.08	0.41	-0.29	0.00	-0.18	0.26	-0.13	0.03
	四川	-0.54	-0.07	-2.30	0.06	-1.97	-1.94	-0.16	0.42	-2.99	-1.05
	贵州	-0.01	-2.07	-0.38	-0.06	-0.27	-0.12	0.15	0.69	-0.26	-0.26
	云南	-1.31	-0.28	-0.97	0.47	-0.34	-0.62	1.74	1.91	-3.67	-0.34
	西藏	-0.02	-0.06	-3.41	2.56	-7.09	0.10	5.03	-13.66	4.80	-1.31
	陕西	0.29	0.09	0.03	-0.16	0.22	0.07	0.09	-0.78	0.35	0.02
	甘肃	-2.74	-1.24	-3.68	0.13	-0.16	-1.94	0.88	-0.86	-0.86	-1.16
	青海	-0.29	0.01	-0.29	-0.27	1.68	-1.35	-0.34	0.65	1.52	0.15
	宁夏	0.06	-0.19	-1.14	-0.01	-0.98	0.80	1.06	-0.06	-0.79	-0.14
	新疆	0.11	0.15	0.00	-20.30	9.57	-4.67	0.62	-2.06	-1.12	-1.97
东部	均值	-0.13	0.15	-0.01	0.38	-1.36	-1.94	0.37	-0.24	-0.83	-0.40
中部	均值	-1.67	0.07	-1.10	-1.93	0.48	-1.33	-0.20	-0.72	-0.69	-0.79
西部	均值	0.06	-0.32	-1.01	-1.40	-0.04	-0.97	0.82	-1.11	-0.34	-0.48
样本总量	均值	-0.45	-0.05	-0.68	-0.91	-0.37	-1.41	0.40	-0.70	-0.61	-0.53

注：上述标注的年份为时段，例如：2006年表示2005~2006年间，以此类推。

首先，根据内地旅游产业规模效率变化率SE均值所反映的情况来看，2005~2014年间，除2011~2012年间的小幅增长外，规模效率整体呈现出负值状态，

年均跌落幅度约为 -0.53%。这充分暴露出生产要素规模和投入产出结构的不合理性，从而给我国内地旅游产业的内涵式发展造成了效率损失。此外，这种要素规模的非经济性也表现出了某种程度的区域层级特征。东部地区在旅游经济规模效率方面下降趋势相对较小，年均降幅仅为 -0.4%，而西部则为 -0.48%，中部的效率损失最为严重，达 -0.79%。原因可能在于近年来中部旅游市场规模的迅速扩张与要素投入结构的不匹配，致使旅游产业规模报酬明显不足，特别是在要素的边际产出弹性递增的状态下，缺乏各类要素投入的有力支撑，以至于经济增长滞后于其他区域，规模经济效率无法得到正常实现。

其次，从全国各样本区域的旅游规模效率变化率SE均值排名来看，仅有内蒙古、福建、青海、重庆以及陕西共5个省份在规模经济效率上得到了正向提升，但增长率较为缓和，均不足1%。其余省份则由于规模效率的不经济性而导致生产效率衰减的趋势，其中四川、甘肃、西藏、辽宁、湖北、黑龙江、江西和新疆的跌落幅度相对较大，均超过1%，其变差保持在 -1.05% ~ -1.97%，依次处于全国规模效率变化排名的最后八位。

最后，基于上述分析可知，全国地区旅游产业在要素投入规模方面显现出了效率非经济性的变化特征，那么应如何抑制这种跌落趋势？哪种生产要素是造成规模经济效率下滑的关键所在？根据 $SE_{it} = (\varepsilon_{it} - 1) \sum_j \frac{\varepsilon_{jit}}{\varepsilon_{it}} \cdot x_{jit}$ 可以看出，规模效率变化率主要取决于资本和劳动的投入率以及各项要素的边际产出弹性，因此依次测算劳动和资本的规模效应变化情况，进而可有效识别效率损失的主要原因。通过对比表4-9中的规模效应变化率均值不难发现，东、中、西部和样本内的各类要素规模效率都为负数，而且与资本规模效率损失相比，全国三大区域的劳动要素规模效率恶化程度均大于资本要素，这充分说明了我国内地旅游产业中劳动要素的投入规模及结构层次亟待优化完善。一般而言，旅游业是以服务为主导的劳动密集型产业，其从业人员的规模数量和比例结构直接制约着旅游产业不同阶段的产出水平，因此通过提升劳动要素质量、调整投入规模结构，避免因资源开发的随意性和规模扩张的盲目性而造成的经济效率耗损，进而有效地推动我国内地旅游产业从传统的劳动力密集型向现代化的专业技术服务型发展升级。

表 4-9　要素规模效应变化率解构　　　单位:%

年份	东部		中部		西部		样本总量	
	资本规模效率变化	劳动规模效率变化	资本规模效率变化	劳动规模效率变化	资本规模效率变化	劳动规模效率变化	资本规模效率变化	劳动规模效率变化
2006	-0.05	-0.08	-0.16	-1.51	-0.13	0.19	-0.11	-0.34
2007	-0.04	0.19	-0.09	0.16	-0.07	-0.26	-0.06	0.01
2008	-0.21	0.21	-0.19	-0.91	-0.03	-0.98	-0.14	-0.54
2009	0.36	0.02	0.17	-2.11	0.29	-1.69	0.28	-1.19
2010	0.04	-1.40	-0.10	0.59	-0.01	-0.03	-0.02	-0.36
2011	-0.50	-1.44	-0.31	-1.02	-0.12	-0.86	-0.30	-1.11
2012	0.00	0.37	-0.02	-0.17	0.03	0.79	0.00	0.39
2013	0.06	-0.30	0.05	-0.77	0.08	-1.20	0.07	-0.77
2014	0.03	-0.86	0.05	-0.74	0.16	-0.50	0.09	-0.69
均值	-0.03	-0.37	-0.07	-0.72	0.02	-0.50	-0.02	-0.51

2. 配置效率变化率分析

通过配置效率变化率的关系表达式 $A\dot{E}_{it} = \sum_j \left(\frac{\varepsilon_{jit}}{\varepsilon_{it}} - \frac{p_{jit}x_{jit}}{\sum_j p_{jit}x_{jit}} \right) \cdot \dot{x}_{jit}$ 可知，要素配置效率所衡量的是在技术水平以及投入规模既定的前提下，通过优化各类要素投入的配置组合以达到最佳产出状态的能力。对于不同企业或地区而言，每种生产要素的边际产出弹性以及成本价格水平各有差异，若某种要素的价格成本较高，而其产出弹性相对较低，该类要素的投入增加将会导致决策单元平均产出效率的下降。相反，如果某生产要素的产出弹性比率大于其成本份额，则加大这种要素的投入量可有效提升经济产出效率，进而生产率得到显著优化。因此，资源要素的投入结构也会对生产效率形成直接的影响作用，由这类因素所引发的效率变动程度则称为配置效率。根据 AE 的公式可以测算得到我国内地各地区域旅游产业配置效率的演化情况，如表 4-10 所示。

表4-10 各地区旅游业要素配置效率变化值　　单位:%

地区	样本	2006年	2007年	2008年	2009年	2010年	2011年	2012年	2013年	2014年	均值
东部	北京	5.57	-6.94	-2.84	2.54	1.96	1.25	-1.12	0.59	1.39	0.27
	天津	-0.20	-0.34	0.45	-0.82	-0.27	0.50	-0.72	-0.76	-0.30	-0.27
	河北	-0.33	0.57	0.04	0.23	7.97	-1.41	0.09	0.09	0.23	0.83
	辽宁	-2.39	-0.54	-1.03	-3.23	3.99	3.67	-0.06	-0.10	0.59	0.10
	上海	1.42	-0.22	-2.19	0.95	1.21	0.00	-0.82	0.86	0.11	0.15
	江苏	0.00	-1.06	-2.37	0.47	0.50	0.08	0.43	0.13	0.66	-0.13
	浙江	-0.84	-0.36	-0.10	2.61	2.40	1.54	-0.88	0.06	0.47	0.54
	福建	-0.02	-0.03	0.04	-0.21	0.42	0.42	2.21	-1.71	-1.08	0.00
	山东	-1.29	0.08	0.14	1.78	-2.68	3.99	0.30	0.26	-0.15	0.27
	广东	0.00	-3.23	-2.21	-1.84	1.04	3.05	-0.34	-0.30	0.27	-0.40
	海南	0.16	-0.28	-0.59	0.29	0.21	0.02	0.34	0.10	-0.18	0.01
中部	山西	-0.44	-0.55	7.92	-0.83	-3.52	-3.48	-1.09	-1.85	0.00	-0.43
	吉林	0.05	-0.01	-0.05	-0.04	-0.09	0.20	-0.41	-0.42	-0.72	-0.17
	黑龙江	-2.50	-1.66	0.89	0.17	0.19	-0.92	-0.01	-0.06	-0.13	-0.42
	安徽	0.13	0.70	0.00	-1.16	0.69	-0.16	-0.09	-1.12	-1.03	-0.23
	江西	13.51	-1.61	-5.94	-1.89	-1.94	-0.80	-0.30	-0.36	0.30	0.14
	河南	-0.10	0.01	0.35	-0.01	0.59	-0.20	-0.22	-0.67	-0.80	-0.12
	湖北	-0.51	-0.16	-0.17	11.51	-0.45	0.18	0.04	-0.05	0.18	1.17
	湖南	0.02	0.04	1.25	0.62	-0.97	-0.66	-0.06	-0.71	-0.15	-0.07
西部	内蒙古	-20.35	-1.41	0.14	-2.15	0.14	-0.96	-0.56	-1.34	-2.27	-3.20
	广西	-0.15	-0.11	-0.06	-0.15	-0.71	-0.63	0.17	-0.33	-0.22	-0.24
	重庆	0.09	0.10	0.86	-0.17	-0.63	0.00	-0.42	-0.52	-0.93	-0.18
	四川	1.63	-0.78	2.53	-0.37	1.06	0.26	-0.51	-0.34	0.58	0.45
	贵州	-0.50	7.27	-5.26	-1.24	-0.54	0.30	-0.32	0.33	-1.01	-0.11
	云南	0.29	-0.17	1.64	0.00	0.02	-0.04	0.77	0.59	-1.33	0.20
	西藏	-2.34	-0.44	-10.78	5.53	-10.16	0.34	4.45	-10.82	2.66	-2.40
	陕西	-0.40	0.00	0.02	-0.05	0.11	0.28	0.24	-0.41	0.00	-0.02
	甘肃	-10.88	-5.26	6.74	-6.06	-4.34	-5.41	1.33	0.37	-3.46	-3.00
	青海	3.19	-0.47	-1.66	-3.40	10.26	-5.06	-2.29	0.26	1.59	0.27
	宁夏	-4.07	-0.26	8.48	-5.59	-6.97	0.00	0.23	-3.72	-3.16	-1.67
	新疆	0.12	0.00	0.21	8.56	6.33	-1.32	0.30	-0.86	-0.53	1.42

续表

地区	样本	2006年	2007年	2008年	2009年	2010年	2011年	2012年	2013年	2014年	均值
东部	均值	0.19	-1.12	-0.97	0.25	1.52	1.19	-0.05	-0.07	0.18	0.12
中部	均值	1.27	-0.41	0.53	1.05	-0.69	-0.70	-0.23	-0.65	-0.29	-0.01
西部	均值	-2.78	-0.13	0.24	-0.42	-0.45	-1.02	0.28	-1.40	-0.67	-0.71
样本总量	均值	-0.68	-0.55	-0.11	0.20	0.19	-0.15	0.03	-0.73	-0.27	-0.23

注：上述标注的年份为时段，例如：2006年表示2005～2006年间，以此类推。

测算结果表明（见表4-10），十年间我国内地整体在旅游资源配置效率方面呈现出小幅下落的态势，下降幅度约为0.23个百分点。然而从各地区所反映的数据情况可知，东部表现得相对较好，样本期间资源要素的生产效率得到显著提升，平均增幅约为0.12%。其中，河北、浙江、山东等8个省级行政区的旅游产业效率得到正向改进，占东部地区数量比率的72.73%。然而，我国中、西部区域的配置效率却为负向变化，西部地区尤其明显，平均跌幅为0.71%，这说明我国内地旅游产业在资源配置效率变化上也反映出了"东强西弱"层级特征。由于东部发达省份得益于改革开放的先行优势，其市场化进程相对较快、资源要素的流通性普遍较强、基础设施以及产业化条件较为优越，因此信息流通的交易成本得到有效降低，同时在市场竞争的机制作用下，有力地推动了资源要素向生产率更高的旅游企业或行业部门转移，从而给旅游业资源配置效率的优化提供了良好的外部条件。然而对于经济欠发达省份而言，由于地方保护主义思想严重，这些地区缺乏良好的产业发展制度体系，非市场化的人为干预行为频繁，这极大地阻碍了资源要素市场的优化配置进程，甚至还导致当地旅游资源要素的价格扭曲，生产要素得不到高效流通，始终禁锢在产出效率较低的企业中，最终造成资源要素的无谓耗损。此外值得关注的是，2013年之后我国东、中、西三大经济区的配置效率在整体上有所优化提升，原因在于党的十八届三中全会中明确做出了"要让市场在资源配置中起决定性作用"的定位，通过健全社会主义市场经济体制，实现了市场机制的充分发挥，并促进了资源配置效率的显著改善，从而说明该政策效应在我国内地旅游市场中得到了有效释放。

(三) TFP 增长率与其解构分析

1. TFP 增长率分析说明

由TFP的计算公式可知，将各样本区域的旅游产业TE、TP、SE以及AE的测算结果相加，便可得到2005~2014年间我国各样本区域全要素增长率的估计结果（见表4-11）。该数值代表着我国内地旅游产业发展的附加价值，即旅游经济质量的变化程度，因而有助于我们把握近十年间中国内地旅游产业效率的整体发展情况。

表4-11 各地区全要素增长率TFP估计结果   单位:%

地区	样本	2006年	2007年	2008年	2009年	2010年	2011年	2012年	2013年	2014年	均值
东部	北京	5.23	-7.29	-3.20	1.21	2.67	-1.13	0.14	0.40	0.86	-0.12
	天津	-3.72	-3.93	-3.20	-5.23	-4.24	-2.30	-3.62	-4.55	-2.76	-3.73
	河北	-3.71	-0.56	-6.81	-1.01	1.89	3.42	-2.66	0.41	-6.55	-1.73
	辽宁	-3.77	-2.07	0.74	-5.33	1.00	0.32	-1.67	-1.11	-4.38	-1.81
	上海	-0.71	-1.42	-3.85	-0.52	-0.25	-2.35	-0.97	-1.66	-1.61	-1.48
	江苏	0.07	-1.24	-3.62	0.86	0.57	-0.28	0.36	-0.41	-0.66	-0.48
	浙江	1.06	0.58	1.35	2.66	3.71	0.10	-0.03	-0.12	0.60	1.10
	福建	-1.15	-2.16	-0.95	-1.21	0.86	1.17	2.60	-2.17	-1.95	-0.55
	山东	-1.35	0.66	1.70	0.80	2.33	-3.03	0.77	-1.24	-1.81	-0.13
	广东	0.63	-1.24	-0.97	-5.66	7.18	3.25	-0.71	-0.10	-0.09	0.25
	海南	-1.21	-2.94	-0.72	-1.79	-5.51	-3.60	-0.85	-2.55	-3.27	-2.49
中部	山西	-2.25	-2.79	-4.18	-11.38	3.94	4.95	-0.10	-4.37	-1.36	-1.95
	吉林	-4.01	-10.29	6.71	1.80	-5.45	-7.32	-1.16	-9.07	-4.62	-3.71
	黑龙江	-4.78	0.51	15.87	-16.20	7.50	-9.16	3.54	-3.56	-5.95	-1.36
	安徽	-0.07	6.82	-1.37	-10.56	2.91	-0.88	-0.54	-3.59	-5.20	-1.39
	江西	-7.56	-15.41	22.19	-1.81	-8.33	-4.16	-0.85	-4.13	-2.20	-2.47
	河南	12.69	-14.77	1.89	0.76	-0.36	-8.30	-0.58	-6.12	-5.03	-2.20
	湖北	-3.26	-1.57	10.96	-2.28	-9.62	3.26	2.78	-2.83	-1.53	-0.45
	湖南	-2.68	-2.97	2.92	-3.75	3.64	0.28	0.35	-3.58	-1.59	-0.82

续表

地区	样本	2006年	2007年	2008年	2009年	2010年	2011年	2012年	2013年	2014年	均值
西部	内蒙古	111.03	-8.34	-7.52	10.03	-2.27	-0.40	-3.37	-7.38	-8.64	9.24
	广西	0.30	-2.41	-5.19	-1.21	-2.73	0.16	-0.89	-6.49	4.24	-1.58
	重庆	-1.67	-1.69	-3.91	0.05	-0.85	0.43	-1.20	-2.84	-2.00	-1.52
	四川	16.55	0.87	-9.14	8.32	-7.22	0.42	-5.33	-0.62	-6.11	-0.25
	贵州	-12.57	-18.19	47.47	-7.95	-8.29	-7.63	-1.31	-6.64	-3.27	-2.04
	云南	-3.27	-0.25	0.51	-3.12	-3.69	2.04	1.03	0.35	-2.22	-0.96
	西藏	-3.17	15.92	-47.90	60.60	1.93	-3.28	1.66	-18.67	-4.24	0.32
	陕西	-4.18	-3.35	-4.91	4.61	1.22	0.35	-0.96	-4.68	-2.47	-1.60
	甘肃	-17.85	-11.28	-15.06	-3.74	11.74	-4.57	-1.27	-7.83	-3.19	-5.89
	青海	11.60	1.49	-7.97	-6.30	-3.80	-1.27	-5.95	-3.86	-2.70	-2.08
	宁夏	-6.36	-5.88	-4.96	1.12	-9.93	-2.15	-2.02	-8.36	-7.52	-5.12
	新疆	-4.73	-2.61	-10.67	7.32	-1.55	-4.59	-1.47	-5.11	-11.29	-3.86
东部	均值	-0.78	-1.96	-1.78	-1.38	0.93	-0.40	-0.60	-1.19	-1.97	-1.02
中部	均值	-1.49	-5.06	6.87	-5.43	-0.72	-2.67	0.43	-4.66	-3.44	-1.79
西部	均值	7.14	-2.98	-5.77	5.81	-2.12	-1.71	-1.76	-6.01	-4.12	-1.28
样本总量	均值	2.10	-3.15	-1.09	0.36	-0.68	-1.49	-0.78	-3.95	-3.18	-1.32

注：上述标注的年份为时段，例如：2006年表示2005～2006年间，以此类推。

首先，从三大经济板块TFP均值来看，全国样本区域都处于效率下降的态势，相对而言中部地区跌落幅度最大，约为-1.79%。东部和西部分别为-1.02%、-1.28%。这说明虽然过去十年间我国内地旅游业在发展数量和速度上保持着较高的增长势头，旅游产业名义收入从2005年的576.03亿元人民币提高至2014年的3066.63亿元人民币，增长幅度近5.32倍，但是在这些乐观数字的表象下，我国经济增长缺乏技术含量和内涵价值，要素驱动依旧是样本期内我国内地旅游业的主导发展模式，尤其是中部地区构成了我国内地旅游产业效率的低洼地带（这与李汝资和刘耀彬的研究结论较为相似[①]），全国旅游产业效率亟待提升。内地31个省市区中，内蒙古TFP增长率最快，达到9.24%，其次是浙江、西藏、

---

① 李汝资，刘耀彬.1978年以来中国省际全要素生产率时空演变特征研究[J].华东经济管理，2016, 30 (7): 57-62.

广东，分别为 1.1%、0.32%、0.25%。相反，TFP 跌落幅度最大的是甘肃省，为 -5.89%，其次是宁夏、新疆、天津和吉林，分别为 -5.12%、-3.86%、-3.73% 和 -3.71%。

其次，根据样本旅游产业 TFP 的演化趋势图（见图 4-2）可知，东部地区 TFP 的变化差异最小，样本期间整体变化幅度较为稳定，极差一般控制在 -1.96% ~ 0.93%。与东部形成鲜明反差的是中西地区，2005 ~ 2010 年间中部和西部 TFP 的落差幅度较大，显现出排浪式波动，这可能是由于期间中西部地区受到西部大开发、中部崛起等多重政策因素的刺激以及经济危机等市场因素的叠加效应影响，从而导致旅游产业效率的变化十分异常，因此该阶段属于旅游产业调整的过渡时期。2010 ~ 2012 年间中西部 TFP 的变差均有所收敛，中部地区则表现得更为突出，其 TFP 变化率在经历了短暂的下滑后，于 2012 年实现了 TFP 的正向提升，增幅达 0.43%，因此该时期可称为平稳发展阶段。2012 ~ 2014 年间，中部与西部地区的发展态势极为相似，都表现出了先降后升的正"U"型趋势，这可能是因为前期我国受到国际汇率的影响，旅游业遭遇了国际入境市场的下滑，从而引发旅游市场结构调整的短暂阵痛，自 2013 年后随着《中华人民共和国旅游法》等新政的颁布出台，以"转型升级、提质增效"为主导的产业政策效应开

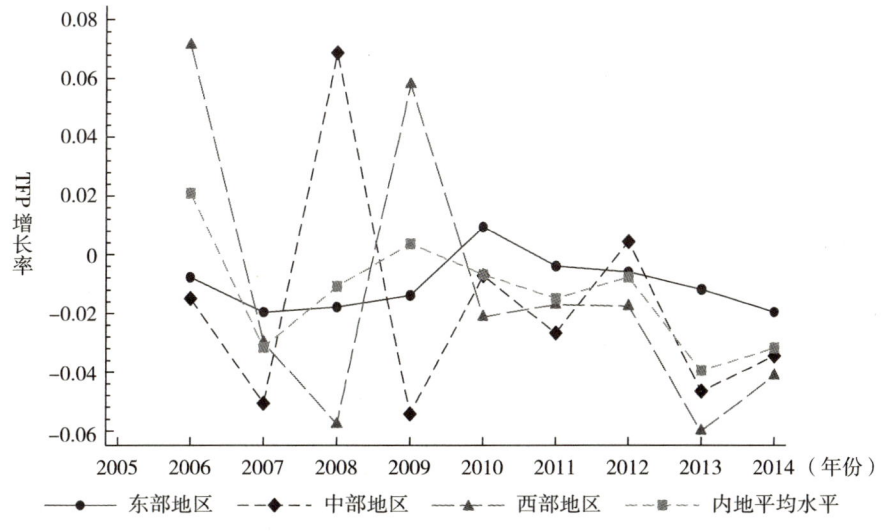

图 4-2　内地旅游产业 TFP 增长率变化趋势

始逐步显露，TFP 增长率得到有效回升，中西部旅游产业效率正趋向于向东部收敛，因而该段时期可称为我国内地旅游产业的转型阵痛期，即砥砺前行阶段。

2. TFP 变化率解构分析

上述分析内容从静态和动态两个层面阐明了我国内地旅游产业效率的整体发展情况，但并未明确地揭示出我国内地旅游产业 TFP 增长率变化的真正源泉，因此运用以上估计数据，通过对 TFP 变化率进行结构分解，进而能清晰地识别出 2005~2014 年间我国内地旅游产业 TFP 平均变化的主导效率因素及其影响比重。表 4-12 反映的是我国内地旅游产业 2005~2014 年间 TFP 平均增长变化指数的解构情况。

表 4-12　我国三大经济板块 TFP 增长率的解构效率及其贡献率　　单位:%

地区	TFP 增长率的分解效率					分解效率贡献率			
	TFP	AE	TE	SE	TP	AE 贡献率	TE 贡献率	SE 贡献率	TP 贡献率
东部	-1.02	0.12	0.20	-0.40	-0.94	-11.76	-19.61	39.22	92.16
中部	-1.79	-0.01	0.88	-0.79	-1.87	0.56	-49.16	44.13	104.47
西部	-1.28	-0.71	2.67	-0.48	-2.77	55.47	-208.59	37.50	216.41
总体	-1.32	-0.23	1.33	-0.53	-1.89	17.42	-100.76	40.15	143.18

就样本总体而言，旅游产业中的技术效率变化率 TE 为正数（1.33%），说明近年来技术效率的显著提升对于加快旅游经济的提质增效产生了积极的拉动作用，然而其余三类效率都呈现出下降的态势，其中以技术进步率的跌落最为明显（-1.89%），是构成 TFP 增长率下滑的关键因素，其贡献程度达 143.18%，因此旅游技术进步率的改善提升显得至关重要。SE 和 AE 对于 TFP 的变化贡献率分别为 40.15%、17.42%，相对而言，规模结构的失衡也是造成现阶段我国内地旅游产业效率缺失的主要根源。由此可见，引起内地旅游产业 TFP 内在变革的主要因素是技术效率变化率 TE 以及前沿技术进步率 TP，在四类结构效率中它们对内地 TFP 的贡献程度相对较大，分别为 -100.76% 以及 143.18%。

就地区差异而言，东部地区的配置效率与技术效率的变化都呈正向提升趋势，这体现出经济发达地区较高的市场化程度和技术优势水平，而技术进步率、规模效率一直是造成东部地区旅游产业效率下滑的原因所在。与东部相比，中部地区的技术进步率以及规模效率对TFP的消极影响效应更强，贡献占比分别达104.47%和44.13%，这说明中部地区的技术前沿水平较低，且规模经济结构存在明显的不合理性，技术进步率的优化提升和规模结构的调整改善对于中部旅游产业发展而言尤为紧迫。近年来，虽然西部地区在技术效率的增长上取得了长足的进步，但在TP、SE以及AE方面的表现却不尽如人意，成为抑制我国西部地区旅游产业TFP发展的主要掣肘。其中，技术前沿水平低下，生产模式的低端锁定对于产业效率的负面影响最大，其贡献占比达216.41%，是导致西部地区TFP下滑的关键所在。此外，市场化程度不高以及规模结构的失衡同样给西部旅游产业效率造成了较大的损失，其占比分别为55.47%和37.50%。因此对于我国内地旅游产业效率转型而言，应认清各地区产业效率发展短板，通过补短板、拉长板、集聚发力、精准施策，才能有效推动内地旅游产业效率的强化提升。

第五节　本章小结

通过运用随机生产前沿法构建了Translog生产函数模型，对2005～2014年间我国内地旅游产业TFP指数进行了实证测量，并对其进行解构后发现两点。

首先，就我国内地旅游产业效率整体发展而言，旅游业全要素生产率增长率TFP在过去的十年间整体表现出波动下滑的态势，年均跌落1.32个百分点，然而旅游名义收入却较初期增长了5.32倍。这恰恰说明旅游产业经济的迅猛增长属于典型的要素驱动型外延发展模式，旅游产业效率亟待改善提升，同时也从侧面佐证了Krugman（1994）的观点，即要素投入是以往东亚经济增长奇迹的根本源泉。通过效率分解后发现，造成旅游业总体效率低下的主要原因是技术进步率的连年下滑，进而反映出当前阶段我国内地旅游业的前沿技术含量水平普遍不高，缺乏"高、新、精、尖"技术在旅游业中的广泛运用，传统的产业模式以及滞后的运营机制再也无法适应现代化的市场需求，最终导致我国内地旅游经济附加价值的缺失以及效率增长的乏力。与此同时，市场规模效率以及要素配置效率水平的下滑也加剧了我国内地旅游产业TFP的恶化程度。此外，在对TFP增长率变化趋势分析的基础上，总结归纳出样本期间我国内地旅游产业效率的发展主要经历了三个阶段，分别是：2005~2010年的调整过渡阶段、2010~2012年的平稳发展阶段以及2012~2014年的砥砺前行阶段。我国东、中、西部经济区的旅游产业TFP整体向收敛态势演进。

其次，就样本各地区域旅游产业效率发展而言，旅游产业效率亦存在明显的"东强西弱"区域异质性特征。我国东部地区的旅游产业技术效率TE、配置效率变化率AE、规模效率变化率SE以及技术进步率TP水平相对于中西部更高，这主要得益于其成熟的旅游市场化程度、产业规模化水平以及经济发展的先行优势，从而在技术创新、要素集聚、业态配套等方面率先获得了较为优越的发展条件。然而，由于东部旅游产业前沿技术的推广不足以及科技创新的引领示范效应不强，而且又加上要素成本比较优势的逐步丧失，东部地区的旅游产业全要素生产率增长率TFP也呈现出下降的态势，其中技术进步率TP以及规模效率SE是制约我国东部地区TFP增长的主要短板。我国西部区域旅游发展起步较晚，产业基准水平较低，因而其提升的空间相对较大。与此同时，近年来随着西部大开发战略的深入推进，旅游产业的宽松激励性政策以及优越的生态资源环境吸引了发达地区旅游产业优质要素的大量汇集，这为西部旅游产业技术效率的整体提升注入了新的活力，因此在技术效率变化率TE方面，我国西部则显现出了更为强劲的增长势头，以2.67%的TE年均增速排名全国三大经济区之首。然而，技术进步率与配置效率却是阻碍西部地区TFP提升的关键短板。对于中部地区而言，虽然技术效率的增速超过了东部地区，但由于生产前沿面的低下以及产业规模的非经济性，导致其TFP的跌幅在全国三大经济板块中最为突出，因此提升生产前沿技术水平、优化产业规模结构将是我国中部地区旅游产业向效率转型的关键要务。

第五章　我国内地旅游产业营力系统的量化评价及其耦合协调分析

本章主要从旅游产业营力系统及其耦合协调（自变量）的视角对我国内地旅游产业发展状况进行量化评价，以期有效把握我国内地旅游产业中各类营力系统的实际水平以及耦合协调程度，精准识别当前我国内地旅游产业营力系统的发展短板，同时也为后续深入研究我国内地旅游产业效率的影响机制效应提供前期实证数据。

第一节　问题提出

旅游营力系统不仅是影响旅游产业发展体系的作用力因素，更是衡量旅游市场的规模水平、基础设施的配套条件、区域经济的消费实力、发展环境的适宜程度以及生态资源的承载能力等多维系统的综合评价指标。通过增强各类旅游营力系统的比较优势不仅有助于优化供给结构、释放消费活力、促进效益外溢、健全产业体系，同时还能有效平衡旅游产业地区间的竞合关系，提升旅游产业效率，凸显我国各区域相得益彰的差异化特色优势，这为促进我国由旅游发展大国向旅游竞争强国的顺利转型提供了有力保障。然而就当前现状而言，我国内地旅游产业中"五大营力系统"[①] 的整体水平如何？呈现出何种地域分布态势？如何对各

---

① 五大旅游营力系统：旅游基础支撑力、发展环境保障力、旅游规模扩张力、市场消费潜实力、生态资源承载力，其构建原理已在第三章中详细阐明。

类旅游营力系统进行准确测量和评价,进而有效地识别出各地区域旅游产业的发展短板?此外,旅游产业是一个集关联性、系统性、协调性等特征为一体的复合型产业,如何优化旅游营力系统间的耦合协调关系,并在现有资源条件下谋求旅游产业发展水平的最大化提升?破解上述问题恰恰是当前深化推进我国内地旅游"三步走"战略过程中的迫切需要。在本章中,首先将重点对2005~2014年间我国内地旅游产业的综合营力水平①进行量化评价。其次,依次测算出"五大旅游营力系统"的评价指数,并在系统聚类的基础上,分析各地区域间旅游营力系统的时空分异情况。最后,对"五大旅游营力系统"的耦合协调程度进行测算研究,这为下一步充分厘清各类营力系统及其耦合协调力对我国内地旅游产业效率的作用关系提供了前期分析基础和后期数据支撑。

第二节 评价体系说明及数据处理来源

一、评价体系说明

由于旅游营力评价体系的涉及内容广泛、内在机理复杂、结构层次繁多,同时具有开放耦合性特征,因此深入理解并把握旅游产业营力体系的内部系统结构和相互作用关系是评价模型正确构建、样本区域精准测度的前提保证。首先,本书在参考前期相关研究成果以及理论模型构建的基础上,以地质学中的"营力系统模型"为分析范式,从旅游基础支撑力、旅游发展保障力、旅游规模扩张力、市场消费潜实力、生态资源承载力的视角出发,通过体系解构、层次分化等方式系统选取了影响旅游产业发展的初始评价指标。其次,遵循关联性和系统性的原则,笔者邀请了十位旅游产业界的专家学者,以德尔菲法的形式对初始评价指标体系进行了甄选判定。最终基于数据指标的可获性、纵横双向的匹配性、经济意义的代表性、实际操作的可行性等原则,构建了我国内地旅游产业综合营力评价指标体系(见表5-1)。该评价体系总共由两大动力系统、五个分力系统(即一

---

① 综合营力水平:是衡量五大旅游营力系统整体表现的综合性指标。即在五大旅游营力系统指数的基础上,采用熵权法,对各大营力系统赋权计算而成的综合性指数。

级指标系统）构成，同时还包括 17 个维度指标，以及 38 个单项评价指标，其中城镇登记失业率 X21、废水排放总量 X34、二氧化硫排放量 X35、一般固体废物产生量 X36 为逆向指标，其余均为正向指标。

表 5-1　旅游产业综合营力评价指标体系

目标	动力指标系统	一级指标系统	二级指标（维度指标）	三级指标（量化评价指标）	单位	数据来源
旅游产业营力评价体系	旅游产业系统支撑力	旅游基础支撑力	交通支撑力	等级公路密度 X11	公里/平方公里	《中国统计年鉴》
				出租汽车数量 X12	辆	
			通信支撑力	邮电业务总量 X13	亿元	
			服务支撑力	艺术表演场馆机构数 X14	个	《中国旅游统计年鉴》
				旅游院校学生人数 X15	人	
			市政支撑力	城市道路照明覆盖率 X16	盏/平方公里	《中国统计年鉴》
				每万人拥有公共厕所 X17	座	
				道路清扫保洁覆盖率 X18	%	
		发展环境保障力	社会环境	*城镇登记失业率 X21	%	《中国统计年鉴》
				城市化率 X22	%	
			政策环境	政策扶持力度 X23	%	
			产业环境	第三产业占 GDP 的比重 X24	%	
			经济环境	人均地区生产总值 X25	元	
				地区生产总值 X26	亿元	
			外资环境	外贸依存度 X27	%	
				外资依存度 X28	%	
		生态资源承载力	资源禀赋	城市建成区绿化覆盖率 X31	%	《中国统计年鉴》
				森林覆盖率 X32	%	
				自然保护区个数 X33	个	
			污染程度	*废水排放总量 X34	万吨	
				*二氧化硫排放量 X35	吨	
				*一般固体废物产生量 X36	万吨	
			治理能力	工业污染治理完成投资 X37	万元	
				治理废水项目完成投资 X38	万元	
				治理废气项目完成投资 X39	万元	

续表

目标	动力指标系统	一级指标系统	二级指标（维度指标）	三级指标（量化评价指标）	单位	数据来源
旅游产业营力评价体系	旅游产业系统驱动力	旅游规模扩张力	需求规模	国内游客数 X41	万人次	各省市《统计年鉴》
				接待入境过夜游客 X42	万人次	《中国旅游统计年鉴》
				国内旅游收入 X43	亿元	各省市《统计年鉴》
				国际旅游外汇收入 X44	百万美元	
			供给规模	旅游供给规模结构 X45	%	《中国旅游统计年鉴》
				旅行社数量 X46	家	
				星级酒店数 X47	家	
				旅游景区数量 X48	家	
		市场消费潜实力	农村潜力	农村居民人均可支配收入 X51	元	《中国统计年鉴》
				农村居民消费水平 X52	元	
			城市潜力	城镇居民人均可支配收入 X53	元	
				城镇居民消费水平 X54	元	
			社会潜力	社会消费品零售总额 X55	亿元	

注：*代表逆向指标。

二、数据来源及处理

2005~2014年被誉为中国经济高速发展的黄金期，然而自2014年开始，中国经济正式步入新常态，其增长速度开始放缓，经济下行压力逐渐增大（李平，2016）。为探究这段黄金期内我国内地旅游产业营力发展的实际水平，故本书选取了2005~2014年的数据。通过对样本原始数据的环比、增速等处理比较后发现，西藏的相关指标数据缺失严重，而且统计误差异常值较多，故将其从省级面板数据集中剔除，从而得到内地30个省份10年间的面板数据。表5-1中，三级指标的数据获取主要包括直接性来源和间接性加工。直接性来源的数据和间接性加工的原始数据均从2006~2015年《中国统计年鉴》、2006~2015年《中国旅游统计年鉴》以及2006~2015年各省市区的统计年鉴中获取。间接性指标是在对各自相应的原始数据换算基础上而得到的。其中，等级公路密度X11为等级公路里程占该辖区面积的比重；城市道路照明覆盖率 X16 是城市道路照明灯数与城市道路面积之比；道路清扫保洁覆盖率 X18，即道路清扫保洁面积在该区域道路面积中的占比；公共财政支出占 GDP 的比重用以代表政策扶持力度 X23；外贸依存度 X27 和外资依存度 X28 则分别采用外商投资企业进出口总额以及外商企业投资总额占 GDP 的比率表示；旅游产业总收入占 GDP 的比重所衡量的是旅游产业供给规模结构。

此外，为使各项指标数据具备时序可比性，故将评价体系中所有以货币价格为单位的变量以 2005 年为基期进行了折算平减。具体而言，邮电业务总量 X13 使用的是通信服务类居民消费价格指数；人均地区生产总值 X25、地区生产总值 X26、农村居民消费水平 X52 以及城镇居民消费水平 X54 在《中国统计年鉴》中都有与其变量名称完全对应的平减指数；同时采用其他费用固定资产投资价格指数对反映污染治理能力的三个投资指标进行了实值转换；国际及国内旅游收入则根据旅游类居民消费价格指数平减；由于《中国统计年鉴》中，农村居民消费价格指数的样本缺失较为严重，因此指标 X51 和 X53 均采用居民消费价格指数，以确保数据平减的合理性；同时还采用商品零售价格指数对社会消费品零售总额 X55 做了平减处理。通过上述的指标处理，最终构建完成了 2005～2014 年间内地 30 个省市区的有效面板数据。

第三节　研究方法

一、熵值权重法

熵（Entropy）原为热力学中表示系统不确定性程度的物理量，信息熵的概念最早由申农（Shannon，1948）提出，此后被系统工程学所借鉴，并在各研究领域中得到了较为普遍运用及推广。熵权法的核心原理是以指标中样本数据的无序性程度为依据，对评价变量进行非主观性的赋权方式。具体而言，当某个变量中样本观测数值的变化幅度越大，说明该变量所包含的信息也相应越多，相对于其他变量而言就更为关键，因此该变量在整个评价指标体系中所占的权重比例也就越大。由于各指标的差异系数可以通过信息熵进行客观度量，从而可有效地避免层次分析法或德尔斐法在赋权过程中所导致的人为主观性和认知片面性等问题。本章节将采用熵权法分别从旅游产业综合营力系统性视角出发，依次对三级指标的权重进行逐年测算（2005～2014年），下文将详细描述其赋权步骤。

（一）原始数据标准化处理

由于旅游综合营力评价体系中的变量较为繁多，原始指标的量纲也不尽相同，且非同向化，因此为使样本数据具备可比性，采用极差法对初始评价矩阵 $X = (X_{ij})_{m \times n}$ 进行归一化处理，从而得到标准化矩阵 $X' = (X'_{ij})_{m \times n}$。两种标准化的计算公式为：

$$\text{正向标准化}: x'_{ij} = \frac{x_{ij} - \min(x_j)}{\max(x_j) - \min(x_j)} \tag{5-1}$$

$$\text{逆向标准化}: x'_{ij} = \frac{\max(x_j) - x_{ij}}{\max(x_j) - \min(x_j)} \tag{5-2}$$

式 5-1 和式 5-2 中的 X'_{ij} 为标准值，取值范围为 [0, 1]，x_{ij} 为第 j 项指标下第 i 个评价样本的初始值，$\max(X_j)$ 及 $\min(X_j)$ 分别表示第 j 项指标下的样本最大值和最小值。

（二）信息熵值的测算

通过结合上述标准化矩阵，采用熵值法依次算出该评价体系中各个变量下的信息熵值 H_j。

$$H_j = -K \sum_{i=1}^{m} (p_{ij} \cdot \ln p_{ij}), (i = 1, 2, \cdots, m; j = 1, 2, \cdots, n) \tag{5-3}$$

式 5-3 中，$K = (\ln m)^{-1}$，为避免 $\ln p_{ij}$ 无意义，则将特征比重定义为：$p_{ij} = \dfrac{1 + X'_{ij}}{\sum_{i=1}^{m}(1 + X'_{ij})}$。

（三）差异系数测算

对各项指标的差异系数 D_j 进行测算：

$$D_j = 1 - H_j \tag{5-4}$$

式 5-4 中 D_j 越大，说明该变量所包含的相关信息量也就越多，所以越应当赋予相应较高的权重系数。

(四) 信息熵权值的测算

最后，根据式 5-5 依次计算出各个评价指标相应的信息熵权值 W_j。

$$W_j = \frac{D_j}{\sum_{j=1}^{n} D_j} = \frac{(1-H_j)}{(n - \sum_{i=1}^{n} H_j)} \quad w_j = (w_1, w_2, \cdots, w_n) \quad (5-5)$$

二、加权 TOPSIS 法

TOPSIS 法称为逼近理想解排序法（Technique for order preference by similarity to an idea solution），其思想原理是在对所有原始数据进行归一化、同向化处理的基础上，首先确定现有评价单元中的最佳正向理想值向量以及最差负向理想值向量，然后依次计算出每个被评价单元与正理想解 D_i^+ 及负理想解 D_i^- 的欧氏距离，同时测算出待评价单元与最佳理想值的相对差距水平 B_i，最终根据各评价样本的 B_i 值进行优选排序。本书采用加权 TOPSIS 法依次对 2005~2014 年间我国内地 30 个省（市/区）的旅游产业综合营力以及各类营力子系统指数进行了量化测算，其运算步骤如下：

(一) 评价指标的同向化处理

TOPSIS 法要求评价体系中所有指标具有同向性，因此仅对逆向指标进行极化处理（倒数法），形成极性一致化的矩阵。

$$x_{ij}^* = \frac{1}{x_{ij}} \quad (5-6)$$

(二) 评价指标的归一化处理

根据式 5-7 对经过趋势同向化处理后的变量矩阵再进行归一化处理，构建规范化的决策矩 $Z = (Z_{ij})_{m \times n}$。

$$Z_{ij} = \frac{x_{ij}^*}{\sqrt{\sum_{i=1}^{m}(x_{ij}^*)^2}} \quad (5-7)$$

(三) 正、负理想解的确定

正理想解：$Z^+ = (\max z_{i1}, \max z_{i2}, \cdots, \max z_{in})$ （5-8）

负理想解：$Z^- = (\text{minz}_{i1}, \text{minz}_{i2}, \cdots, \text{minz}_{in})$ （5-9）

（四）评价单元与正、负理想解的欧式距离测算

在各指标权重确定的基础上，采用加权后的欧几米德距离公式（5-10），分别测算各个评价单元与最优正、最劣负的理想解距离（即 D_i^+、D_i^-）。

$$D_i^+ = \sqrt{\sum_{j=1}^{m} w_j (\text{maxz}_j - z_{ij})^2} \quad (5-10)$$

$$D_i^- = \sqrt{\sum_{j=1}^{m} w_j (\text{minz}_j - z_{ij})^2} \quad (5-11)$$

（五）测算各评价单元与最优方案的相对接近度 B_i

$$B_i = \frac{D_i^-}{D_i^+ + D_i^-} \quad (5-12)$$

根据逼近理想解的式 5-12，分别计算出各地区样本与最优方案的接近程度，并进行排序，B_i 的取值范围为 [0，1]，若 B_i 离 1 越近，则表明该评价单元越接近最优状态；反之越接近 0，则此评价方案越差。

三、耦合协调模型

耦合是指两个（或两个以上）系统或运动形式通过各种相互作用彼此影响的现象（周成等，2016）。各类系统及其要素间互为协调、配合较好、和谐发展，因而称为系统良性耦合。若是与此相反，系统间相互制约、互为矛盾则被称为恶性耦合（王玉亮和杨士弘，1996）。耦合度所反映的是两个（或两个以上）系统及要素间相互作用的关联程度（郝生宾，2009），而协调度侧重于衡量系统及要素间互为协调、良性循环、和谐共生、均衡发展的关系状态。与其他形式的模型相比较，耦合协调度模型能够更加精准地反映出不同系统间复杂的作用结构关系和层次拟合效果，在多系统关联分析中具有明显的科学性、实用性以及合理性等优势，因而近年来在社会系统科学中得到广泛的推广和应用，其具体运算步骤将在下文详细描述。

（一）耦合度模型

通过运用容量耦合系数模型，可将旅游营力子系统间的耦合关系具体表

述为：

$$C_i = \left\{ \frac{E_i \times F_i \times G_i \times K_i \times L_i}{[(E_i \times F_i \times G_i \times K_i \times L_i)/5]^5} \right\}^{1/5} \quad (5-13)$$

式 5-13 中，C_i 表示旅游产业中五大营力系统间的耦合度，当 $C_i = 1$ 时，表明我国内地旅游产业五大营力系统处于最佳耦合状态；反之当 $C_i = 0$ 时，则表示旅游综合营力体系中的各个子系统之间处于无序状态；其中 E_i、F_i、G_i、K_i、L_i 分别为旅游基础条件支撑力系统、发展环境保障力系统、旅游规模扩张力系统、市场消费潜实力系统和生态资源承载力系统指数，即五大旅游营力系统。

（二）耦合协调度模型

耦合度只是系统间相互影响程度的反映，却很难体现出不同体系间的协调水平，因此需要通过建立耦合协调度模型来评判 2005~2014 年我国内地旅游五大营力系统间的协调发展状况。耦合协调度模型如下：

$$D_i = \sqrt{C_i \times T_i} \quad (5-14)$$

$$T_i = \alpha \cdot E_i + \beta \cdot F_i + \delta \cdot G_i + \theta \cdot K_i + \tau \cdot L_i \quad (5-15)$$

式 5-14 中，D_i 为耦合协调度，T_i 为"五大旅游营力系统"间整体协同效应，也可称为综合性评价指数。传统的综合评价指数在测算中需要事先人为性地确定待定系数（即 α、β、δ、θ、τ），这难免会产生主观偏差。因此，本研究在结合熵权法的基础上，分别用五大分力体系的权重系数替代 T_i 中的待定系数，以确保综合评价过程的客观性。最后以耦合协调等级类型评判表作为耦合协调度的划分标准（张英等，2015），进而对我国内地旅游产业营力系统间的耦合协调状态进行量化判定。表 5-2 是关于我国内地旅游产业营力系统耦合协调度的评价等级划分标准。

表 5-2 耦合协调等级类型评判标准

序号	耦合协调度	协调等级	序号	耦合协调度	协调等级
1	0.00~0.09	极度失调	6	0.50~0.59	勉强协调
2	0.10~0.19	严重失调	7	0.60~0.69	初级协调
3	0.20~0.29	中度失调	8	0.70~0.79	中级协调
4	0.30~0.39	轻度失调	9	0.80~0.89	良好协调
5	0.40~0.49	濒临失调	10	0.90~1.00	优质协调

第四节 研究结果分析

一、旅游产业营力系统指标权重结果分析

本节通过以旅游综合营力体系作为评价指标的基准框架，依托样本地区旅游产业统计数据，采用熵值权重法依次对2005～2014年的三级指标进行了逐年赋权。根据系统耦合协调度的测算需要，应计算出两类熵权值，分别是以各个旅游营力子系统为测算单位的熵权（即每个旅游营力子系统指标的权重之和为1）和以整个旅游营力评价体系为测算单位的熵权（即所有旅游营力系统指标的权重总和为1）。此外，再将10年的权重数据进行算术平均，可得到最终的评价指标体系权重（结果详见表5-3）。对样本期的权重值进行平均的目的是为了进一步消除特殊年份的异常变动影响，从而更能真实地反映出各项指标的权重水平。根据熵值权重法理论，指标权重越大说明其蕴含的有效信息量越多，相对于其他变量而言，该指标在整个评价体系中的重要性更强。

表5-3 旅游营力体系指标权重

一级指标系统	二级指标（维度指标）	三级指标（量化评价指标）	权重系数 综合权重	权重系数 分力权重
旅游基础支撑力 0.2038	交通支撑力 0.0482	等级公路密度 X11	0.0276	0.1361
		出租汽车数量 X12	0.0216	0.1061
	通信支撑力 0.0308	邮电业务总量 X13	0.0308	0.0974
	服务支撑力 0.0533	艺术表演场馆机构数 X14	0.0272	0.1399
		旅游院校学生人数 X15	0.0261	0.1272
	市政支撑力 0.0715	城市道路照明覆盖率 X16	0.0216	0.1061
		每万人拥有公共厕所 X17	0.0281	0.1373
		道路清扫保洁覆盖率 X18	0.0218	0.1073

续表

一级指标系统	二级指标（维度指标）	三级指标（量化评价指标）	权重系数 综合权重	权重系数 分力权重
发展环境保障力 0.2136	社会环境 0.0479	*城镇登记失业率 X21	0.0201	0.0942
		城市化率 X22	0.0278	0.1303
	政策环境 0.0251	政策扶持力度 X23	0.0251	0.1175
	产业环境 0.0184	第三产业占GDP的比重 X24	0.0184	0.0860
	经济环境 0.0602	人均地区生产总值 X25	0.0301	0.1408
		地区生产总值 X26	0.0301	0.1409
	外资环境 0.0620	外贸依存度 X27	0.0362	0.1694
		外资依存度 X28	0.0258	0.1209
旅游规模扩张力 0.2146	需求规模 0.1060	国内游客数 X41	0.0317	0.1480
		接待入境过夜游客 X42	0.0194	0.0898
		国内旅游收入 X43	0.0297	0.1384
		国际旅游外汇收入 X44	0.0252	0.1173
	供给规模 0.1086	旅游供给规模结构 X45	0.0220	0.1022
		旅行社数量 X46	0.0291	0.1358
		星级酒店数 X47	0.0280	0.1310
		旅游景区数量 X48	0.0295	0.1375
市场消费潜实力 0.1463	农村潜力 0.0552	农村居民人均可支配收入 X51	0.0313	0.2141
		农村居民消费水平 X52	0.0239	0.1632
	城市潜力 0.0619	城镇居民人均可支配收入 X53	0.0344	0.2351
		城镇居民消费水平 X54	0.0275	0.1877
	社会潜力 0.0292	社会消费品零售总额 X55	0.0292	0.1999
生态资源承载力 0.2217	资源禀赋 0.0834	城市建成区绿化覆盖率 X31	0.0221	0.0997
		森林覆盖率 X32	0.0358	0.1617
		自然保护区个数 X33	0.0255	0.1152
	污染程度 0.0574	*废水排放总量 X34	0.0156	0.0706
		*二氧化硫排放量 X35	0.0239	0.1079
		*一般固体废物产生量 X36	0.0179	0.0808

续表

一级指标系统	二级指标（维度指标）	三级指标（量化评价指标）	权重系数 综合权重	权重系数 分力权重
生态资源承载力 0.2217	治理能力 0.0809	工业污染治理完成投资 X37	0.0264	0.1187
		治理废水项目完成投资 X38	0.0241	0.1086
		治理废气项目完成投资 X39	0.0304	0.1368

注：*代表逆向指标。

通过对我国旅游产业十年间五大营力系统的权重值进行量化测算后发现，生态资源承载力系统的权重值位居评价体系之首，其十年间的权重均值为22.17%，这说明在衡量旅游产业发展水平的过程中，生态体系不仅是旅游产业的立足之本，更是保证将来我国内地旅游经济永续化发展的必要基础。优越的生态承载力本身就是稀缺的旅游资源，这不仅有利于吸引游客集聚、扩充市场需求，而且对未来我国内地旅游经济驱动方式提出了全新且更高的要求。权重排名第二的是旅游规模扩张力系统，其系统权重均值为21.46%，旅游供给规模的改善以及需求规模的壮大是增强旅游产业竞争优势的重要前提，也是地区旅游产业发展实力的充分体现。另外，从二级指标的权重来看，供给规模比需求规模的权重值更大，这充分反映出当今旅游产业供给侧改革的时代必要性。供给规模的优化可为区域经济"旅游化"的发展模式提供成长沃土，通过优化旅游产业的供给规模、提升供给质量、强化供给品质、彰显供给品牌，从而有效引导旅游需求规模的全面增长，最终形成以旅游经济为引领，配套产业为支撑，泛产业融合为纽带的多产共融、协同发展的良好格局，所以旅游规模扩张力也是旅游产业实力水平的标志体现。发展环境保障力、旅游基础支撑力以及市场消费潜实力在整体权重排名中分别处于第三、第四以及第五的位置，其中发展环境保障力与旅游基础支撑力的平均权重值较为接近，分别为21.36%和20.38%。由此可见，良好的产业运营环境以及完善的基础设施条件是旅游产业经济得以平稳运行及繁荣发展的有效支撑。其中，经济环境、外资环境以及市政支撑力、服务支撑力分别在各自的分力系统中权重值较高，这也充分说明旅游发展实力的提升离不开设施完备的公共基础服务以及繁荣开放的产业经济环境。而市场消费潜实力仅为14.63%，这是由于旅游经济具有消费的异地性，当地旅游消费潜力的提高往往会表现出较强的地域外溢性，因此对比其他的指标，市场消费潜实力系统所占的权重相对较低。由

第五章 我国内地旅游产业营力系统的量化评价及其耦合协调分析

此可见,以"五大发展理念"为引领,进一步深化生态系统的保护与建设,大力强化产业运营环境的保障力度,不断推进旅游产业向规模化、集约化、专业化、精细化方向迈进等举措,是顺利实现我国内地旅游产业综合实力有效提升的重要路径,因此该评价体系的权重赋值较为客观合理。

二、我国内地旅游产业综合营力评价结果分析

(一)旅游综合营力的纵向动态演化分析

基于对旅游基础支撑力、发展环境保障力、旅游规模扩张力、市场消费潜实力、生态资源承载力五大营力子系统的综合权重赋值,并结合加权 TOPSIS 法可测算得到评价对象的贴近度,将此作为反映我国内地旅游产业综合发展水平的评价指标(即旅游综合营力),通过对该指数进行可视化处理,以便准确把握 2005~2014 年间我国内地旅游产业综合营力指数的演化情况以及地区分布特征。首先从图 5-1 中可以看出,我国内地旅游产业综合营力的整体水平较弱,该指数正常的取值范围为 0~1,而各地区均未达到一半水平,因此就旅游综合营力而言还留有较大的提升空间。此外,我国三大经济区在旅游综合营力的分布态势上也与其经济发展水平一致,反映出东强西弱的特征。其次,我国东部作为改革开放和经济发展的先行区,十年间凭借其完善的基础支撑条件、优越的产业发展环境以及较强的市场消费潜能,始终在旅游综合营力方面保持着高位领先的发展优势,整体呈先降后升的波动趋势,其指数的变化幅度控制在 0.3275 至 0.3549 之间。2008 年是东部地区旅游综合营力的最低拐点,由于受到全球金融危机的影响,作为一直以外向型经济为主的东部省份,在旅游需求规模、市场消费能力等方面遭受到了较大冲击,从而导致其旅游综合营力水平跌入谷底。最后,从发展趋势上来看,我国中西部地区的旅游营力变化极为相似,都表现出了稳定略增的走向,但依旧处于全国平均水平之下。在经济危机时期,虽然中西部综合营力指数也出现了下滑,但由于与东部旅游市场经济的结构性差异,以至于中、西部省份的下降幅度相对较小。

(二)旅游综合营力的横向静态特征分析

为能更加清晰地横向比较我国内地旅游产业综合营力的区域差异情况及地域分布特征,本书先对 2005~2014 年间内地的 30 个样本区域的旅游综合营力指数

进行均值换算并加以排序,整理得到我国内地旅游综合营力指数的区域排名(详见表5-4)。然后再以旅游综合营力均值作为研究变量,采用系统聚类法将我国30个样本省份划分为全国领先型、竞争优势型、发展积累型以及滞后赶超型四种梯度层级(详见表5-5),从旅游综合营力的层面视角有效把握我国各地区域旅游产业的实际发展水平。

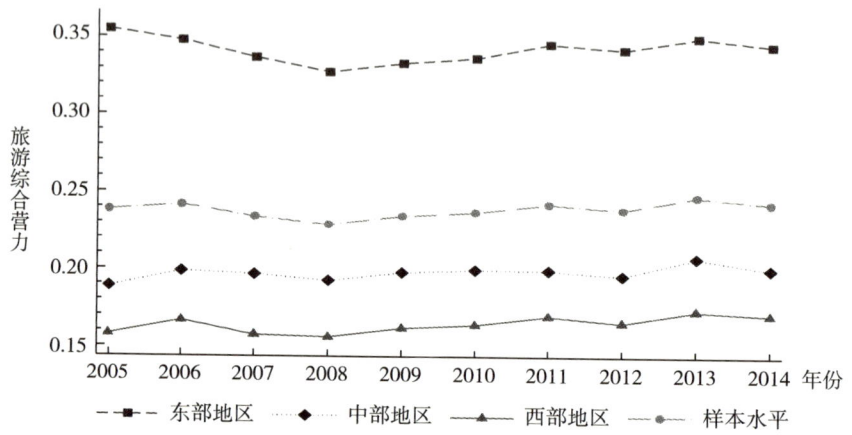

图5-1 旅游产业综合营力水平趋势

表5-4 全国旅游综合营力地区均值排名

样本	均值	排名	样本	均值	排名	样本	均值	排名
广东	0.5059	1	河南	0.2500	11	陕西	0.1809	21
上海	0.4603	2	福建	0.2348	12	江西	0.1746	22
江苏	0.4016	3	河北	0.2182	13	青海	0.1719	23
山东	0.3785	4	山西	0.2060	14	广西	0.1629	24
浙江	0.3509	5	湖北	0.2035	15	吉林	0.1543	25
北京	0.3503	6	黑龙江	0.2034	16	贵州	0.1499	26
海南	0.3397	7	湖南	0.1952	17	重庆	0.1495	27
辽宁	0.2692	8	安徽	0.1933	18	新疆	0.1220	28
四川	0.2598	9	云南	0.1861	19	宁夏	0.1208	29
天津	0.2538	10	内蒙古	0.1835	20	甘肃	0.1193	30

第五章 我国内地旅游产业营力系统的量化评价及其耦合协调分析

由表5-4可知，广东省的旅游产业综合营力水平位居全国榜首，而上海、江苏则分列第二和第三位。在内地排位前十的省（市）中，除排名第九的四川外，其余均属于东部地区。值得注意的是，"十二五"期间，四川省凭借其丰饶的旅游资源优势，紧抓西部大开发的发展机遇，通过大力实施以政府为主导的"1355"战略布局①，率先实现了从西部自然资源大省向旅游经济大省的转型跨越，旅游综合营力水平得到了显著提升。中部大多数的省份则落在第11至第20的区间内，处于我国中游水平。此外，在排名后十位的省份中，除来自中部省份的江西和吉林外，剩余8个席位皆被西部省区占据，其中新疆、宁夏和甘肃依次处于排名的后三位。这说明相对于东中部而言，西部区域的旅游产业综合营力水平整体偏弱，旅游经济综合实力亟待强化提升。

为了更加直观地掌握样本中各地旅游产业综合营力的区域分布情况，故运用SPSS 14.0对30个样本省市区进行聚类分析，其结果详见表5-5。从综合营力类型的数量分布来看，我国内地旅游产业呈现出"上小下大"的金字塔状。具体而言，仅有上海和广东两地归属于全国领先型的Ⅰ类地区，占全国样本数量的6.67%，处于塔尖核心地位。作为长三角与珠三角经济区的龙头引领，上海与广东无论在产业经济规模、现代服务配套、科技要素创新，还是在市场开放水平以及公共基础设施等众多方面皆具备与其他地区无法比拟的竞争优势，随着区域一体化以及全域旅游战略的层层深入，围绕着基础设施、产业布局、公共服务、环境保护等领域的建设项目也加速展开，旅游圈层内部的经济结构也随之发生改变，因此上海与广东所扮演的区域旅游经济增长极的角色效应将会更加显现。优势竞争型集团则包括了北京、江苏、浙江、山东及海南，该部分均属于东部发达地区，占全国总数的16.67%。该类区域得益于良好的旅游市场环境、便利的公共基础设施以及宽松的产业发展政策等因素，这些条件促进了旅游产业规模和效益的全面优化，同时在经济增长极的"涓滴效应"作用下，其发展优势还将延续强化。天津、河北、辽宁、福建、河南及四川共计6省（市）则属于发展积累型地区，其中4个省（市）来自我国东部发达地区，而中部和西部分别各有1个省份，该类型地区（Ⅲ）构成了全国样本总数的20%。相对于我国中部地区而

---

① "1355"战略布局：是指1个旅游经济增长极（大成都旅游经济增长极）、3个旅游经济带（成绵乐、成渝、成雅攀旅游经济带）、5个特色旅游经济区（大九寨国际旅游区、环贡嘎生态旅游区、亚丁香格里拉旅游区、川南文化旅游区、秦巴生态旅游区）、5条旅游环线（北环线、西环线、东南环线、西南环线、东环线）。（注：引自四川省人民政府网站。）

言,河南省的旅游综合营力在中部省份排名中表现得极为突出。在过去十年里,河南省通过不断完善旅游基础设施建设,积极参与旅游产业区域协作,充分用活国内、国外两种市场,着力强化以"老家河南"与"中国历史开始的地方"为品牌形象的宣传推广,从而有效地拓展了旅游市场空间,率先跻身于中部旅游经济发展的前列。最后剩余的 17 个地区均被归为滞后赶超型的类别,这些省份包括我国中部(7 个)和西部(10 个)地区,从而体现出中西部旅游综合营力水平还较为薄弱,旅游经济缺乏有力的政策引领和市场支撑,这将严重地影响未来我国内地旅游产业综合实力的整体提升。

表 5-5 样本各区旅游产业综合营力区域聚类

区域类型	聚类类型	样本数量	所占比重(%)	省、市、自治区		
				东部	中部	西部
全国领先型	I	2	6.67	上海、广东	—	—
竞争优势型	II	5	16.67	北京、江苏、浙江、山东、海南	—	—
发展积累型	III	6	20.00	天津、河北、辽宁、福建	河南	四川
滞后赶超型	IV	17	56.66	—	山西、吉林、黑龙江、安徽、江西、湖北、湖南	内蒙古、广西、重庆、贵州、云南、陕西、甘肃、青海、宁夏、新疆

三、各类旅游产业营力系统评价结果分析

虽然上述内容评价分析了我国内地 30 个样本地区的旅游产业综合营力水平的分异情况,但我们却不清楚各省(市、区)域旅游产业营力体系的主要制约短板究竟在哪。为能有效厘清我国内地旅游综合营力体系的结构发展特征,该小节将从旅游综合营力体系的基础支撑力、发展保障力、规模扩张力、消费潜实力以及生态承载力共五大子系统,并分别对各类旅游营力子系统进行细化分析,以期为准确识别我国各地区旅游产业发展的薄弱环节,补齐短板、提升长板、精准施策等方面提供翔实的实证依据。

(一) 旅游基础支撑力分析

1. 旅游基础支撑力动态分析

从图 5-2 中可以清晰看出，内地旅游产业基础支撑力的区域发展格局呈现东高西低的态势，东部在变化幅度上比中西两地表现得更为剧烈，其变差率一直控制在 4.02% 之内。具体而言，东部地区在经历了 2005~2008 年的下降之后，基础支撑力得到了有效的改善，尤其是在 2008~2011 年，其上升趋势极为显著，原因可能在于此期间北京奥运会、上海世界博览会以及广州亚运会等国际知名性盛事活动均在东部地区成功举办，这为东部地区基础设施的建设完善起到了促进作用，尤其是以旅游功能为核心的大众交通、智慧通信、观光游览等现代化公共服务水平方面得到了有效增强，自 2011 年后进入到稳态发展趋势。由图 5-2 可见，我国中西部两大经济区在旅游基础支撑力指数的变化趋势方面颇为相似，但西部区域稍显平缓。此外，虽然从 2012 年以后全国地区的基础支撑力均有所提升，而且中部基础支撑力的上升斜率更大，但与东部相比，中西部还存有较大的差距，其旅游基础支撑力始终位于全国平均水平之下，这也间接地说明中西部（尤其是西部地区）在基础设施建设等方面依然是我国内地旅游产业发展改革的重点区域，通过大力强化西部旅游产业基础设施及公共服务体系的建设，可为我国"一带一路"倡议和"长江经济带"国家战略的有效推进提供有力平台支撑。

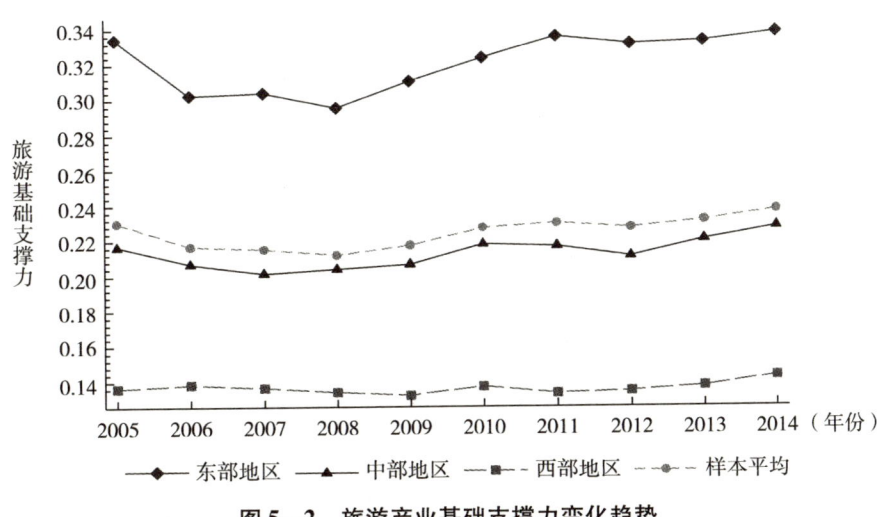

图 5-2 旅游产业基础支撑力变化趋势

2. 旅游基础支撑力静态分析

根据十年间我国内地各地区旅游基础支撑力的均值指数进行聚类分析后发现（见表5-6），上海在基础支撑力方面位居全国领先地位，而广东、江苏、浙江、北京、山东被划归为第二梯队，这些地区凭借其较早的经济先发优势，在服务产业集聚、旅游业态延伸、公共设施配套等方面较为成熟，从而获得了基础支撑力的优势领先地位。

表5-6 旅游基础支撑力区域聚类

区域类型	聚类类型	样本数量	所占比重(%)	省、市、自治区		
				东部	中部	西部
全国领先型	Ⅰ	1	3.33	上海(1)	—	—
竞争优势型	Ⅱ	5	16.67	广东(2)、江苏(3)、浙江(4)、北京(5)、山东(6)	—	—
发展积累型	Ⅲ	7	23.33	辽宁(9)、天津(10)、河北(11)	河南(8)、安徽(12)、黑龙江(13)	四川(7)
滞后赶超型	Ⅳ	17	56.67	福建(21)、海南(26)	山西(14)、湖北(15)、吉林(16)、湖南(17)、江西(22)	陕西(18)、重庆(19)、内蒙古(20)、广西(23)、云南(24)、新疆(25)、青海(27)、宁夏(28)、甘肃(29)、贵州(30)

注：括号内为旅游产业基础支撑力排名。

相比之下，中西部省份仍旧无法成功地挺进全国前两个梯度等级内。此外，就第三阶梯而言，东部的辽宁、天津、河北，中部的河南、安徽、黑龙江以及西部的四川都属于发展积累型的类别。近年来，虽然辽宁、天津、河北受环渤海湾经济区的宽松政策带动影响，其客运设施能力、路网布局范围、公共服务水平、现代物流保障等基础支撑体系得到了较快幅度的增长和强化，但由于这些区域的地方行政色彩较浓、利益主体意识较强、条块分割现象严重、短期行为占据主导，从而造成市场区域间的资源要素协调成本过高，旅游基础支撑力的发展优势无法得到有效彰显,以至于始终停留在发展积累型的等级。最后剩余的 17 个地区则被划拨为滞后赶超型,占全国总数的 56.67%,除了东部的福建、海南外,基础支撑力滞后地区主要集中在中西部省份,其平均评价指数与前三个集团的差距较大,因此,这些地区应当着眼于自身的劣势短板,以旅游基础支撑系统为中心,不断加大对旅游基础设施及要素的建设投入力度,以实现在旅游综合实力上的奋起赶超。

(二) 发展环境保障力分析

1. 发展环境保障力动态分析

图 5-3 所描绘的是我国三大板块 2005~2014 年间旅游产业发展环境保障力的变化情况。东部地区在全国旅游产业发展环境保障水平上可谓是"一枝独秀",以绝对的发展优势高位领先于其他区域,这主要归因于东部优越的外资、经济、政策以及社会等发展环境,这些因素在很大程度上为促进东部旅游经济的快速腾飞提供了从生产要素到市场客源的发展条件保障。同时,东部地区还凭借其较高的市场化程度和改革开放的成功经验,充分发挥市场在资源配置中的决定性作用,通过制定以自由竞争机制为主导的旅游产业政策,保护市场中各类主体的合法利益,从而充分地释放了旅游经济的市场活力。但相比之下,中西部地区在该项指标上与东部存在较大的发展差距,这充分表明我国中、西部地区在市场开放、经济发展、社会保障、政策扶持等方面还留有很大的改善空间。此外,就发展环境保障力的演化趋势而言,我国三大经济区的整体态势大致相似,主要经历了下降 (2005~2007 年)、上升 (2007~2010 年)、再下降 (2010~2014 年) 的三个波动起伏阶段,而且东部区域的变化幅度相比中西部地区更为剧烈,这是因为东部的外向型经济对于市场环境因素的冲击更为敏感。从图 5-3 中所反映的趋势情况来看,第一阶段 (2005~2007 年) 的跌幅较大,原因可能在于全国各地区在该段时期内共同遭受到甲型 H1N1 流感以及全球次贷危机的双重影响,对我国内地旅游发展的环境保障力体系构成了负面阻碍,因而造成了急剧下降的局面。第二阶段 (2007~2010 年) 我国先后迎来了奥运会、中华人民共和国成立 60 周年、世博会以及亚运会等世界性的节庆盛典,这为我国内地旅游业国际品牌形象的推广提升营造了良好的外部环境,因此发展环境保障力也表现出了积极的增长趋势。第三阶段 (2011~2014 年) 的跌落幅度较小,尤其是中西部区域保障力指数的变化趋势有所缓和。这段时期正值我国经济减速换挡的阶段,国

家相继出台了一系列的旅游产业政策和发展指导意见，这为顺利实现旅游产业的效率转型、结构调整、供给优化等长远目标奠定了扎实的基础，但由于短期受到政策变化的冲击，导致环境保障力体系略有影响，因此该阶段被称为改革深化的阵痛期。此外值得注意的是，虽然中、西部在环境保障力指数的变化上极为接近，但自2007年以后，西部地区顺利地实现了对中部环境保障力的反超，从而说明广大西部地区能够有效抢抓西部大开发的政策机遇，在审时度势中为自身旅游经济的平稳向好开拓发展环境的新空间。

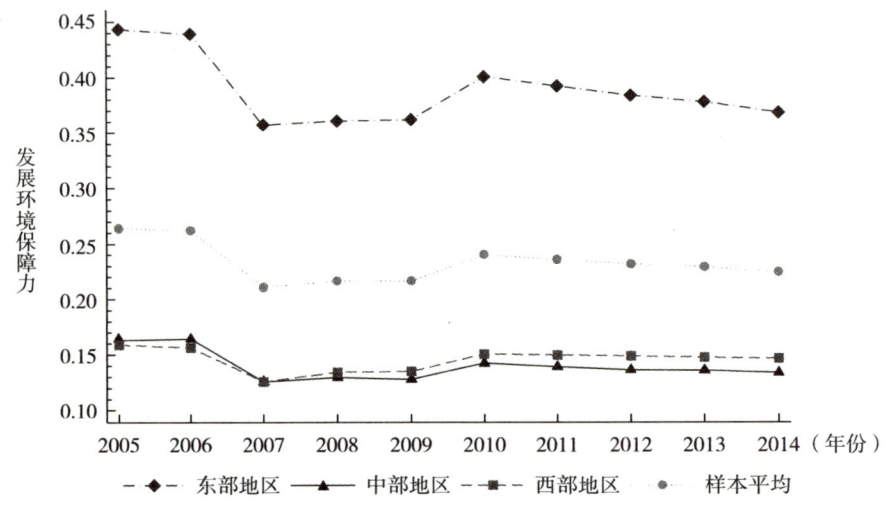

图 5-3 旅游产业发展环境保障力变化趋势

2. 发展环境保障力静态分析

表5-7所呈现的是我国内地各省市区样本在旅游产业发展环境保障力方面的聚类及排名情况。从区域类型的分布结构上来看，我国东部与中西部的两极分化现象严重，除河北省外，旅游环境保障力的前三等级梯队都被东部省市所覆盖，而中西部的全部省（市/区）域均聚类在滞后赶超型的第四阵营里。由于各地区在旅游产业发展环境的起点上就存在巨大差异，从而导致区域发展结构的不平衡，这也从一定程度上解释了我国内地旅游综合营力水平"东高西低"的非均衡性特征。此外，就排名而言，内地排名前十的地区都来自东部省份，然而同样来自东部省份的河北处于第十三名的席位，被划归在滞后赶超型的类别里。原

第五章 我国内地旅游产业营力系统的量化评价及其耦合协调分析

因可能在于河北省旅游业缺乏有力的品牌线路支撑以及接待环境保障,相比北京、山东等周边地区,其旅游品牌影响力的层次落差较大,而且大多抵达河北的游客首先都会在北京中转,这从某种程度上也妨碍了旅游市场环境的有效培育。此外,在过去的十年间,不仅仅在旅游公共服务、交通基础设施、信息通信平台等方面都未与京津地区全面对接融合,而且由于存在旅游区域的"条块分割"、职能部门的"各自为政"、行政执法的"多头管理"以及景点景区的"分散经营"等问题,区域旅游资源难以有效整合、品牌效应无法有力彰显,最终阻碍了河北旅游产业发展环境的全面改善。

表5-7 发展环境保障力区域聚类

区域类型	聚类类型	样本数量	所占比重(%)	省、市、自治区		
				东部	中部	西部
全国领先型	Ⅰ	1	3.33	上海(1)	—	—
竞争优势型	Ⅱ	4	13.33	广东(2)、江苏(3)北京(4)、天津(5)	—	—
发展积累型	Ⅲ	5	16.67	海南(6)、浙江(7)、山东(8)、福建(9)、辽宁(10)	—	—
滞后赶超型	Ⅳ	20	66.67	河北(13)	河南(12)、湖北(18)、湖南(22)、吉林(23)、黑龙江(24)、江西(26)、山西(27)、安徽(28)	青海(11)、四川(14)、宁夏(15)、重庆(16)、贵州(17)、内蒙古(19)、甘肃(20)、新疆(21)、云南(25)、陕西(29)、广西(30)

注:括号内为旅游产业发展环境保障力排名。

(三) 旅游规模扩张力分析

1. 旅游规模扩张力动态分析

图5-4所显示的是我国三大经济区旅游规模扩张力的动态演化趋势。虽然

在旅游产业规模扩张力的整体层次上反映出了"东高西低"的格局，但从各区域的增长趋势来看，除东部地区外，其他区域在2005~2014年间旅游规模扩张力方面有了显著的改观，中西部地区（尤其是中部地区）不论是在旅游需求规模还是在旅游产业供给规模上，都较十年前的同期水平得到了明显的巩固和增强。然而，东部地区则表现出了下降的态势，其旅游产业规模扩张力指数由2005年的0.3863跌落至2014年的0.3415，期间跌幅为4.48个百分点，这说明内地的旅游产业规模程度正逐步向收敛态势发展。在过去的"十一五"和"十二五"期间，我国大力推行区域发展总体战略以及服务业大发展战略，在优惠宽松政策的引导下，东部地区的旅游生产要素也开始向中西部地区汇集，这为欠发达地区旅游业的发展壮大注入了强劲动力，而且我国在鼓励东部发展的同时，通过不断加大旅游产业扶持力度和深化财政支付转移政策等手段，促进了中、西部地区在旅游产业的供给规模水平以及市场需求层次上的全面提升，最终体现为我国在旅游产业规模上的区域协调发展趋势。

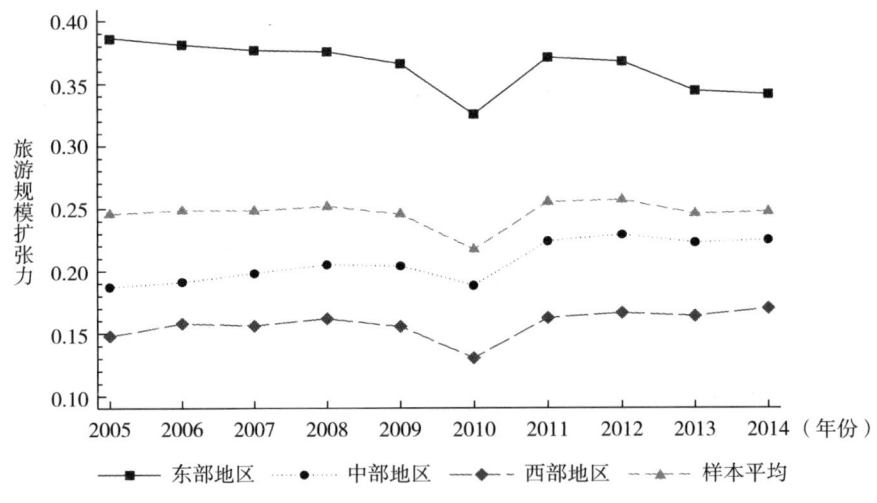

图5-4 旅游产业规模扩张力变化趋势

2. 旅游规模扩张力静态分析

从旅游规模扩张力区域聚类表（见表5-8）中不难发现，样本中绝大多数地区主要集中在发展积累型和竞争优势型的属类中，而且以发展积累型的样本数量居多，从而表现出"中间大、两头小"的橄榄型分布特征。具体而言，广东省以评价指数（0.7565）的绝对优势高居内地榜首，在旅游规模扩张力方面扮演着"龙头昂起"的领先角色。江苏、浙江、山东、北京、上海则依次名列全国第二至第六的位置，属于旅游规模竞争优势型地区，占样本比重的16.67%。这些区域借助其完备的旅游服务体系、便利的交通接待设施以及知名的国际品牌形象为当地旅游产业供求规模的壮大奠定了良好的成长基础。内地有22个地区属于发展积累型地区，占比为73.33%。其中有5个省市来自东部地区，依次为辽宁、河北、福建、天津、海南，而整个中部地区全被列入该属类，西部地区除青海和宁夏以外，其余九个省级行政区域都被划归为第三梯队。青海和宁夏一直受到资源禀赋、地理区位、经济条件等因素的制约，以至于在旅游规模扩张力上始终处于落后赶超的状态等级。同时也说明通过近十年的发展，虽然中西部区域在旅游产业规模建设上取得了较大的进步和改善，但相对于东部发达省份而言，始终留有较大的实力差距及提升空间，依然处于发展积累的阶段。

表5-8 旅游规模扩张力区域聚类

区域类型	聚类类型	样本数量	所占比重(%)	省、市、自治区		
				东部	中部	西部
全国领先型	Ⅰ	1	3.33	广东(1)	—	—
竞争优势型	Ⅱ	5	16.67	江苏(2)、浙江(3)、山东(4)、北京(5)、上海(6)	—	—
发展积累型	Ⅲ	22	73.33	辽宁(7)、河北(13)、福建(14)、天津(23)、海南(28)	河南(9)、湖北(10)、安徽(12)、湖南(15)、山西(18)、黑龙江(20)、江西(21)、吉林(26)	四川(8)、云南(11)、广西(16)、贵州(17)、陕西(19)、重庆(22)、新疆(24)、内蒙古(25)、甘肃(27)
滞后赶超型	Ⅳ	2	6.67	—	—	青海(29)、宁夏(30)

注：括号内为旅游产业规模扩张力排名。

(四) 市场消费潜实力分析

1. 市场消费潜实力动态分析

旅游消费是拉动区域经济增长的重要引擎，也是我国内地旅游经济发展潜能得以发挥的先决条件，消费水平的高低直接制约了旅游产业的发展质量。图5-5 描绘的就是以市场消费潜力作为评价维度，2005～2014 年间全国三大经济区市场消费水平的变化情况。由此可见，东部的市场消费水平依然高位领先于中西部之上，而且中部比西部地区的市场消费实力明显更强，从总体上形成了鲜明的高、中、低三种梯度层级分化。此外从演变走势来看，内地消费水平整体上呈现出稳步提升的态势，这说明十年间我国通过不断深化收入分配制度、优化消费环境和健全社会保障体系，在保证经济稳定增长的同时，努力实现居民收入水平与经济发展节奏相适应，从而在增强旅游消费实力、推动旅游消费增长以及引领旅游消费升级等方面取得了实质性的成效。

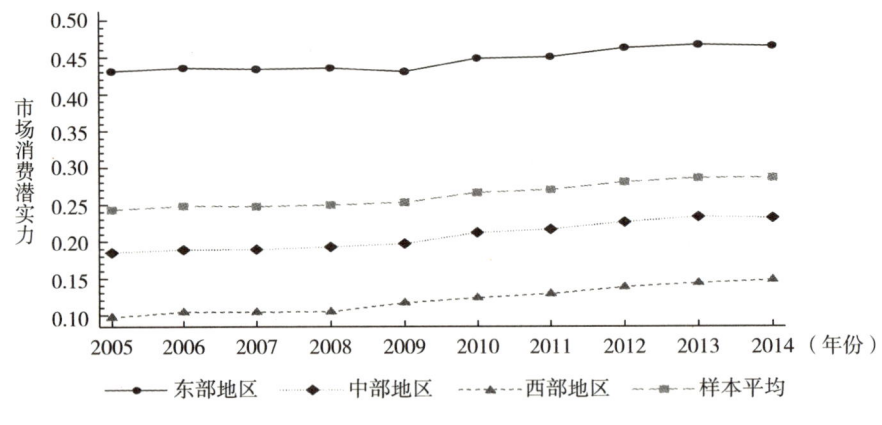

图 5-5 旅游产业市场消费潜实力变化趋势

2. 市场消费潜实力静态分析

根据市场消费潜实力的区域聚类分析结果（见表5-9）可知：首先，内地排名前四的区域依次是上海、广东、浙江以及北京，其市场消费力领先于内地其他省市区，同时也是驱动我国经济快速增长的旅游产业集聚地，具备较强的旅游经济带动能力。其次，江苏与山东分别处在消费潜实力排名第五、第六的位置，属于竞争优势型地区。上述区域在过去的发展中始终坚持以经济效益为中心，积极构建有利于释放市场消费潜能的体制机制,通过主动拓展对内、对外市场开放的新空间、优化旅游产业供给结构、统筹城乡经济协同发展,从而有效地激发了市场的消费活力,这为旅游产业综合效益的拉动创造了极为重要的优势条件。再次,东部和中部省市在发展积累型区域中的占比较大,东部的四个省市(天津、福建、辽宁、河北)分别处于全国排名第七、第八、第九及第十二的位置;而中部的三个省份(河南、湖北、湖南)占据了第十、第十一以及第十四的席位;在发展积累型的方阵中,西部地区仅有四川榜上有名,列居市场消费潜实力排行榜的第十三。最后,滞后赶超型地区在总样本数中的占比最为突出,约为53.33%。东部区域只有海南省(第二十五名)在市场消费潜实力方面表现得较为薄弱,其市场消费水平严重地制约了当地旅游经济的有效提升,这与东部其他地区的表现差异过大。中部的 5 个省份以及西部的 10 个省份都被划归在滞后赶超型的第四梯队中,这充分说明了中西部地区的市场消费潜实力构成了影响内地旅游产业发展的主要短板。

表 5-9 市场消费潜实力区域聚类

区域类型	聚类类型	样本数量	所占比重(%)	省、市、自治区		
				东部	中部	西部
全国领先型	I	4	13.33	上海(1)、广东(2)、浙江(3)、北京(4)	—	—
竞争优势型	II	2	6.67	江苏(5)、山东(6)	—	—
发展积累型	III	8	26.67	天津(7)、福建(8)、辽宁(9)、河北(12)	河南(10)、湖北(11)、湖南(14)	四川(13)
滞后赶超型	IV	16	53.33	海南(25)	黑龙江(15)、吉林(16)、安徽(18)、江西(19)、山西(20)	内蒙古(17)、重庆(21)、广西(22)、陕西(23)、云南(24)、宁夏(26)、新疆(27)、贵州(28)、甘肃(29)、青海(30)

注:括号内为旅游产业市场消费潜实力排名。

(五)生态资源承载力分析

1. 生态资源承载力动态分析

图 5-6 反映了 2005~2014 年间内地生态资源承载力的变化情况。与其他营力系统的动态趋势不同,生态资源承载力的震荡幅度较大,东部地区在该方面始终表现得比中、西部区域更为优异,分别平均高于中、西部指数的 7.56% 和 8.45%。统计数据表明,虽然我国东部沿海发达省市在污水、二氧化硫的排放以及工业废弃物的产生量上高于中西部广大区域,但是经济发达的东部省市在截污减排、治理污染等投入方面的开支更大,通过强化自身的污染治理能力,促进生产过程的绿色化、废物利用的循环化、资源消耗的减量化,从而在生态承载力的指标上表现得更为突出。从各地区的动态变化来看,东部地区整体上呈现出先降后升的波动上扬趋势,承载力指数由 2005 年的 0.2663 提升至 2014 年的 0.2848。此外就中西部而言,2005~2010 年中西部地区间的水平差距较大,并且中部较西部更强,但在随后的四年里(2011~2014 年),中部的绝对优势地位不再显著,中、西部在生态承载力的变化趋势上极为接近,而且其实力指数表现出相互交替的态势,这说明近年来中部地区的生态承载能力并未得到明显改善,之前(2010 年)领先于西部的差距优势正在逐步缩减,因此中部地区在承接东部产业

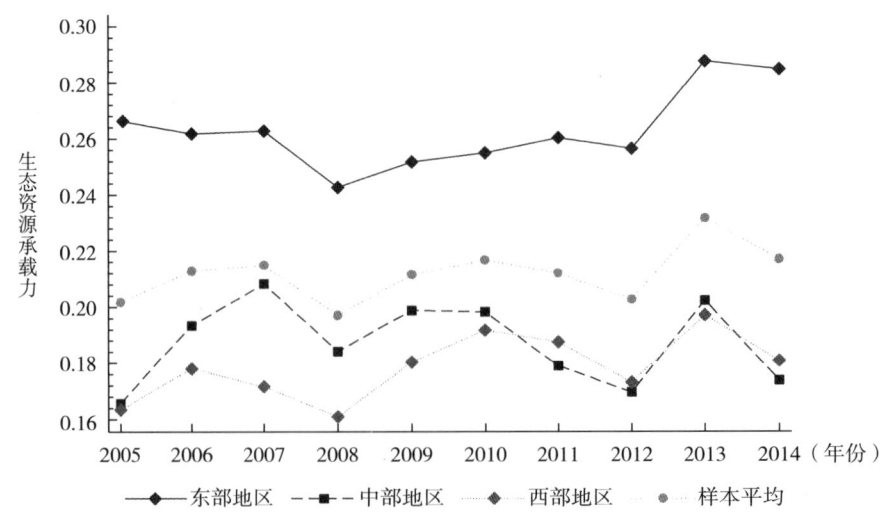

图 5-6　旅游产业生态资源承载力变化趋势

梯度转移的过程中,应尽量避开"先污染、后治理"的发展老路,鼓励引进技术含量高、社会效应好、绿色生态型的优势产业,不断强化区域生态建设、优化防治能力、提升承载水平,通过将资源环境的承载能力作为当地对产业类型引入的考核依据,努力推动落后地区在生态资源承载能力上的赶超。

2. 生态资源承载力静态分析

生态资源承载力地区聚类结果(见表5-10)表明:海南以第一的排名成为资源生态承载力全国领先型的省份。自2005年以来,海南省始终将"建设生态文明、保护生态环境"放在经济和社会发展的首要位置,大力推行生态现代化国际旅游岛战略,将生态旅游作为引领现代服务业的重要抓手,通过强抓生态农业、生态工业、生态旅游、生态林业、生态海洋、生态物流等工程建设,并借助生态经济与当地优势产业的融合效应,有效地健全了当地生态产业体系,使其在资源禀赋、污染程度以及治理能力等方面得到极大提升。广东和山东则凭借其第二和第三的席位跻身于竞争优势型地区,十年间(2005~2014年)粤鲁两省牢固树立绿色、低碳的发展理念,大力加强生态集约型和环境友好型的两型社会建设,从而在生态承载力上取得了长足进步。例如,山东通过抢抓黄河三角洲高效

表5-10 生态资源承载力区域聚类

区域类型	聚类类型	样本数量	所占比重(%)	省、市、自治区		
				东部	中部	西部
全国领先型	Ⅰ	1	3.33	海南(1)	—	—
竞争优势型	Ⅱ	2	6.67	广东(2)、山东(3)	—	—
发展积累型	Ⅲ	17	56.67	江苏(4)、福建(5)、浙江(6)、辽宁(14)、河北(16)、北京(20)	山西(8)、黑龙江(10)、江西(11)、湖南(17)、河南(19)	青海(7)、内蒙古(9)、云南(12)、四川(13)、陕西(15)、广西(18)
滞后赶超型	Ⅳ	10	33.33	天津(24)、上海(28)	湖北(21)、安徽(26)、吉林(27)	贵州(22)、宁夏(23)、甘肃(25)、重庆(29)、新疆(30)

注:括号内为生态资源承载力排名。

生态经济区建设的国家战略发展机遇，以资源高效利用、生态环境改善为核心原则，不断优化产业规模结构，提升生态资源水平，凸显绿色发展优势，现已成为全国重要的高效生态经济示范区。此外，内地共有17个省（市区）归属于发展积累型地区，是区域构成比例最为庞大的类型，占全国样本总数的56.67%。从发展积累型省份的分布来看，虽然东、中、西三大板块的样本数量表现较为均衡（东部6个、中部5个、西部6个），但东部地区除河北、北京外，其余省份的生态承载力排名都相当靠前。中部的山西、黑龙江、江西以及西部的青海、内蒙古、云南、四川、陕西的排名均处在中上游的水平（即样本第十五名以内）。第四梯队（滞后赶超型）主要由10个省市区构成，具体包括东部的天津、上海，中部的湖北、安徽和吉林以及西部的贵州、宁夏、甘肃、重庆和新疆。这些区域分别在资源禀赋、污染程度和治理能力上的综合得分比较靠后，因此各区域应认清自身的薄弱环节，抓住问题的痛点、难点、要点，不断强化生态文明建设，着力提升生态资源承载力水平。

四、旅游营力系统耦合协调评价结果分析

（一）旅游营力系统耦合协调动态趋势分析

将2005~2014年间我国五大旅游营力子系统指数均值作为分析基础，借助耦合协调模型计算得到我国内地旅游营力系统间的耦合协调水平变化情况，如图5-7所示。从动态演变趋势来看，样本期内东、中、西部在五大旅游营力（基础支撑力—发展保障力—旅游扩张力—市场消费力—生态承载力）系统耦合协调上的变动特征均以平稳波动为主，内地平均水平则处在旅游营力体系的中度失调状态。具体而言，十年间东部地区旅游营力系统耦合协调度的变化范围始终控制在0.3070~0.3345，总体属于轻度失调。自2005年以来，东部的耦合协调力显现出了小幅跌落的态势，但在2008年达到其最低拐点后，耦合协调状态才开始由缓慢下降扭转为小幅攀升的态势，直至2011年后，其变化指数才趋于稳态。另外，就中、西部地区而言，其耦合协调力指数的演化趋势大体相仿，虽然在样本期内整体显现出平稳上扬的良性发展态势，但在耦合协调力的状态等级方面却表现得不太理想，中、西部地区的指数变化幅度都在0.1~0.19，根据耦合协调类型的参评标准（见表5-2）表明，中西部共同处在严重失调的状态。这说明旅游营力系统中的主要短板对该区域旅游产业效能的充分释放构成了严重阻碍。

因此，我国内地各区域应在结合自身旅游营力系统耦合现状的基础上，亟须针对自身发展现状的掣肘短板，采取相应措施着力强化营力体系间的耦合协调发展，避免因旅游产业系统失衡而陷入竞争无序、发展乏力的困境。

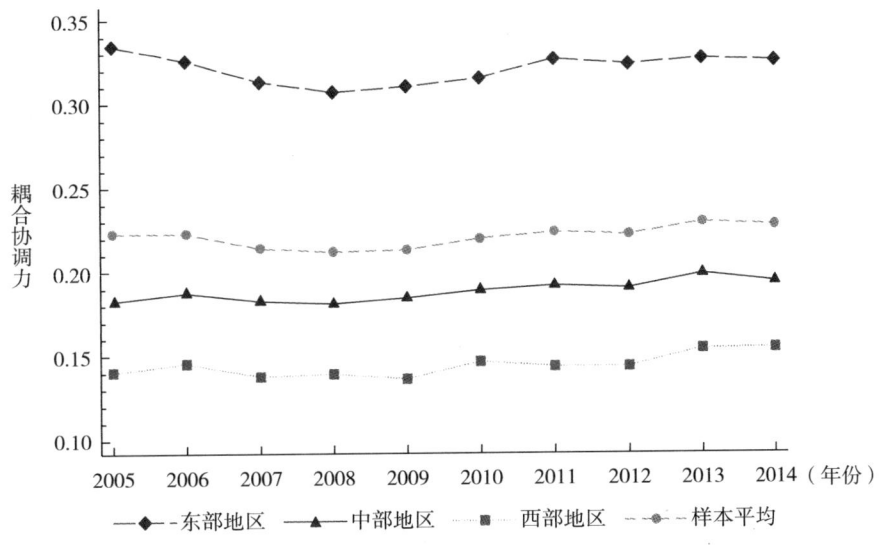

图 5-7 系统耦合协调力变化趋势

（二）旅游营力系统耦合协调度静态特征分析

通过将我国内地十年间的系统耦合度及耦合协调系数进行均值换算，从而整理得到内地 30 个省市区旅游产业五大营力子系统耦合协调关系表（见表 5-11），以便横向把握我国内地旅游产业营力系统耦合发展的静态特征。虽然耦合度不失为衡量系统间彼此作用关系的重要指标，但有时却无法反映出系统间整体功能状态或综合发展效应的大小（廖重斌，1999）。因此，本研究主要采用耦合协调系数作为判别内地旅游产业五大营力子系统协调发展状态的定量指标。

由分析结果（见表 5-11）可知，内地旅游产业五大营力体系整体处于系统失调的状态，从某种程度上而言，这为进一步解释我国内地旅游产业效率低下的现状原因提供了相关依据。具体来看，我国三大经济区的旅游营力系统失衡程度各不相同，东部为轻度失调的状态，其耦合协调度的均值指数为 0.3206，虽然显

表 5-11 2005~2014 年间各地旅游产业营力系统耦合协调关系均值比较

地区	样本	基础支撑力	发展保障力	旅游扩张力	市场消费力	生态承载力	耦合协调度均值	协调类型等级	主要制约原因
东部	北京	0.3475	0.4400	0.4006	0.5983	0.1835	0.3476	轻度失调	生态承载力损益型
	天津	0.2697	0.4287	0.1571	0.3699	0.1468	0.2498	中度失调	生态承载力与旅游扩张力共损型
	河北	0.2482	0.1807	0.2331	0.2614	0.1906	0.2172	中度失调	生态承载力与发展保障力共损型
	辽宁	0.2829	0.2560	0.3424	0.3052	0.2034	0.2652	中度失调	生态承载力损益型
	上海	0.6207	0.6590	0.3790	0.6580	0.1230	0.4032	濒临失调	生态承载力损益型
	江苏	0.3813	0.5008	0.5088	0.5488	0.2797	0.3995	轻度失调	生态承载力损益型
	浙江	0.3481	0.3284	0.4576	0.6127	0.2425	0.3545	轻度失调	生态承载力损益型
	福建	0.1594	0.2750	0.2306	0.3377	0.2455	0.2377	中度失调	基础支撑力损益型
	山东	0.3333	0.3147	0.4347	0.4952	0.3746	0.3593	轻度失调	发展保障力损益型
	广东	0.4333	0.5571	0.7565	0.6181	0.3998	0.4904	濒临失调	生态承载力损益型
	海南	0.1055	0.3344	0.0999	0.1014	0.5032	0.2024	中度失调	旅游扩张力、市场消费力、基础支撑力共损型
	均值	0.3209	0.3886	0.3637	0.4461	0.2630	0.3206	轻度失调	生态承载力损益型
中部	山西	0.2055	0.1313	0.1833	0.1481	0.2377	0.1813	严重失调	发展保障力与市场消费力共损型
	吉林	0.1940	0.1353	0.1153	0.1783	0.1419	0.1540	严重失调	旅游扩张力损益型
	黑龙江	0.2373	0.1339	0.1668	0.1813	0.2198	0.1867	严重失调	发展保障力损益型
	安徽	0.2375	0.1217	0.2393	0.1766	0.1430	0.1812	严重失调	发展保障力损益型
	江西	0.1337	0.1327	0.1644	0.1666	0.2157	0.1646	严重失调	发展保障力与基础支撑力共损型
	河南	0.3031	0.1818	0.3016	0.2857	0.1848	0.2403	中度失调	发展保障力与生态承载力共损型
	湖北	0.2014	0.1459	0.2606	0.2689	0.1684	0.2024	中度失调	发展保障力损益型
	湖南	0.1919	0.1359	0.2301	0.2540	0.1877	0.1958	严重失调	发展保障力损益型
	均值	0.2130	0.1398	0.2077	0.2074	0.1874	0.1883	严重失调	发展保障力损益型

第五章 我国内地旅游产业营力系统的量化评价及其耦合协调分析

续表

地区	样本	基础支撑力	发展保障力	旅游扩张力	市场消费力	生态承载力	耦合协调度均值	协调类型等级	主要制约原因
西部	内蒙古	0.1646	0.1424	0.1432	0.1778	0.2265	0.1718	严重失调	发展保障力与旅游扩张力共损型
	广西	0.1155	0.1087	0.2009	0.1430	0.1865	0.1531	严重失调	发展保障力与基础支撑力共损型
	重庆	0.1702	0.1505	0.1623	0.1469	0.1209	0.1536	严重失调	生态承载力损益型
	四川	0.3109	0.1556	0.3116	0.2565	0.2035	0.2370	中度失调	发展保障力损益型
	贵州	0.0717	0.1481	0.1930	0.0660	0.1673	0.1307	严重失调	市场消费力与基础支撑力共损型
	云南	0.1088	0.1330	0.2560	0.1180	0.2078	0.1647	严重失调	基础支撑力与市场消费力共损型
	陕西	0.1841	0.1209	0.1832	0.1268	0.1966	0.1645	严重失调	发展保障力与市场消费力共损型
	甘肃	0.0758	0.1408	0.1024	0.0626	0.1462	0.1109	严重失调	市场消费力与基础支撑力共损型
	青海	0.1000	0.2070	0.0293	0.0572	0.2404	0.1176	严重失调	旅游扩张力损益型
	宁夏	0.0919	0.1543	0.0064	0.0950	0.1573	0.0606	极度失调	旅游扩张力损益型
	新疆	0.1074	0.1385	0.1439	0.0784	0.1104	0.1217	严重失调	市场消费力损益型
	均值	0.1364	0.1454	0.1575	0.1207	0.1785	0.1442	严重失调	市场消费力与基础支撑力共损型

著高于我国中西部区域，但其基准水平仍旧较低。此外，通过横向对比东部地区五大营力系统指数后发现，生态承载力系统指数相对最低，因此生态资源承载力对于东部旅游产业在向高质量发展的过程中构成了损益障碍，这块掣肘短板的弥补必将是未来我国东部发达地区产业结构优化、经济动力变革以及经济效率转型的主攻方向。中部地区的耦合协调指数为0.1883，略微高于西部的0.1442，属于系统严重失调的状态等级。从营力系统各分力指数的对比情况可知，发展环境保障力是中部地区旅游营力系统中最为薄弱的环节，旅游经济的繁荣发展需要活跃的市场环境助推、有力的政策环境保障、完善的产业环境支撑以及开放的外资环境激励，只有在适宜的发展环境保障下，优质的资源要素才能充分自由流通，

在健全的市场机制引导下推动中部地区旅游产业综合实力的全面升级。然而，当前我国中部广大区域所面临的突出问题就是旅游发展保障力不强、缺乏有力的产业配套支撑体系和完备的市场经济政策环境，由于旅游市场有效供给的不足，从而导致消费需求无法得到激活释放并转化为强劲的经济驱动力，这些保障因素的缺失在很大程度上给中部地区旅游产业的良性发展造成了抑制效应。另外根据西部的数据表明，我国西部的耦合协调度比中部更低，依旧表现为严重失调的状态。所有旅游营力子系统指数都在0.2以下，从而客观地反映出西部地区旅游产业整体水平偏弱的严峻事实，因而需要在旅游产业发展实力上奋起赶追。在其旅游营力体系中，市场消费潜力（0.1207）和基础支撑力（0.1364）指数较低且尤为突出，这表明低下的市场消费能力以及薄弱的旅游基础条件难以维系西部旅游产业的有效发展，这些问题同时也是束缚西部旅游产业营力系统向协同耦合化发展的主要原因。

第五节　本章小结

第一，通过对内地旅游产业营力体系中各项指标的熵权值进行实证测算后发现，五大营力子系统在增强旅游产业整体实力中所承担的角色及作用程度各有差异。根据权重运算结果表明，生态资源承载力的熵权值相对最高，其十年间的均值为22.17%，在旅游综合营力体系中承担着关键性的基础支撑作用；而旅游规模扩张力、发展环境保障力以及旅游基础支撑力的权重均值较为接近，分别为21.46%、21.36%和20.38%，在整个旅游产业发展中扮演着重要的综合优势转化功能，这是因为只有依托完善的基础设施条件、合理的产业规模结构以及有力的环境保障支撑，才能有效地将原始且单一的资源优势转化为经济优势、发展优势乃至效率优势，实现当地综合效益的全面提升；而市场消费潜实力（权重均值仅为14.63%）则对旅游产业实力的强化起着一定的叠加促进作用。

第二，在过去的十年里，我国内地旅游产业综合营力水平整体偏弱，依然存有广泛的提升空间，其地域分布态势显现出"东高西低"的梯度结构性特征。2005~2014年间，各地旅游综合营力指数以小幅波动为主，其中东部地区略显

第五章 我国内地旅游产业营力系统的量化评价及其耦合协调分析

跌落的态势,而中、西部则呈现出震荡上扬的趋势。从各地区的等级排名来看,广东、上海、江苏分别占据样本的前三,而新疆、宁夏、甘肃则位于样本排名的底部。通过以旅游综合营力指数作为聚类变量,可将全国区域划分为四大层级类型,分别是:①以上海、广东为龙头的全国领先型地区;②以北京、江苏、浙江、山东、海南为主导的竞争优势型地区;③以天津、河北、辽宁、福建、河南、四川为主体的发展积累型地区;④以山西和内蒙古等中、西部省份为代表的滞后赶超型地区。

第三,通过将旅游综合营力体系解构成基础支撑力、发展保障力、规模扩张力、市场消费力以及生态承载力五大分力系统,并以这五大维度进行系统聚类分析,从而得到了以下结论:首先,东部绝大多数区域都集中在前三类的等级中,仅有福建、海南两省在基础支撑力上表现得较为薄弱,属于滞后赶超的类型;而河北、海南分别在环境保障力以及市场消费潜力上处于全国劣势等级;天津、上海则在生态资源承载力方面居于第四类层级。其次,中部所有地区全都聚类在第三和第四的梯队中。在发展环境保障力以及旅游规模扩张力的两个指标上,中部地区的聚类分布则非常集中,分别属于滞后赶超型和发展积累型;在基础支撑力的层面,只有河南、安徽、黑龙江属于第三等级(发展积累型);河南、湖北、湖南在市场消费潜力方面较中部其他地区相对突出,排名在前15位以内;湖北、安徽、吉林的生态承载力较差,被归为第四等级(滞后赶超型)。最后,就西部地区而言,其五大竞争分力水平都表现偏弱,尤其在基础支撑力、市场消费潜力以及发展环境保障力等方面更为滞后(除四川外);在旅游规模扩张力方面,除青海、宁夏被归在第四等级外,其余地区则属于发展积累的阶段。因此全国各地区应结合自身旅游产业的阶段性特点,审时度势、补弱扶强、精准发力,促进旅游产业综合实力的有效提升。

第四,在我国内地旅游营力系统的耦合协调性方面,样本整体属于系统失调的状态。具体来看,东部表现为轻度失调,中西部均属于严重失调。此外,通过对五大系统指数的研究发现,东部地区旅游营力系统的关键短板是生态承载力滞后,而发展环境保障力的缺失对我国中部旅游产业实力的提升赶超构成了瓶颈阻碍。作为我国经济欠发达的西部,由于长久以来在围绕旅游市场消费环境、基础设施条件、公共配套服务等方面的建设进程较为缓慢,产业发展要素无法得到有效汇集,进而阻碍了该地区旅游产业的规模结构优化以及综合经济实力的发展进程。因此,各区域应结合自身的发展实情,以问题短板为发力点,积极强化当地旅游产业的基础支撑、环境保障、市场消费、生态优化、规模扩张等旅游营力系统的耦合协调关系，有力推进我国内地旅游产业朝高质量、高效益、高水平方向发展，力争将其建设成为我国国民经济战略型支柱产业和社会生活综合型幸福产业。

第六章 我国内地旅游产业效率与旅游营力空间分异演化分析

第一节 研究说明

在前面两个章节的研究中,分别针对样本区域旅游产业效率(因变量)、旅游营力系统及其耦合协调力(自变量)进行了解构测算和量化分析,并从时间趋势和省域差异的双重视角研究了我国内地旅游产业的整体发展情况和地区分异格局。但就旅游产业的经济属性而言,由于其较强的异地消费性、产业关联性、经济带动性等特点,旅游目的地在很大程度上往往会对邻边地区的经济环境以及业态分布构成关联影响,从而导致旅游经济水平的区域异质性现象。换而言之,旅游产业的"哑铃经济"[①]属性极易产生空间关联性。区域间的关联机制一旦存在,古典统计学中样本间独立分布的基本假设就不再符合现实。在研究的过程中,倘若忽略了空间因素和地理信息,也就无法准确地揭示区域空间中经济活动的因果关系和影响程度,因此还需借助空间统计技术,从空间关联性的角度,将空间信息纳入到旅游产业经济活动的分析中,深入探究我国内地旅游产业在技术效率、旅游营力系统以及耦合协调力三个层面上的空间特征、关联程度以及格局演化规律。这不仅有利于系统地掌握我国内地旅游产业的经济空间发展格局,为

---

① 哑铃经济:旅游经济活动是指游客从生活居住地(客源地)去往观光目的地所发生的一系列经济行为,其经济空间结构形如哑铃一般,故在学界称为"哑铃经济"。

缩小区域差距提供政策依据，同时还为后续研究的深入开展（即更好地解释各类旅游营力系统及其耦合协调力对旅游产业效率的空间影响机理）和方法模型的正确选择等方面奠定了前期基础。

第二节 数据单元及方法路径

本章节采用区域经济学中的探索空间数据分析法（Explosive Spatial Data Analysis，ESDA）从技术效率、综合营力、耦合协调力三个维度对我国内地旅游产业区域演化分异情况进行相关性研究，从而为有效厘清旅游营力系统及其耦合协调力对我国内地旅游产业效率的空间作用关系提供初探性依据。

一、数据来源及空间单元说明

本章内容主要针对旅游产业技术效率、旅游综合营力及其系统耦合协调力进行空间相关性分析，所用数据均来自此前章节测算得出的相应结果。具体而言，旅游产业技术效率是基于随机生产前沿函数计算得到；旅游综合营力及其系统耦合协调力指数分别是通过熵权TOPSIS以及耦合协调度模型测算而来。这些指标在计算的过程中均考虑到价格的时间变动影响，因此全部进行了平减处理，从而保证了计量结果的精准性。此外还需说明的是，技术效率变量的样本范围是2005~2014年间我国内地31个省（市/区）的水平值；在实证测量旅游综合营力和系统耦合协调力的过程中，由于西藏地区的数据缺失较为严重，为保证整体运算结果的平稳有效，故将该样本剔除，但样本时期跨度不变，与技术效率的相一致（即2005~2014年间），因此旅游综合营力与耦合协调力的空间单元范围仅涵盖了内地除西藏以外的30个省（直辖市或自治区）。

二、空间统计方法路径

ESDA是基于空间关联统计技术，结合各类图形和图表对数据进行可视化处理，从而对空间信息的性质特征进行分析的一种方法。具体实现路径：首先采用简单二进制邻近法构建空间权重矩阵；其次，利用全域空间自相关指数，依次探研旅游产业中的三大关键核心变量（技术效率、综合营力、耦合协调力）在样本区域的地理分布特征;最后,运用局域自相关指数,并结合 Moran 散点图、LI-SA 集聚图以及冷热点层次分析图着重对地区局部差异特征进行识别分析,以期把握我国内地旅游产业效率及营力系统耦合的空间演变格局。

(一)全域空间自相关分析

全域空间自相关分析所反映的是某种属性在整体区域上的分布特征以及分异程度(即描述整体样本区域的内部地域关联特征)。由于全域莫兰指数(Global Moran's Index,GMI)不易受到偏离正态分布的影响,因而本章节采用该指数作为全域空间依赖性分析的统计量。

GMI 计算公式如下:

$$I = \frac{\sum_{i=1}^{n}\sum_{j=1}^{n}W_{ij}(x_i - \bar{x})(x_j - \bar{x})}{S^2\sum_{i=1}^{n}\sum_{j=1}^{n}W_{ij}} \quad (6-1)$$

式 6-1 中,n 表示区域样本的数量;x_i 与 x_j 分别表示 i 地区与 j 地区的变量观测值;$S^2 = \frac{\sum_{i=1}^{n}(x_i - \bar{x})^2}{n}$ 为样本方差;W_{ij} 为地理单元 i 与 j 的空间权重行标准化矩阵,由于海南省在地理上不与内陆连接,为避免邻阶矩阵出现"孤岛"的现象,故采用孙盼盼等(2014)、徐建华等(2005)的处理方法,在空间权重的处理方面将海南与广东视为地域相连,通过二进制的车式邻近法构建空间矩阵。GMI 的取值为[-1,1],当 I>0 时,代表整体区域呈现出正向自相关,即某经济特征观测值较为接近的地理单元趋于集聚;相反,I<0,则说明负向自相关,即某经济特征观测值反差较大的地理单元趋于集聚相连;如果 I=0,则表示该经济属性不具备任何的地域自相关性特征,样本单元属于相互独立且随机分布的情况。

为更进一步严格验证区域相关的显著性,还需对全域莫兰指数进行标准化处理,标准化后的莫兰指数服从渐进标准正态分布,可采用 Z 检验,公式如下:

$$Z(I) = \frac{I - E(I)}{\sqrt{Var(I)}} \quad (6-2)$$

式 6-2 中,$E(I) = \frac{-1}{n-1}$ 为莫兰指数的期望值;Var(I)表示莫兰指数的方差,

即 $\text{Var}(I) = \frac{n^2 w_1 + n w_2 + 3 w_0}{w_0^2(n^2-1)} - E^2(I)$，其中，$w_0 = \sum_{i=1}^{n}\sum_{j=1}^{n} W_{ij}$，$w_1 = \frac{1}{2}\sum_{i=1}^{n}\sum_{j=1}^{n}(w_{ij} + w_{ji})^2$，$w_2 = \sum_{i=1}^{n}(w_i + w_j)^2$。$w_i$、$w_j$ 为相关权重矩阵的第 i 行和第 j 列之和。根据所设定的显著性水平以及标准化 Z 值来判别是否应当拒绝零假设。若所设定的显著性水平 $\alpha = 0.05$，$Z > 1.96$ 或 $Z < -1.96$ 时，则应拒绝零假设，而接受备择假设，即认为观测变量存在显著的地域关联性，否则应接受零假设。

（二）局域空间自相关分析

虽然全域相关性分析可以揭示整体空间的地域依赖性特征，但却无法更精细地反映出空间内某个局部区域的分布情况，以至于忽略了局部地区所隐含的异质性特征，因此局域空间自相关分析就显得尤为重要。通过引入局域莫兰指数（Local Moran's I，LMI）和 LISA 图，可对特定旅游经济属性的地域分异格局进行全面把握。该指数主要探究的是每个地理单元与其周边地区在某种经济属性上的局部相关性和差异性程度。

1. Local Moran's I 公式

$$I_i = \frac{(x_i - \bar{x})}{s^2} \sum_{j=1, i \neq j}^{n} W_{ij}(x_j - \bar{x}) = Z_i \sum_{j=1, i \neq j}^{n} W_{ij} Z_j \qquad (6-3)$$

式 6-3 中，Z_i 与 Z_j 分别为地理单元 i 与 j 某旅游经济属性标准化的值；而 $\sum_{j=1, j\neq i}^{n} W_{ij} Z_j$ 表示空间的滞后向量。当 $I_i > 0$ 时，说明某旅游经济属性观测值较为相似的地区趋于集聚（同质而聚）；相反，当 $I_i < 0$ 时，则反映出与该地区旅游经济属性差异较大的空间集聚特征（异质而聚）。在统计显著性方面也采用的是 Z 检验，即 $Z(I_i) = \frac{I - E(I_i)}{\sqrt{\text{Var}(I_i)}}$。根据局域莫兰指数 I_i 和 Z_i 的取值范围可有效判定某区域旅游经济属性的具体特征类别。主要可分为以下四种情况，详见表 6-1。

2. 局域关联指数 Getis - Ord G_i^*

局域关联分析可以测量某个研究对象对全局空间相关性及稳定性的贡献程度，从而可进一步识别出空间局域内的冷点与热点区域，热点区域是指某项经济属性水平较高的地区相邻而聚的区域；而冷点地区则反映的是低值集聚的区域。为此，Getis - Ord（1992）提出了"局部 Getis - Ord 指数 G"，从而可以有效判别某空间单元 i 是否为热点或冷点区域。

表 6-1 局域莫兰散点图的空间关系特征

属类	象限	取值区间	区域名称	关系说明
H-H	I	$I_i>0$, $Z_i>0$	扩散效应区	i 地区属于高高集聚（自身水平与周边区域水平都比较高）
L-H	II	$I_i<0$, $Z_i>0$	过渡区	i 地区属于低高集聚（自身水平较低，周边区域水平较高）
L-L	III	$I_i<0$, $Z_i<0$	低速增长区	i 地区属于低低集聚（自身水平与周边区域水平都比较低）
H-L	IV	$I_i>0$, $Z_i<0$	极化效应区	i 地区属于高低集聚（自身水平较高，周边区域水平较低）

G_i^* 指数的计算公式如下：

$$G_i^*(d) = \frac{\sum_{j=1}^{n} w_{ij}(d) x_j}{\sum_{j=1}^{n} x_j} \quad (6-4)$$

$$Z(G_i^*) = \frac{G_i^* - E(G_i^*)}{\sqrt{Var(G_i^*)}} \quad (6-5)$$

将 G_i^* 指数代入式 6-5 进行标准化处理，以便于对空间区域的演化趋势进行更好的比较和解释。其中，$w_{ij}(d)$ 为二进制的空间权重矩阵向量，$E(G_i^*)$ 为数学期望值，$Var(G_i^*)$ 为 G_i^* 指数的方差。如果 $Z(G_i^*)$ 为正值且通过了显著性检验，则说明研究对象 i 与周边地区为高值集聚的热点区域；相反，倘若 $Z(G_i^*)$ 为负值且通过了显著性检验，从而说明研究对象 i 与周边区域为低值集聚的冷点区域。

第三节 实证结论分析

通过对我国内地旅游产业的技术效率、综合营力以及耦合协调力进行空间探索性分析，有利于全面厘清和把握我国内地旅游产业效率、旅游营力系统的空间发展脉络特征以及地域关联演化规律。

一、中国旅游产业技术效率的空间探索性分析

（一）全域空间自相关

运用 Stata 12.0 软件，将 2005~2014 年间内地 31 个样本省域的旅游产业技术效率水平值作为测算全域莫兰指数的基准数据集，同时在采用二进制的车式（Rook）邻近法构建空间权重矩阵的基础上，对其进行标准化处理。最后根据全域空间莫兰指数（式6-1），在蒙特卡洛999次模拟检验后得到2005~2014年间各年份相应的莫兰指数及其显著性结果，详见表6-2。

表6-2 2005~2014年间旅游产业技术效率全域莫兰指数

年份	Moran's I	Z值	P值	年份	Moran's I	Z值	P值
2005	0.2950	3.0110	0.0030	2010	0.5260	4.6200	0.0000
2006	0.2590	2.7200	0.0070	2011	0.4920	4.4630	0.0000
2007	0.1890	1.9060	0.0570	2012	0.4690	4.1620	0.0000
2008	0.3510	3.6390	0.0000	2013	0.3780	3.4180	0.0010
2009	0.0750	0.9290	0.3530	2014	0.3480	3.1630	0.0020

注：双尾检验。

根据表6-2可以看出，十年间旅游产业技术效率的全域莫兰指数（GMI）统计值全部为正数，其变化范围控制在0.0750~0.5260的区间内。在正态分布的假设条件下，除2009年外，其余年份的全域莫兰指数均通过了5%或10%水平下的显著性检验。这表明大部分时期我国内地旅游产业技术效率在发展的过程中呈现出了显著的空间正向关联性特征，即在地域空间的分布上，反映出技术效率值较高的地区相邻集聚，而低值与低值区域相互依存的空间格局。同时，也从侧面折射出我国内地旅游产业技术效率的扩散现象较为明显，省域间旅游效率的相关性较强。这是因为旅游产业具有典型的"哑铃式经济结构"属性，旅游市场主体在客源地与目的地之间通过人流、物流、资金流、信息流等资源要素的双

向流动来进行旅游经济活动。此过程强化了旅游客源地与目的地之间的空间关联互动，由此建立并保持了较为稳定且紧密的产业协作关系，这在很大程度上促进了知识技术、管理方法、人才资本等多种生产要素的流通外溢，从而形成了较为显著的地域依赖性发展格局。

此外，通过纵向比较十年间的全域莫兰指数发现，GMI 由 2005 年的 0.2950 提高至 2014 年的 0.3480，由此说明样本期间，我国内地旅游产业技术效率在空间集聚演化方面整体上得到了显著增强，空间集聚效应愈发明显。从数据变化的阶段特征来看，主要是以波动增长的趋势为主。具体而言，旅游产业技术效率的空间自相关性先后经历了"先降、后升、再降"的三个阶段：第一阶段为2005～2007 年，地域依赖性呈缓慢跌落的态势，由最初的 0.2950 下滑至 0.1890。第二阶段为 2008～2010 年，虽然这段时间莫兰指数的涨幅极为突出，由 2005 年的 0.3510 快速跃升至十年间的峰顶（最高值为 0.5260），但值得注意的是，2009 年的莫兰统计量却位于十年间的谷底（最低值为 0.0750），并且未能通过显著性检验。这说明该年份中我国广大地区在旅游产业技术效率上的集聚效应不太明显，表现出随机分布的态势。2009 年由于受到国际市场因素的负面影响，我国入境旅游遭遇到了前所未有的萎缩压力和严峻局面，仅入境旅游接待人数以及国际旅游外汇收入两项指标就分别比上年下降了 2.7% 和 2.9%，入境市场的低迷不但削弱了区域间旅游产业合作的关联程度，而且抑制了旅游技术效率的全面扩散，进而造成了技术效率在地域分布上的随机现象。第三阶段为2011～2014 年，虽然全国旅游技术效率的地域自相关性正缓慢减弱，全域莫兰指数由 2011 年的 0.4920 下降至 2014 年的 0.3480，但期间所有年份的全域莫兰统计指数都通过了显著性检验（Z 值远高于 5% 显著水平下的 1.96），具有较强的地域依赖性特征。技术效率空间集聚性缓慢减弱的主要原因可能是由于目前我国各地区旅游产业技术效率水平值普遍较高（其具体原因在第四章节中已做详细阐述），据测算统计，十年间全国旅游技术效率平均水平达 0.8410，而技术进步率的增长却非常滞后。根据边际效率递减原理，技术效率的边际扩散能力也随之递减，因此在技术效率集聚演化方面也表现出了趋缓的态势。

（二）局域空间自相关

虽然上述全域自相关的分析结果显示我国内地旅游产业技术效率在整体区域上具有显著非随机性的正向空间关联特征，但却无法获悉具体是哪些省份或地区表现出了较强的空间集聚效应。通过局域空间自相关性分析，可有效地揭示出我国内地旅游产业技术效率在各区域单元中的局部分布结构以及关联演化情况。

1. 莫兰散点图分析

在利用内地 31 个省级样本旅游技术效率指数的基础上，构建了本次分析的数据集，并依次选取 2005 年、2010 年和 2014 年的旅游产业技术效率值作为研究数据，将技术效率变量的标准分值 Z 作为横轴，空间滞后向量 WZ 作为纵轴，对两者的相关关系进行二维可视化处理，借助 Open – GeoDa1.2.1 软件绘制得到 2005 年、2010 年和 2014 年旅游产业技术效率莫兰（Moran）散点图（见图 6 - 1），以便充分厘清我国各区域间在旅游产业技术效率上的结构分异特征及其时空演变趋势。

由图 6 - 1 可以看出，2005~2014 年间我国内地旅游技术效率的地域分异特征较为明显，而且以上三个代表性年份的 Moran 散点分布结构特征颇为相似，说明其格局演变较为平稳。内地 31 个省市区中，绝大多数地区分布在第一（高高集聚 HH）和第三（低低集聚 LL）的象限内，只有少数几个省份零星地散落在第二（低高集聚 LH）和第四（高低集聚 HL）的象限中。这也充分印证了全域自相关检验的分析结论，即旅游产业技术效率的空间分布以正向关联性的特征为主，效率值相似的区域往往趋于集聚，呈现出单元分布的均质性现象。接下来将对各象限中所分布的区域样本进行具体分析。

（1）扩散效应区（HH）。扩散效应区所反映的是旅游产业技术效率水平较高的地区相邻而聚。2005 年位于该象限的省市区数量最多，占据全国样本总数的 54.84%。主要包括：北京、上海、广东、浙江、江苏等 17 个地区，以东部省份居多。然而在 2010 年时，河南、广西、贵州、河北、重庆 5 省全部从扩散效应区中脱离，导致处于第一象限的样本数量有所缩减，降至 12 个地区。2014 年，在此前 12 个地区的基础上又增添了湖北和广西，发展至 14 个区域，占省市区总数的 45.17%。通过对比三个代表性年份的区域后发现，北京、上海、广东、浙江、江苏、山东、天津、福建、海南、湖南、江西、安徽这 12 个地区的演化表现相对稳定，始终位于第一象限，而且东部省市占据绝大比例。东部沿海地区一直是我国内地旅游经济增长的核心热点，特别是以长三角和珠三角为代表的发达经济带，其区域一体化程度高、旅游产业辐射力广、技术效率扩散性强，因此始终处于扩散效应区的主导地位。

（2）过渡区（LH）。过渡区主要表现为技术效率较为薄弱的区域周边邻接着

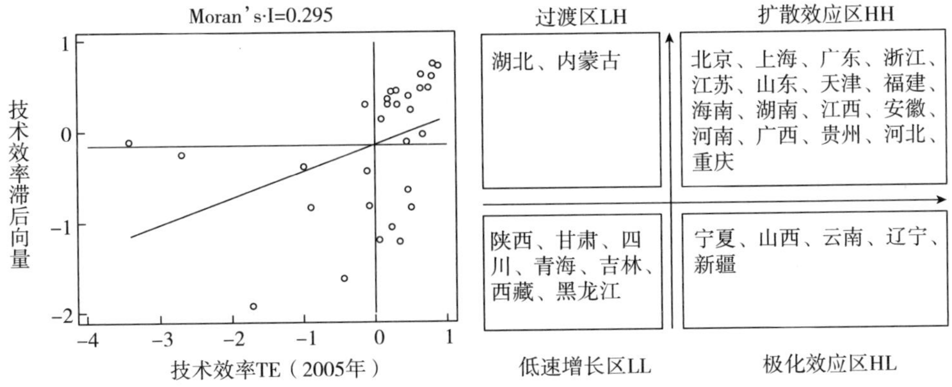
Moran's·I=0.295
技术效率滞后向量
技术效率TE（2005年）
过渡区LH
湖北、内蒙古
扩散效应区HH
北京、上海、广东、浙江、江苏、山东、天津、福建、海南、湖南、江西、安徽、河南、广西、贵州、河北、重庆
陕西、甘肃、四川、青海、吉林、西藏、黑龙江
宁夏、山西、云南、辽宁、新疆
低速增长区LL
极化效应区HL

（a）2005年内地旅游产业技术效率莫兰散点图

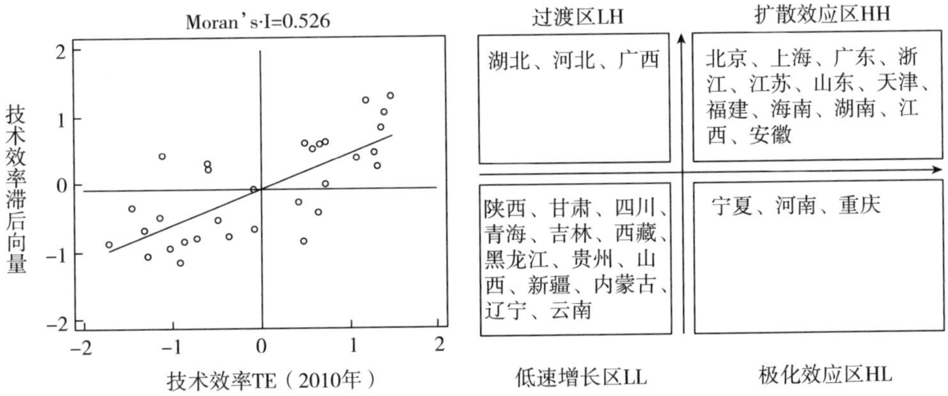
Moran's·I=0.526
技术效率滞后向量
技术效率TE（2010年）
过渡区LH
湖北、河北、广西
扩散效应区HH
北京、上海、广东、浙江、江苏、山东、天津、福建、海南、湖南、江西、安徽
陕西、甘肃、四川、青海、吉林、西藏、黑龙江、贵州、山西、新疆、内蒙古、辽宁、云南
宁夏、河南、重庆
低速增长区LL
极化效应区HL

（b）2010年内地旅游产业技术效率莫兰散点图

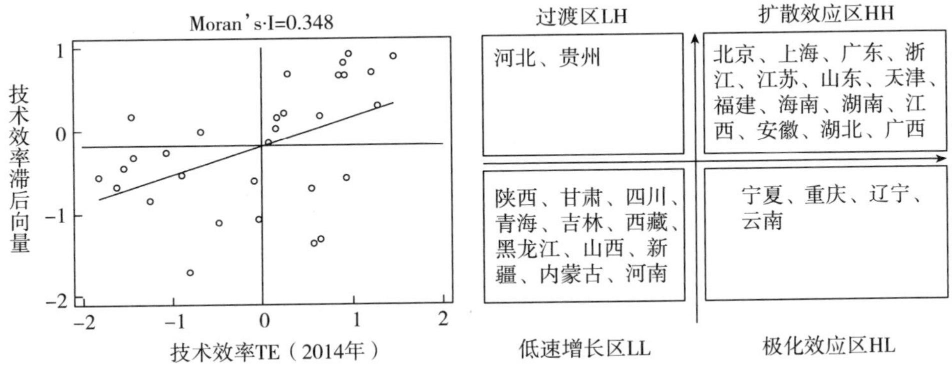
Moran's·I=0.348
技术效率滞后向量
技术效率TE（2014年）
过渡区LH
河北、贵州
扩散效应区HH
北京、上海、广东、浙江、江苏、山东、天津、福建、海南、湖南、江西、安徽、湖北、广西
陕西、甘肃、四川、青海、吉林、西藏、黑龙江、山西、新疆、内蒙古、河南
宁夏、重庆、辽宁、云南
低速增长区LL
极化效应区HL

（c）2014年内地旅游产业技术效率莫兰散点图

图6-1 2005~2014年我国内地旅游产业技术效率莫兰散点图

效率水平较高的地区。过渡区所属省份数量较少，2005年仅有湖北和内蒙古在内；但于2010年时，内蒙古被河北、广西两省所取代；至2014年，仅有贵州与河北两省。这些地区的旅游技术效率增长迟缓，虽然周边区域的旅游产业技术效率水平相对较高，但并未对其产生一定的推动促进作用。原因可能在于这些区域地处内陆腹地，旅游基础设施建设以及经济发展水平较为滞后薄弱，从而限制了产业资源要素以及旅游技术效率的有效扩散，最终对高值地区的技术效率辐射形成了屏蔽阻隔。此外，值得注意的是，湖北省近年来能够抢抓中部崛起的重大发展机遇，积极实施"走出去、请进来"战略，突出强化旅游产业开放发展、协调发展的理念，从而顺利地摆脱了"十一五"期间的尴尬境地，于2014年成功地跻身于扩散效应区的阵营中。

（3）低速增长区（LL）。低速增长区主要表现为旅游技术效率水平较为薄弱的区域相邻而聚的状态。2005年位于第三象限的地区总共有7个省域，具体包括了陕西、甘肃、四川、青海、吉林、西藏、黑龙江；五年后（2010年），低速增长区的范围有所扩大，在之前的基础上又增加了贵州、山西、新疆、内蒙古、辽宁和云南共计13个省（市/区）；而在2014年，位于该象限的省份数量缩减至11个，具体变化是河南替换了贵州、辽宁和云南。这些地理单元主要分布在我国的西部和中部区域，相对于东部沿海地区而言，该类地区受到资源条件、生产要素、地理环境、科技创新、基础设施等多方面因素的阻碍，甚至一些区域仍然处在工业化和城镇化的初期阶段，极度缺乏成熟的旅游经济业态以及相关产业的有效支撑，区域间的互动关联以及空间溢出能力较差，而且地方保护主义的思想观念较为严重，这极大地制约了该区域内旅游市场化进程的顺利推进，最终导致区域间的联动发展较为薄弱、技术效率的扩散效应较为缓慢，一直处于相对封闭的状态。

（4）极化效应区（HL）。极化效应区主要表现为旅游技术效率较高的地理单元被效率水平较低的区域所围绕。2005年仅有宁夏、山西、云南、辽宁、新疆5个地区；2010年的空间异质性特征有所收敛，只有宁夏、河南、重庆三地；而2014年，河南则被辽宁、云南所替代，重庆、宁夏较为稳定。这说明虽然西部地区中的重庆、云南、宁夏等地在旅游产业技术效率上表现出了较强的突出优势，但因其辐射带动能力不强、涓滴效应不够显著，致使周边相邻省域的技术效率水平依然较弱，彼此关系处于极化阶段。

总体而言，在旅游产业技术效率的区域分布方面，样本以东部地区的高值集聚以及中西部地区的低值邻集为主。与此同时，正向的空间依赖性特征较为明显，"东强西弱"的两极分化格局较为清晰。LH 和 HL 区的样本比例演化趋势表明，2005 年落入第二、第四象限的省份占全体样本总数的 22.58%，随后至 2010 年以及 2014 年，共同降至 19.35%，由此充分说明空间异质效应（离心力效应）正逐步减弱，而均质效应正显著增强，这从局域演化层面进一步地支持了全域自相关的研究结论。

2. LISA 集聚图分析

Moran 散点图虽然可有效地反映出研究单元内部差异性特征，但却无法检验局部空间相关性的显著程度（异质性的稳定程度）。然而，LISA 值却能更进一步地衡量各研究单元的空间异质性或均质性程度，是检验空间局部稳定性的重要指标。通过选取 2005 年、2010 年以及 2014 年三个代表性年份，利用 Open – DeoDa1.2.0 软件分别计算出我国三个代表年份的旅游产业技术效率 LISA 值，并在正态假设检验 5% 显著水平的基础上，绘制 LISA 集聚图，以便更进一步地分析我国内地旅游产业技术效率的演进规律。

2005 年我国内地旅游产业技术效率的空间分异特征共由 HH、LL 以及 HL 三种显著类型构成。首先就高值集聚区而言，能够通过 5% 空间显著性检验的样本数量相对最多（共计 5 个），总体发展格局表现为紧邻东部沿海呈两点扩散状，具体分布在以上海、浙江、江苏为代表的长三角地区和以北京、天津为主导的首都经济圈内；而低值集聚区（LL）也反映出了东北（黑龙江、吉林）、西北（甘肃、青海）两域分散的效率洼地特征，该部分区域由于基础设施建设的缺失、旅游经济水平的低下、市场发育程度的滞后以及地理自然条件的阻隔，致使区域间旅游产业协同性以及一体化程度较低，进而造成了扩散效应极为迟缓的困窘局面；然而云南、辽宁、宁夏、新疆则为典型的 HL 邻聚区域，虽然与周边邻近地区相比，2005 年云南、宁夏、新疆、辽宁四地具备较高的技术效率水平，但这些地区却无法形成有效的辐射关联效应，尚未构筑互联、互通、互助、互融的旅游全域化的产业运营模式，难以将自身较高的技术效率水平进行梯度转移，最终造成了各自为政的孤立发展态势，长此以往不利于区域间"1 + 1 > 2"的旅游经济协同效应的有效发挥。

2010 年我国内地旅游产业技术效率的空间格局主要以低值集聚 LL 为主和高值集聚 HH 为辅的东西二级分化结构态势，"马太效应"极为显著。上海、江苏、浙江在时间演化方面表现得较为稳健，依旧是技术效率高值集聚的东部"铁三角"区域,而北京、天津则退出了 HH 集聚的显著区域,高值集聚区总数较 2005 年缩减至 3 个省(市/区)域;低值集聚区则由 2005 年的四个样本单元扩散至 2010 年的 10 个,表现出由我国东北部向西南部连片蔓延的趋势。具体而言,空间自相关性显著的 LL 地区依次包括为青海、甘肃、陕西、内蒙古、西藏、新疆、四川、云南、吉林、辽宁。其中绝大部分省份归属于我国西部区域(前八个地区),而中、东部则各有一个。由此可见,西部的绝大多数地区仍然是旅游产业技术效率的低洼地带,其"东强西弱"的核心—边缘特征在我国内地旅游技术效率的空间分布上持续存在。因此,强化西部区域的旅游产业合作,尤其是与东部沿海发达地区的有效对接,促进优质资源要素的自由融通,形成专业化分工、市场化共享、协作化共赢的良性发展格局,是未来西部地区提升技术效率的重点方向。

2014 年空间显著性分异格局又重新回到 2005 年时 LL、HH、HL 三类区域共存的局面。但与之不同的是,2014 年以低值集聚区 LL 的面积居多(共 6 个区域),主要分布在我国的中西部地区,依次是:青海、甘肃、陕西、内蒙古、黑龙江、山西;而高值集聚区(浙江、江西)和高低邻聚区(辽宁、宁夏)各有 2 个。与 2010 年相比,2014 年的 HH 区域逐渐由东部的浙江向中部腹地江西扩散演进,因而表明江西省近年来在积极承接东部发达地区的旅游技术转移以及先进模式学习等方面取得了较为理想的成效,"十二五"期间,江西省奋力推进旅游强省建设战略,不断拓展对内、对外两个市场,重点强化省际区域间的旅游产业交流与合作,充分利用长三角、珠三角、中三角、海西经济区、浙湘闽粤红色旅游协作区等这些已有的区域平台,有效地实现了地区间资源信息共享、精品线路互推、市场客源互送、区域政策互惠、旅游产品互补、合作效益共赢的旅游发展新格局,从而促进了浙、赣两省旅游技术效率一体化的有力形成。与"十一五"期间相比,2014 年旅游技术效率的低值集聚区显现出了萎缩态势,正由西部向东北部汇聚靠拢,而技术效率高低邻集显著区又开始出现,辽宁和宁夏对周边区域构成了极化效应影响,因此,如何有效地释放极化地区对紧邻区域的技术带动力,强化区域间的技术扩散及协作效应,将成为未来我国缩小两极分化的改革重点。

3. 旅游产业技术效率冷热点格局演化分析

虽然莫兰集聚图可以判断局部区域自相关性是否显著,但却无法深入探察各个样本单元对全域自相关性的贡献程度,因此为了更加深入地了解我国内地旅游产业技术效率的空间分异特征及其演变规律，本节首先对2005年和2014年两个样本年份中，内地31个样本省份的局部空间关联指数G_i^*进行逐一测算，再运用Jenks的自然断点（Natural Break）分层法将局部统计量G_i^*指数由高到低聚类生成热点、次热点、次冷点以及冷点四大区域等级。通过分析对比样本期初和期末的热冷点变化，从而可进一步把握我国内地旅游产业技术效率的空间集簇演化格局。

2005年我国内地旅游产业技术效率热点地区共计14个，占全部样本总数的45.16%，因而以数量上的绝对优势显现出了联动发展的集聚态势，其热点群落主要遍布于我国的东南部，并向中部区域汇集，形成了以长江中下游地区为核心的圈层扩散结构；河北、重庆、贵州、海南这四个次热点区域依次分落在热点族群的外围，呈三面合围之势；而次冷点区域为由内蒙古—山西—陕西—四川—云南—西藏六个省份所构成的连接南北的狭长地带，并将技术效率冷点地区分割为东北的黑龙江、吉林、辽宁和西北的宁夏、青海、甘肃、新疆两块区域。冷点区域由于远离热点核心地带，受到地理交通、基础设施、保障条件、经济水平、开放程度等多种因素的限制影响，因而导致了旅游产业技术效率水平难以得到有效扩散，最终形成了以东北和西北两地为代表的技术效率发展滞后带（即冷点地区）。

我国内地旅游产业经过十年的演化变革，虽然2014年技术效率冷、热点区域的空间格局趋同，始终呈典型的"核心—边缘化"梯度层级结构，但是旅游技术效率冷、热点的覆盖范围以及演化路径均发生了偏移。技术效率热点区域由2005年的14个萎缩至2014年的7个，分别是上海、江苏、浙江、广东、福建、海南、江西。在地理演化趋势上，大部分热点地区都顺延着我国东部的黄金海岸沿线，遍布在长三角和珠三角的经济圈层内。这些中南沿海地区凭借其改革开放的市场先发优势、完善健全的产业经济体系、发达便利的基础支撑条件，在旅游产业技术效率的发展水平上获得了相对瞩目的优势成效。值得关注的是，自2010年以来海南省通过大力实施"国际旅游岛打造"战略，积极推动当地经济向生产服务型、对外开放型、绿色生态型的路径转移，并最终实现以旅游产业为引领、现代服务业为支撑的特色化产业体系，从而有力地提升了当地旅游产业的发展质量，使其成功跻身于技术效率热点区域；与热点区域的缩减态势相反，2014年次热点区域较"十一五"初期表现出了强劲的扩张蔓延势头，由原先的4个增加至9个。在其演化的过程中,河北、贵州两省相对稳定,而北京、天津、山东、安徽、湖北、湖南则由先前的热点地区降为现在的次热点地区,由于这些区域在此期间受到外需萎缩、内需不旺、投资乏力等宏观经济下行压力的影响,其技术效率发展水平也有所减弱;次冷点地区大多位于在中西部,主要沿西南向西北部偏移,具体包括云南、四川、新疆、西藏、重庆、吉林、河南共7省区域;冷点范围则由2005年东北、西北两地分隔的局面演化成为北部连片蔓延的块状态势,这些区域与东南沿海形成了鲜明的冷热分化反差格局。

二、中国内地旅游产业综合营力的空间探索性分析

(一)全域空间自相关

本节将2005~2014年间我国(不含港、澳、台)内地旅游综合营力指数作为空间探索性分析的研究对象,依次对我国内地(除西藏以外的30个省域)各年旅游产业综合营力指标的全域空间莫兰统计值进行了测算,以便从整体层面把握我国内地旅游综合营力空间集聚的演化情况。

根据分析结果表6-3可知,十年内(2005~2014年)所有年份全局莫兰指数的P值均表现出了极强的空间自相关显著性,而且我国内地旅游产业综合营力在空间集聚效应方面得到了整体强化,由2005年的0.4260增加至2014年的0.4380。以上指标充分说明我国内地旅游产业在综合营力的空间分布上呈正向关联态势,具备区域间显著的联动扩散效应。换句话说,旅游综合营力水平较高的地区往往邻迈集聚,而低水平的区域在地理上也相互毗邻,而且随着时间的推移演化,空间自相关的程度也随之增强。因此,可以断定我国内地旅游产业的综合营力水平在空间分布特征上存在较高程度的地域依赖性,特别在对该变量进行因果关系分析时,绝不能简单地将其假设为独立同分布(i.i.d)。旅游综合营力具备显著的地域依赖性特征是由其产业的复合关联属性决定的。旅游产业经济的发达与否离不开当地完善的基础设施建设、全面的相关产业支撑、繁荣的市场消费环境以及优质的旅游资源要素等多重复合因素,这些条件因素对区域旅游业的发展产生了很大程度的推动或制约的机制作用。简而言之,旅游业是一项与其他产业经济联系紧密的复合型产业,其发展不能脱离地方经济的影响束缚。然而,目前我国内地旅游业正处于发展中阶段,经济整体水平在空间分布上始终存在"东强西弱"的二元结构和显著的"马太效应",这种空间发展的不平衡、不协调也

对各地区的旅游产业综合实力构成了直接的冲击影响,因此我国内地旅游产业在空间发展格局方面也必然存在较强的路径依赖,这是导致旅游综合营力区域差距的客观原因。

表6-3 2005~2014年间样本区域旅游综合营力全局莫兰指数

年份	Moran's I	Z值	P值	年份	Moran's I	Z值	P值
2005	0.4260	3.7760	0.0000	2010	0.3930	3.5510	0.0000
2006	0.3600	3.2220	0.0010	2011	0.4090	3.6560	0.0000
2007	0.4070	3.6050	0.0000	2012	0.4590	4.0700	0.0000
2008	0.3910	3.4940	0.0000	2013	0.4500	4.0200	0.0000
2009	0.3900	3.4850	0.0000	2014	0.4380	3.9180	0.0000

注:双尾检验。

(二)局域空间自相关

1. 莫兰散点图分析

莫兰散点图可以有效地反映出我国内地旅游综合营力的局部空间差异情况。通过选取样本期初、期中、期末(即2005年、2010年以及2014年)三个代表性年份,分别绘制了与之相应的莫兰散点图(见图6-2),并依次对我国内地旅游产业综合营力地区异质性特征进行详细分析,进而能够从综合营力的视角深入探究我国内地旅游产业的空间结构及其演变趋势。

整体而言,图6-2中三个年份的莫兰散点图都反映出我国内地旅游综合营力的地域分异特征十分明显。分布在高高(HH)和低低(LL)集聚区内的地区数量均明显高于低高(LH)和高低(HL)的地区数量,由此可见,我国内地旅游综合营力的地域集聚特征还是以正向关联性为主,即在旅游综合营力的地域分布结构方面呈现出实力相近的区域相邻而聚的特征。此外,通过观测四个象限中全部样本的所属区域后不难发现,位于扩散效应区(HH)的省(市/区)域全部来自于我国东部沿海发达地区,而低速增长区(LL)则为经济欠发达的中西部地区。因此在总体上呈现出典型的东西两极分化格局,这与此前全局空间自相关的分析结论完全一致。

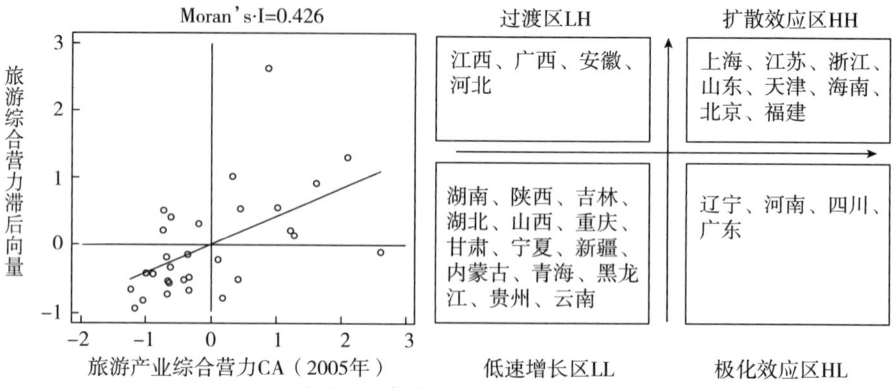

（a）2005年内地旅游产业综合营力莫兰散点图

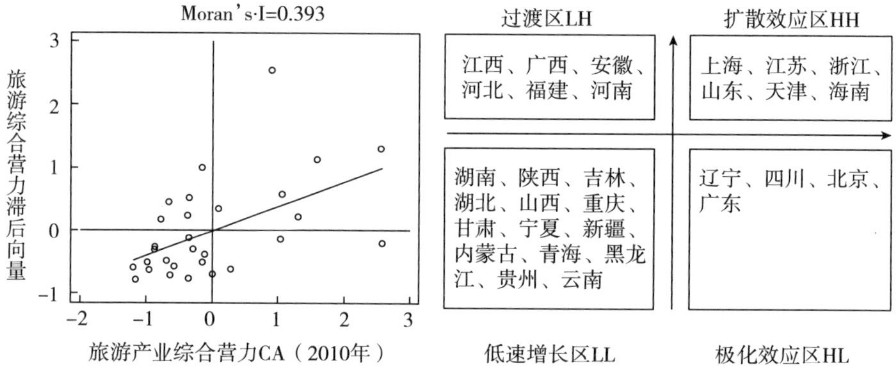

（b）2010年内地旅游产业综合营力莫兰散点图

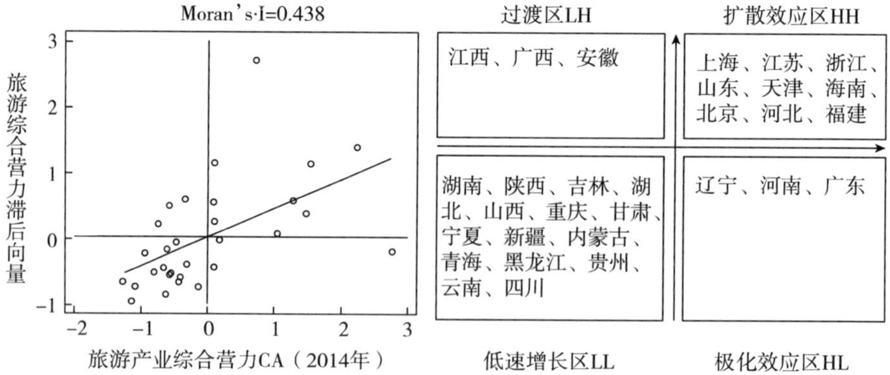

（c）2014年内地旅游产业综合营力莫兰散点图

图6－2　2005～2014年我国内地旅游产业综合营力莫兰散点图

具体而言，从各区域的时序演化趋势来看：

（1）高值集聚区中的上海、江苏、浙江、山东、天津、海南这6个省市在旅游综合营力空间演化方面的稳定性较高,样本期内始终处于 HH 的集合中。虽然北京和福建在 2010 年时脱离了扩散效应区,分别归属在极化效应区和过渡区,但它们于 2014 年时又重新回到高值集聚区的行列。还需注意到的是,此前旅游综合营力水平一直发展缓慢的河北省(LH 区),近年来在京津冀经济圈的协同带动下,着力强化在旅游交通网络、生态环境保护、现代服务升级等方面的一体化建设,积极与首都核心增长极相对接,不断在旅游产业上寻求错位发展、功能互补、相辅相成的发展路径,从而在旅游服务产业的联动互融上实现了综合实力的大幅提升,在 2014 年成功进入扩散效应区的阵营。

(2)就低速增长区(LL)而言,湖南、陕西、吉林、湖北、山西、重庆、甘肃、宁夏、新疆、内蒙古、青海、黑龙江、贵州、云南的演化态势在考察期内并未发生任何变化,始终处于低值集聚区内,说明这些中西部地区的旅游产业综合营力水平普遍较弱,缺乏与高值区域的关联互动及有力引领,在基础支撑力、发展保障力、规模扩张力、市场消费力、资源承载力等方面长期处于劣势地位,与长江下游区域形成了较为鲜明的层级反差。此外,在 2005~2010 年间一直处于极化效应区的四川,虽然当时在西部区域中具有明显的旅游产业综合营力比较优势,但却无法发挥其核心增长极的辐射作用,未能带动周边地区旅游综合营力的显著增强,旅游经济的外溢效应不明显,一直以来处于孤立发展的状态中,特别在旅游产业发展全域化、协同化、多极化的今天,这种模式显然不能适应新时代的变革步伐和发展要求,最终在 2014 年跌落至旅游综合营力低速增长区内。

(3)在十年的演变过程中,过渡区(LH)经历了由扩大到缩减的发展趋势,从而表明局部空间的异质性正趋于弱化。2005 年的 LH 区主要由江西、广西、安徽、河北所构成;而 2010 年在此基础上又增加了福建和河南,共计 6 个地区;至 2014 年,LH 区中的样本数量削减到 3 个,分别是江西、广西和安徽。此前的河北、河南以及福建通过不断强化区域间的资源整合,大力引导同类型旅游产品集聚,尤其在空间联动方面,河北和河南两省以区域无障碍旅游体系共建的方式,主动对接环京津、环渤海经济区,并且积极融入中原协作区,从而有效地实现了旅游整体实力的奋力赶超。同时,福建地区也以海西经济区为发展平台,致力于推进区域间旅游经济一体化、贸易往来自由化、资源配置市场化、服务产业高级化、国家新型城镇化等战略,在 2014 年又重新回到旅游综合营力高值集聚区的区域。

(4)2005 年极化效应区(HL)总共包括 4 个省份(辽宁、河南、四川、广东);2010年河南省被北京所替代,进入了LH区;2014年极化效应区的数量规模有所缩减,仅涵盖了辽宁、河南、广东。从样本的演化特征来看,只有辽宁、广东在该区域中的表现相对稳定,长期处于旅游综合营力高低集聚(HL)的极化状态。同时也说明珠江三角洲的广东、东北经济区的辽宁、中原经济带的河南在各自区域中的旅游示范引领作用没有得到有效体现,这些高值地区的先进经验和行业技术不但未能促进邻近省份综合发展实力的提升,反而由于人才、资本等生产要素的空间回流,对周边旅游业形成了虹吸效应,导致区域间的旅游综合营力差距被不断拉大。

2. LISA 集聚图分析

根据2005年、2010年、2014年三个代表时段的旅游综合营力指数,验证分析我国局部地区旅游营力的地理分布格局。

首先,2005年地域自相关性显著的区域主要包括三种格局类型,即高高集聚(HH)、低低集聚(LL)和高低集聚(HL)。在HH的类型中,上海、江苏、福建的地域依赖性极为显著,这些省市主要分布在我国东部,以长江下游为中轴向南北两边扩散。该区域借助其旅游品牌提升战略、区域旅游融合战略、精品线路倍增战略、产业改革创新战略的多措并举,切实围绕现代化的旅游经济体系构建以及人性化的基础服务设施打造,有效地增强了旅游产业的协同效应,使整体区域的旅游综合营力水平较之前得到了显著的提高;而低值集聚区(LL)的分布面积很广,占据了我国西北部大片地区,主要沿内蒙古—陕西—宁夏—甘肃—新疆五地依次蔓延,表现出了鲜明的带状分布结构;高低相邻的显著型区域只有四川,由于其周边西部省份的旅游经济水平和产业发展进程较为滞后,从而使四川成为该地区旅游综合营力的相对高地。

其次,旅游综合营力显著的三类空间集聚格局并未发生实质性的改变,只是低速增长区LL和效应扩散区HH的空间范围较之前有所收缩。具体而言,HH区中仅剩下上海、江苏呈高值显著状态;内蒙古、甘肃、陕西仍然停留在旅游产业竞争乏力的梯度层级中;四川的极化地位依旧持续。通过纵向对比不难发现,旅游产业综合营力的空间集聚程度在2010年时有所减弱,区域分布的随机性不断增强,空间差异逐渐加大。

最后,旅游综合营力的区域分异格局由以前的三种集聚类型演变为2014年的两种,并呈现出高低分化的"马太效应"特征,即高值邻聚和低值连延的趋势。福建省于2014年又重新回到高值显著区域的行列,因而扩散效应区在整体上形成了两核带动(以上海和江苏为代表的长三角和以福建为主体的海西经济区)、互促共进的局面;我国西部绝大部分区域依旧徘徊在旅游综合营力水平的低洼地带,其生产力滞后、基础建设薄弱、经济水平低下、生态环境脆弱等客观问题长期以来一直是束缚广大西部地区旅游综合实力得以有效改善的主要掣肘,同时又由于西部区域彼此间的旅游产业协同性不强、产业关联度不足,最终在2010年的水平(陕、甘、内蒙古)基础上再次增加了川、青、新三个省份,因而造成了旅游综合营力低值集聚区域的扩散蔓延。

3. 旅游综合营力冷热点区域格局演化分析

一般而言,全局空间关联分析往往难以有效地揭示出局部的不稳定性,导致反常的局部区域特征被掩盖。因此,引入局部空间关联指数可使上述问题得到充分解决。旅游综合营力冷、热点地区的空间差异特征可以通过计算局部空间关联指数(Getis – Ord G_i^*)予以识别,在此基础上再运用 Jenks 的自然断点分类法,结合空间定位可视化技术,根据各样本单元 G_i^* 统计值的高低顺序,在地图上呈现出我国内地旅游综合营力由热点到冷点的四类区域,通过比较 2005 年(研究期初)和 2014 年(研究期末)两个年份,可有效地把握我国内地旅游综合营力冷、热点区域的演变过程。

首先,就 2005 年我国内地旅游综合营力冷、热点区域格局而言,在数量分布方面,热点及次热点区域总共涉及 12 个省市,占全国区域样本比重的 40%,分别是以上海、江苏、福建、海南为代表的东部旅游综合营力热点地区以及以北京、天津、安徽、山东、广西、江西、河北、浙江为主体的中东部次热点区域;相反,次冷点与冷点的省域总数为 18 个,占总样本数量比例的 60%,这些区域大多分布在中西部和东北部,因此我国内地旅游产业整体上还是以旅游综合营力冷点区域为主,依然存在较大的提升改善空间。此外,在空间结构方面,热冷点区域的地理分布显现出了典型的梯度层级分化特征,并由东向西依次蔓延。其中热点地区是以长江下游经济带为轴心,同时向南北两边扩散,最终形成了以长三角经济区、海西经济区、海南国际旅游岛为三大支柱核心的旅游综合营力热点区域,它们在区域旅游产业的带动引领上扮演着重要的先锋示范作用;而旅游综合营力次热点则集聚在环渤海湾经济区、长江中下游地区以及西南沿岸的广西壮族自治区,这些区域往往具备相对完善的旅游基础设施和丰富的产业优势资源,并且紧密地围绕在热点省市的周围,构成了第二阶梯度;次冷点地区大致分布在我国东北三省、中部经济区以及西南部延边区域，构成了冷点与次热点区域间的一道阻隔屏障；旅游综合营力冷点区域的分布面积则相对较大，主要以我国中部为轴心同时向西、北两方扩散蔓延。

其次，就 2014 年中国旅游综合营力冷热点区域格局而言，在数量分布方面，热点与次热点省（市/区）域共达到十个，占全部地区样本比例的 33.33%。较 2005 年时缩减了两个地区，其具体变化是广西、北京从次热点区域退化为次冷点的梯队中，而其余区域的数量及分布格局与 2005 年相一致，基本维持不变；次冷点与冷点区域的总数为 20 个，占全体总数的 66.67%，较 2005 年时覆盖范围有所扩大。具体而言，虽然次冷点区域则由之前的 10 个减少至 8 个（由南向北的省份顺序依次为广西、广东、湖南、河南、山西、北京、辽宁、吉林），但相对于次冷点的缩减，冷点区域却表现出了扩张的态势，由最初的 8 个样本增加至 12 个（云南、贵州、重庆、黑龙江从最初的次冷点区域转变为冷点区域）。由此看来，我国内地旅游产业综合营力的冷态化趋势正逐步加剧蔓延，应引起关注。在结构变迁方面，热点区域的演化表现较为稳健，东南沿海地区始终是我国内地旅游综合营力的热点区域；而次热点区域则围绕长三角经济区，以江苏、上海为重心，逐渐向东部沿岸收缩靠拢；次冷点区域也显现出了强烈的收敛态势，主要集中在我国南部、中部及东北部，呈块状分布格局；冷点省份主要遍布于我国中西部和东北部广大地区，涵盖面积大，涉及数量多，这些区域往往受到地理区位环境、基础设施建设、经济发展条件、旅游要素禀赋等因素的限制，优质的旅游资源优势无法得到有效转化和充分释放，尤其是经济效益、生态效益、社会效益水平依然较低，并且难以实现综合效益的协调统一，如何摆脱冷点区域逐渐蔓延的艰难困境，促进冷点区域旅游综合实力的提质升温将是未来发展的重要研究方向。

三、旅游营力系统耦合协调的空间探索性分析

本节将我国内地旅游产业营力系统的耦合协调程度作为研究对象，从地域依赖性的层面，通过全域莫兰指数、局域莫兰指数、局部关联系数（G_i^*）等空间相关分析，重点研究旅游营力系统的耦合协调度在我国空间上的分布特征以及演变规律，这对指导我国内地旅游产业营力系统的协调发展具有重要的现实意义。

第六章 我国内地旅游产业效率与旅游营力空间分异演化分析

(一) 全域空间自相关

以 2005~2014 年间我国内地旅游营力系统的耦合协调度指数作为基础数据,利用 Stata 12.0 软件对各年份的全域莫兰统计量进行了逐一测算(结果详见表 6-4),进而深入探研我国内地旅游营力系统间的耦合协调情况及其时空演进规律。

表 6-4 2005~2014 年间我国内地旅游营力系统耦合协调力全域莫兰指数

年份	Moran's I	Z 值	P 值	年份	Moran's I	Z 值	P 值
2005	0.3410	3.0890	0.0020	2010	0.3190	2.9220	0.0030
2006	0.2880	2.6480	0.0080	2011	0.3300	3.0130	0.0030
2007	0.3450	3.1190	0.0020	2012	0.3490	3.1730	0.0020
2008	0.3100	2.8560	0.0040	2013	0.3410	3.1080	0.0020
2009	0.3130	2.8680	0.0040	2014	0.3350	3.0540	0.0020

注:双尾检验。

通过观测 2005~2014 年间每个年份的 Z 值和 P 值不难看出,所有的全域莫兰指数都通过了 5% 水平下的显著性检验 ($Z>1.96$ 或 $P<0.05$)。全域莫兰指数在样本考察期内均为正数,且表现出了小幅震荡的变化趋势,其波动范围维持在 0.288~0.349。一方面,这说明了旅游营力系统耦合协调力的整体空间集聚特征明显,样本区域并非随机分布,其十年间的空间依赖性演化程度相对稳定;另一方面,也表明耦合协调力具有空间正向关联特征,即高值与高值地区的相邻而聚,低值与低值地区的对接而连。但是,耦合协调力的具体分异格局如何?集聚区域存在哪种分布形态?对于上述问题,还需对其进行局部空间相关性分析后,才能得到更为深入的解释。

(二) 局域空间自相关

1. 莫兰散点图分析

本节选取 2005 年、2010 年、2014 年作为研究初期、中期、末期的三个代表性年份,利用 Open-GeoDa1.2.0 软件,采用车式(Rook)邻接空间矩阵,绘制出全国旅游营力系统耦合协调力指数的空间散点图，同时对图中的所有样本散点进行逐一辨认，并将各样本省市名称标注在其右侧相应的特征效应象限内。通过莫兰散点图可准确地反映出我国内地30个样本省份（市/区）与其相邻地区之间在营力系统耦合方面的空间互动关联情况，具体结果详见图6-3。

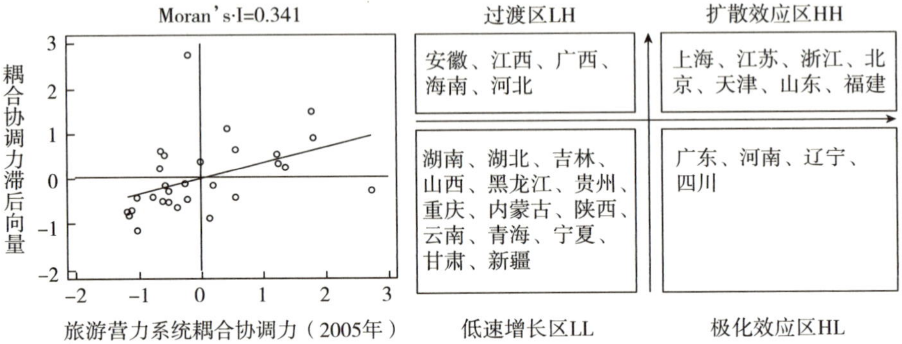

（a）2005年内地旅游营力系统耦合协调力莫兰散点图

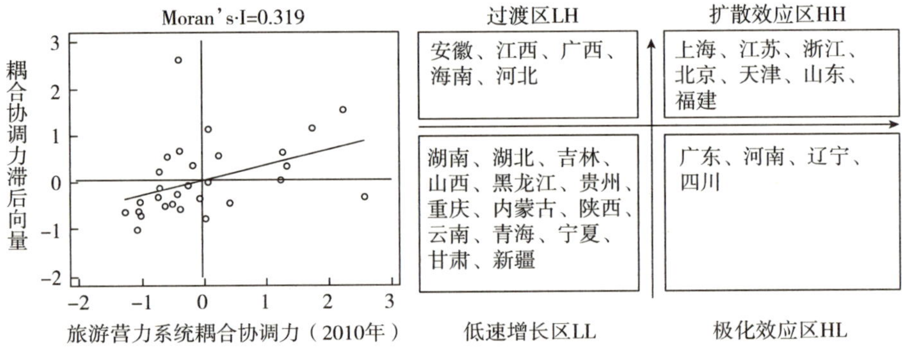

（b）2010年内地旅游营力系统耦合协调力莫兰散点图

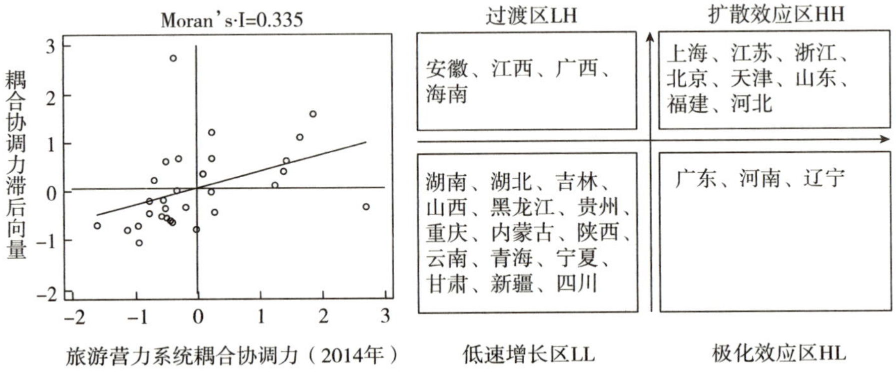

（c）2014年内地旅游营力系统耦合协调力莫兰散点图

图6-3 2005～2014年我国内地旅游营力系统耦合协调力莫兰散点图

第六章 我国内地旅游产业效率与旅游营力空间分异演化分析

首先,就三个时期的省域分布特征而言,耦合协调力的扩散效应区(HH)和低速增长区(LL)的省份数量要明显高于过渡区(LH)和极化效应区(HL)的样本总数之和,这充分说明我国内地旅游营力系统耦合协调力在地域分布态势上始终是以正向的关联趋势为主,而且这种正向关联特征在研究期间一直处于平稳状态。与扩散效应区(HH)的样本数量相比,低速增长区(LL)中的地理单元占据了绝大多数比率,从而构成了庞大的系统耦合协调力低值集聚区。虽然在 2005~2014 年间我国内地旅游经济得到了较快的增长,但是从系统耦合协调力发展方面来看,一直是以低速增长、低值集聚为主导的空间结构特征,从而说明在未来我国内地旅游产业的发展中,各类营力间的系统耦合协调性还需得到重视强化。

其次,就 2005 年系统耦合协调力的空间分异特征而言,高值集聚区(HH)内所分布的省份都集聚于东部沿海发达地区,分别是以上海、江苏、浙江为代表的长三角区域,以北京、天津、山东为中心的环渤海湾经济区和以福建省为主体的海西经济区,共计 7 个省市,占全国样本比例的 23.33%。这些区域的旅游营力系统表现出了相对较高的耦合协调性以及空间集聚性,它们通过强化彼此间的关联互动能力,积极融入到旅游全域化发展的格局中来,取长补短、各展所长、相得益彰,在空间溢出效应的作用下,这既带动补齐了各地区自身相应的系统发展短板,又促进了区域间旅游综合实力的协同提升。低值集聚区(LL)所涉及的地域单元数量相对最多,总共涵盖了 14 个省(市/区),占全国区域样本总量的 46.67%。其空间分布主要是以中西部广大地区为主,具体包括:中部的湖南、湖北、吉林、山西、黑龙江以及西部的贵州、重庆、内蒙古、陕西、云南、青海、宁夏、甘肃、新疆。这些区域的系统耦合协调力相对较弱,在旅游相关产业、旅游消费环境以及基础支撑条件等方面的发展极不平衡,其旅游营力体系存在较大的薄弱环节和漏洞短板,需要根据各自区域相应的具体问题审时度势、精准施策;而第二象限所代表的是过渡区(LH),该区域所属省份的系统耦合协调力都比较低,但周边毗邻地区的耦合协调水平却相对较高,因而过渡区被耦合协调力高值集聚区域所包围,所以在局部区域内形成了高低相衬的分异格局特征。过渡区的样本数量仅有安徽、江西、广西、海南、河北 5 个省份,占比较小,仅为 16.67%。这类省份亟须借助周边发达地区的带动辐射优势,整合要素资源、提升产业效率,在旅游产业的区域合作中,拉长板、补短板,不断优化自身营力体系间的耦合协调效应,力争在旅游经济发达地区的引领下实现系统耦合协调的奋起赶超。广东、河南、辽宁、四川则属于极化效应区，这些区域的系统耦合协调力水平较高，但其周边邻接省域的水平却普遍较低，这说明极化效应地区较高的耦合协调力优势并未有效地向周围扩散外溢，地理单元间缺乏互动关联性，从而在局部区域中形成了高低搭配的经济孤岛。

再次，从2010年旅游营力系统耦合协调力的样本结构来看，四类区域的样本分布格局与2005年的相一致，演化趋势表现得极为稳定。通过对比2005年与2010年的莫兰散点位置，可以发现总体分布结构的变化特征不明显，只是样本的落点存在细微差别，而且全域莫兰指数由2005年的0.341略微缩减至2010年的0.319，这说明我国内地旅游产业系统耦合协调力的空间集聚程度以及研究期前五年的变化幅度基本维持原状。

最后，从2014年我国内地旅游营力系统耦合协调力的空间结构变迁来看，高值集聚区（HH）的样本规模有所扩大，具体的变化表现是在2010年的基础上又新增添了河北省，使HH区中的单元总数增至8个，占比约为26.67%。"十二五"期间，河北省持续加大对旅游产业基础设施建设的投入力度，通过积极优化旅游产业功能布局，强化产业配套体系，主动融入"环京津休闲旅游产业带"，并在京津冀协同发展的政策驱动下，实现了耦合协调力的有效提升，成功地摆脱了此前长期处于过渡区的劣势局面。对于低值集聚区（LL）而言，2014年的样本数量也较2010年时有所扩大，唯一的变化是四川省由2010年的极化效应区滑落至低速增长区内。这表明一直以来作为我国西部旅游经济高地的四川省，其核心增长极的引领作用未能得到充分发挥和体现，在旅游营力系统间的耦合协调发展方面呈现出下滑趋势。由于河北省在耦合协调力增长上的突出表现，随之进入扩散效应区（HH）后，过渡区的规模则较此前表现出了萎缩态势，削减至4个地区，但其余省份依然保持稳定。从数量上来看，极化效应区和扩散效应区的演化趋势相类似，共同表现为小幅缩减的态势，同时也充分说明了地域间的异质性程度正趋于收敛。

2. LISA集聚图分析

虽然莫兰散点图能够清晰地反映出各省（市/区）旅游营力系统耦合协调性的空间分布关联特征，但并非所有的地区互动模式都是呈地域自相关性显著的，只有通过了显著性检验的空间关联模式才可能对耦合协调力的空间演化格局产生较大程度的影响作用。因此，为有效识别出地域关联性特征显著的地区，在结合局域莫兰指数的基础上，继续选取了上述三个代表性的研究时段（2005年、

2010年、2014年）做分析，这为有效分析耦合协调力的空间演化特征提供了更加深入而翔实的实证参考依据。

首先，从高值集聚的显著性区域（HH）来看，在研究期的三个年份中，系统耦合协调力高值区域的演化状态非常稳定，具有一定的路径依赖性。其分布结构始终集聚锁定在以上海、江苏为代表的"长三角经济带"和以福建省为核心的"海西经济圈"两大区块内，这些区域经济发达、人口稠密，社会服务体系完备，具备优越的旅游产业要素和经济发展条件，这为旅游产业营力系统的全面协调耦合提供了良好的发展平台。此外，根据此前对旅游产业技术效率和旅游综合营力的分析结果表明，这些区域的旅游综合营力和技术效率水平都处于高高集聚的热点状态，与系统耦合协调力的高值分布态势完全一致。从某种程度上可有力说明，对于旅游这种关联融合性极强的综合型产业而言，系统耦合协调力的提升必然会促进旅游产业综合实力的有效增强以及技术效率的空间外溢。

其次，从低值集聚的显著性区域（LL）来看，在结构变迁方面，低值集聚区的整体规模呈现出先小幅萎缩、再逐渐蔓延的态势，这些区域主要分布在我国西北部地区，呈现出由西北向西南方连片蔓延的格局。2005~2014年间，LL类型中内蒙古、新疆、甘肃、陕西的演变趋势较为稳定，始终锁定在耦合协调力低值集聚的显著区域，十年间难以摆脱其旅游产业发展体系不协调的尴尬处境。然而四川和宁夏的变化程度则相对明显，具体而言，"十一五"期间四川省的耦合协调力较强，一直处于西部区域中显著突出的地位，然而在"十二五"期间，其耦合协调力的带动效应不但没能得到有效释放，反而自身的实力水平也明显受到削弱退减，从原先的高低集聚（HL）跃迁为低值集聚（LL）的状态。地处我国西部黄河上游的宁夏回族自治区，虽然在2010年时由低值集聚（LL）的显著转变为不显著区域，但于2014年又重新回归至初始时的低低显著状态，这说明宁夏旅游产业体系的协调发展困境依然长期存在。

最后，就整体而言，我国内地旅游营力系统间的耦合协调力普遍不足、整体实力偏弱，缺乏空间较大程度的高值示范带动效应。东强西弱的二元分布结构愈发显著，同时其低值集聚区的扩散范围呈现出逐步蔓延的态势。因此，当前区域间不平衡、不协调、不充分的状态依然制约着我国内地旅游产业经济的全面转型升级。

3. 旅游营力系统的耦合协调力冷热点格局演化分析

为使系统耦合协调力的空间分异特征得到更好的诠释，故采用局部空间关联系数 Getis–Ord G_i^*，对系统耦合协调力进行区域冷热点层级识别，并采用 Jenks 的自然断点分类法，对我国内地的 30 个样本地区进行划分，总共分为热点、次热点、次冷点、冷点四类层级，同时通过对比 2005 年（研究初期）和 2014 年（研究末期）的耦合协调力冷热点区域分布，以充分掌握我国耦合协调力冷热点区域的时空跃迁格局。

首先，就耦合协调力热点地区而言，其空间内的互动演化态势最为活跃。具体来看，研究初期（2005 年）时，该区域中的省市主要集中分布在我国东南沿海发达地区，具体包括上海、江苏、福建和海南；而 2014 年时，系统耦合协调力的热点区域得到了有效扩散蔓延，在上述四个省市的基础上新增加了浙江、江西和安徽，由原来的 4 个区域上升至 7 个地区。在动态演化趋势上，热点区域的空间集聚态势愈发显现，表现为由东南沿海向中部内陆逐步推移延伸的趋势。

其次，就次热点地区而言，该区域在 2005 年时主要由北京、天津、河北、山东、浙江、江西、安徽和广西 8 个省（区、市）所构成，集中分布在环渤海湾经济区、长江中下游经济区以及西南沿海地区三大板块。至 2014 年时，随着河南、湖南在系统耦合协调力上的改善（分别由之前的次冷点区域转变为次热点区域）以及浙江、江西、安徽的热点升温（退出了次热点的行列转而进入热点的阵营），因而在空间格局的分布演化方面使次热点的重心向中部偏移，呈现出环绕热点区域的南北合围态势。

再次，就次冷点地区而言，冷点区域的样本规模始终是四类区域中最为庞大的，但在研究期末，其数量有所萎缩，从 2005 年的 11 个省市削减为 2014 年的 9 个省市。在研究期前、末的两个年份中，未发生跃迁演化的地区依次为：黑龙江、吉林、辽宁、山西、湖北、重庆、云南、广东和贵州，这些区域在旅游产业营力系统的耦合协调性方面一直处于初始较低水平，因此仍需不断补齐自身的发展短板，优化旅游产业营力结构体系，在区域间的经验学习与合作共赢中获得全面协调发展的动力来源。从冷点区域的演化结构来看，2005 年主要分布于东北部、中部及西南部三大板块，显现出连片蔓延的态势；至 2014 年，由于受到中部省份热点升温的挤出效应影响，次冷点区域的重心逐渐向西部边缘转移，其范围有所萎缩。这充分表明，十年间我国中部地区旅游产业的内部协调性在一定程度上得到了改善，通过积极融入长三角经济圈，着力完善旅游配套产业体系，从而带动了长江中游省份耦合协调力的不断增强，空间扩散效应愈发显现。

最后，就冷点地区而言，2005 年与 2014 年在样本数量变化及空间结构演化方面相对稳定,主要由内蒙古、四川、宁夏、新疆、甘肃、陕西、青海西部共7个省(自治区)域构成,分布范围广泛,占据了全国绝大部分面积。这些区域在耦合协调力方面表现较差,旅游产业内部体系间的发展极不平衡,缺乏相关健全的配套产业支持和基础设施条件,另外在区域间旅游产业的协同发展方面也较为滞缓,以至于很难摆脱长期处于耦合协调力冷点区域的窘境。同时根据之前章节关于"旅游营力体系模型"的研究结论表明,西部省份在旅游营力体系中的基础支撑力与市场消费潜力等方面相对薄弱,因此这些区域亟待针对现状突出问题,积极抢抓"一带一路"倡议和长江经济带发展战略的重大机遇,逐步构建包容普惠的旅游发展机制,为全面提升旅游产业经济实力、有效实现旅游产业营力体系的协调发展而不断努力。

第四节 本章小结

本章节以地域依赖性为研究视角,通过运用全域莫兰指数、局域莫兰指数以及 Getis – OrdG$_i^*$ 系数等空间实证方法,从空间结构演化以及区域类型跃迁的层面,依次对 2005~2014 年间我国内地旅游产业的技术效率、综合营力以及耦合协调力三个经济维度进行了空间探索性分析,并得出以下相关结论:

首先,在全域空间自相关的研究方面,2005~2014 年间我国内地旅游产业在技术效率、综合营力以及耦合协调力这三个指标上都表现出了正向的空间自相关性。考察期的十年间,除了 2009 年旅游产业技术效率的全域莫兰指数不显著外,其余指标均通过了 5% 水平下的显著性检验。此外,在全域莫兰指数的动态趋势方面,技术效率和综合营力整体上是以波动攀升的趋势为主,而耦合协调力则表现出小幅震荡的态势,但变化幅度并不明显。这充分说明我国内地旅游产业的技术效率、综合营力以及耦合协调力在地域分布上呈现出了显著的空间关联格局,而且其地域集聚的演化趋势效应正逐步得到强化。

其次,在莫兰散点图的样本分异研究方面,对于技术效率、综合营力以及耦合协调力而言,整体发展趋势较为相似。绝大多数的样本单元主要集中在扩散效应区(HH)和低速增长区(LL)内,而且以低速增长区的省域数量居多。在地理分布上,扩散效应区的样本单元主要来自东部沿海以及长江中下游发达地区,而低速增长区则位于我国西部以及东北部,这些区域与长三角经济圈等高值集聚区形成了"东强西弱"的梯度分化格局,从而说明我国内地旅游产业的二元结构特征依然明显,低值集聚区由于受到资源条件、生产要素、地理环境、基础设施等多重发展因素的制约限制,缺乏产业空间上的互联、互通、互动,因而导致旅游经济的外溢程度较低,始终难以实现向高值集聚转变的空间跃迁,旅游产业的马太效应特征尤为明显,而且低值集聚区域内的样本数量呈现出扩张的态势。

再次,在 LISA 集聚图的地区显著性研究方面,旅游产业技术效率、旅游综合营力以及耦合协调力在空间分布的显著性上均显现出了高值集聚 HH、低值集聚 LL 和高低集聚 HL 三类并存的现象,其中以低值集聚区内的省份数量占据绝大比例。这说明我国内地旅游产业在整体效率水平以及综合发展实力上仍留有较大的提升赶超空间,突出问题主要体现在区域自身的旅游营力体系结构性失衡以及区域之间的旅游产业协同发展性失调,这给高值区域的空间外溢造成了抑制和阻碍。根据 LISA 集聚图的定位结果显示,低值效应集聚区大体分布在我国中西部和东北部地区,形成了我国内地旅游产业经济发展的相对低洼地带,而高值效应集聚区主要分布在长江三角洲经济区、环渤海湾经济区以及东南沿海经济带。具体而言,我国内地旅游产业技术效率的空间跃迁特征较为突出且格局变化相对明显。这是因为京津冀高值集聚区的显著性并不稳定,在旅游产业的发展变革中,北京与天津、河北的技术效率差距逐步拉大,由此可见,"京津冀区域一体化"在旅游产业技术效率的层面上并未充分形成,其原有的地域关联显著性优势正在不断丧失,该结论与李凌雁等(2016)的观点一致。同时,旅游产业技术效率高值集聚区域的重心也逐步沿首都经济圈、东部沿海向长江中游城市群转移;综合营力以及耦合协调力的空间演化较为稳定且非常相似,十年间高值核心区域始终锁定在以上海、江苏为代表的长三角和以福建为主体的海西经济区内,然而与高值集聚区的演化稳态性相比,低值集聚区域的空间范围却表现出逐步扩大蔓延的趋势。

最后,就我国内地旅游产业冷、热点地区的演化趋势而言,不论是在旅游技术效率方面还是综合营力及耦合协调力方面都表现出了典型的"核心-边缘"格局特征,且梯度层级性明显。具体而言:①2005 年时技术效率的热点群落主要遍布于我国的东南沿海,并向中部区域汇集,形成了以长江中下游地区为核心的圈层结构,但经过十年的演变,热点区域有所萎缩,大部分热点地区都顺延着我国东部黄金海岸分布在长三角和珠三角的圈层内;而冷点区域范围则由 2005

年东北、西北的两地分隔局面演化成为北部连片蔓延的块状形态,这些区域与东南沿海形成了鲜明的冷热分化反差格局。②在旅游综合营力冷热点的地域分布方面,则显现出了典型的梯度层级分化特征,并由东向西依次蔓延。在样本期的冷热点空间结构跃迁方面,热点地区表现得较为稳定,始终以长江下游经济带为轴心,同时向南北两边扩散,最终形成了以长三角经济区、海西经济区、海南省国际旅游岛为旅游综合营力的热点核心区域,它们在旅游产业发展优势的带动引领上发挥着重要的先锋作用;冷点省份主要遍布于我国中西部和东北部广大地区,而且我国内地旅游综合营力的冷态化趋势正逐步加剧蔓延,应引起我们关注。③系统耦合协调力的热点区域空间集聚态势愈发显现,表现为由东南沿海向中部内陆逐步推移延伸的趋势;而冷点区域的空间格局相对稳定,具体由内蒙古、四川、宁夏、新疆、甘肃、陕西、青海共计7个西部省(自治区)域构成,分布范围广泛,占据了全国绝大部分面积。虽然随着我国内地旅游产业的不断发展,西部众多区域在基础设施、环境保护、旅游规模等方面都得到了一定程度上的强化提升,但我国西部在旅游营力系统耦合方面依然与长江下游区域存有巨大差距,旅游经济发展滞后的西弱格局并未成功摆脱。因此,平衡区域旅游发展差距、统筹旅游营力体系结构必将是促进未来我国内地旅游产业迈向全面协调发展的有效路径。

第七章 旅游营力系统及其耦合协调对我国内地旅游产业效率的空间影响效应实证分析

经过第六章节的空间探索性分析发现，由于旅游产业效率、旅游综合营力、系统耦合协调力三个关键变量具有显著的空间自相关性，因此在检验旅游营力系统及其耦合协调对旅游产业效率的因果关系时，普通 OLS 法的估计量将会导致严重的偏误，本章节将在第四、第五章测算所得相关数据的基础上，通过引入空间计量模型，以期精准把握旅游营力系统及其耦合协调对旅游产业效率的空间影响效应。

第一节 问题提出

如今，区域间旅游产业效率发展的不平衡、不充分现象依然突出，旅游经济发展质量及效率将是推动我国内地旅游产业向现代化转型跨越的全新目标。通过对经济增长效率进行测算后发现，样本期内（2005~2014年）我国内地旅游经济的快速增长属于典型的要素驱动型模式，旅游产业的发展路径亟待变革创新。那么如何才能有效地推动我国内地旅游产业整体效率水平的全面升级，并促进生产技术效率的空间扩散？

一方面，就区域旅游产业营力系统发展水平而言，各类旅游营力[①]的提升可

[①] 各类旅游营力：主要是以第五章节的研究成果为基础，将旅游产业营力体系分为基础支撑力、发展保障力、规模扩张力、市场消费力、生态承载力。

否显著地激发旅游产业效率的增长活力？由于旅游产业具有综合性、关联性、外部性和协同性等特征，那么通过优化旅游营力体系间的耦合协调度，能否增进旅游产业综合附加值的有效彰显？这些问题的厘清将有助于我国内地旅游产业在提质增效的改革过程中实现平稳转型。

另一方面，根据此前空间探索性分析的研究结论可知，旅游产业技术效率、旅游综合营力以及系统耦合协调力都存在显著的空间依赖性，那么就空间外部性而言，各类营力及其耦合协调力对旅游产业效率的影响机理是否也同样具有地域外溢效应？本地区的旅游产业效率是否也与邻边地区形成了空间上的关联互动或蔓延扩散？进而言之，哪些营力系统将会对我国内地旅游产业效率增长产生正向的空间共生效应①或反向的空间排他效应②？

上述问题的解答还将有助于从旅游营力系统耦合的空间视角出发，进一步揭示旅游产业效率的空间内生影响机理，为充分保障旅游全域化战略的顺利实施以及推动我国内地旅游产业效率的全面优化等方面提供了基础理论指导和实践创新依据。本章将采用空间计量模型，主要针对各类营力及其耦合协调力对旅游产效率的空间作用关系方面进行实证分析，以期有效把握上述变量的空间影响机制。

第二节 实证模型设定和变量来源说明

一、空间模型的构建

当被解释变量和解释变量存在显著的空间自相关性特征时，由于不满足地区样本的独立同分布假设条件，如果仍然采用传统的计量经济学 OLS 分析，将会导致模型的估计系数有偏差且无效。因此，通过构建空间权重矩阵，将地理单元分

---

① 旅游产业效率的空间共生效应：是指随着本地区某类旅游营力指标的提升（或恶化），不仅促进了自身区域旅游产业效率的增长（或下降），而且也带动了周边地区旅游产业效率的增长（或跌落）。

② 排他效应：又称为竞争效应，与共生效应相反，是指随着本地区某类旅游营力指标的提升（或恶化），虽然会促进本区旅游产业效率的提升（或下降），但与此同时也会导致周边地区旅游产业效率的下滑（或上升）。

布信息特征引入至空间回归模型中,可以实现对线性回归模型结果的修正改良,从而准确测算各类营力系统及其耦合协调力对旅游产业效率方面的空间影响效应关系。在研究变量与变量的空间作用关系时,较为常见的空间计量模型主要包括空间滞后模型(SLM)、空间误差模型(SEM)以及空间杜宾模型(SDM)三类形式。

(一)空间滞后模型

空间滞后模型适用于研究被解释变量的地域外溢或虹吸效应以及变量空间关联性的情况。其具体形式如下:

$$y_{it} = \rho \sum_{j=1}^{N} w_{ij} \cdot y_{jt} + \beta X'_{it} + u_i + \gamma_t + \varepsilon_{it} (i = 1, \cdots, n; t = 1, \cdots, T) \quad (7-1)$$

式7-1中,y_{it}表示研究模型中的被解释变量;ρ为空间的自回归系数,用于度量空间滞后项$W_{ij} \cdot y_{jt}$对y_{it}的影响效应;w_{ij}代表空间权重矩阵W的(i,j)元素;X'_{it}表示解释变量集合;$\beta = (\beta_1, \cdots, \beta_7)'$为解释变量的参数向量;$u_i$为空间固定效应;$\gamma_t$为时间固定效应;$\varepsilon_{it}$为服从独立分布的空间误差项。

(二)空间误差模型

若随机扰动项中存在空间自相关性特征,则空间误差模型(SEM)更适用于作为研究自变量对因变量的影响效用基准模型。其具体模型表达式如下:

$$y_{it} = \beta X'_{it} + u_i + \gamma_t + \varepsilon_{it}, \quad \varepsilon_{it} = \lambda m'_i \varepsilon_t + v_{it}, \quad (i = 1, \cdots, n; t = 1, \cdots, T) \quad (7-2)$$

式7-2中,m'_i为误差扰动项空间权重矩阵M的第i行;ε_{it}为随机误差向量;λ为空间误差系数;v_{it}代表随机误差项向量;其余参数向量与式7-1中相同。

(三)空间杜宾模型

由于因变量和自变量都有可能存在地域依赖性特征,如果被忽略,将会对模型变量的系数估值产生偏误。而空间杜宾模型能够有效地处理上述情况,在空间计量模型中更具一般性。其具体形式如下:

$$y_{it} = \rho \sum_{j=1}^{N} w_{ij} \cdot y_{jt} + \beta X'_{it} + \theta \sum_{j=1}^{N} w_{it} \cdot x_{jt} + u_i + \gamma_t + \varepsilon_{it} (i = 1, \cdots, N; t = 1, \cdots, T) \quad (7-3)$$

式7-3中，$w_{it} \cdot x_{jt}$表示解释变量的空间滞后项，主要反映的是解释变量的空间外溢性；θ则为自变量的空间交互系数向量，表示相邻地区的解释变量对本地区被解释变量的作用效应程度；其余变量含义均与式7-1、式7-2中相同。当θ=0且ρ≠0时，空间杜宾模型SDM则可以简化为空间滞后模型SLM；若θ+ρβ=0时，空间杜宾模型SDM则被简化为空间误差模型SEM；当ρ=θ=0时，则为普通面板数据模型。由此可见，相比其他形式模型而言，空间杜宾模型SDM则更符合现实应用的一般性。

（四）空间效应的分解

由于模型中的被解释变量、解释变量以及误差扰动项都存在空间交互作用，通过引入空间矩阵，使得回归系数包含了空间交互信息，导致内生效应和外生效应不能被独立区分，函数模型中参数的估计值也就无法准确地解释变量间的因果关系。因此，若直接将自变量的估计系数以及空间滞后项的估计系数视作对y_{it}的影响效应程度的话，这显然是不合理的。Lesage 和 Pace（2010）提出了平均指标法，通过对空间杜宾模型（式7-3）进行移项、求逆及偏微分运算，可得到直接效应和间接效应。可以将式7-3改写成矩阵的形式：

$$Y = [I - \rho W]^{-1}[X'\beta + WX'\theta] + [I - \rho W]^{-1}\varepsilon^* \tag{7-4}$$

式7-4中，Y表示$N \times 1$维的因变量向量；X'代表所有解释变量组成的$N \times K$维矩阵；ε^*是包含了截距和误差项的剩余项，其余变量含义同上。可将被解释变量Y对第K个解释变量在时期t求偏导，其矩阵表示如下：

$$\left[\frac{\partial Y_i}{\partial X_{1k}} \cdots \frac{\partial Y_i}{\partial X_{NK}}\right]_t = \begin{bmatrix} \frac{\partial Y_i}{\partial X_{1K}} & \cdots & \frac{\partial Y_i}{\partial X_{NK}} \\ \vdots & \ddots & \vdots \\ \frac{\partial Y_N}{\partial X_{1K}} & \cdots & \frac{\partial Y_N}{\partial X_{NK}} \end{bmatrix}$$

$$= (I - \rho W)^{-1} \begin{bmatrix} \beta_k & w_{12}\theta_k & \cdots & w_{1N}\theta_k \\ w_{21}\theta_k & \beta_k & \cdots & w_{2N}\theta_k \\ \vdots & \vdots & \ddots & \vdots \\ w_{N1}\theta_k & w_{N2}\theta_k & \cdots & \beta_k \end{bmatrix}_t \tag{7-5}$$

从式7-5右端偏导数矩阵中可以看出，某特定单位中的特定解释变量的变化不仅会改变这个单位自身的被解释变量,而且会改变其他单位的被解释变量。前一种改变称为直接效应,而后一种改变称为间接效应,即主对角线上的元素均值 β_k 主要反映的是本区域的自变量对因变量的平均直接影响效应;所有非主对角线的其他元素平均值则反映的是周边邻近区域的解释变量对本地区的被解释变量的平均间接影响效应;平均直接效应与平均间接效应的加总值则为平均总效应(王坤等,2016)。

(五) 实证模型的构建

为深入探究各类旅游营力系统及其耦合协调力对旅游产业效率的空间异质性影响,全面把握旅游营力系统性耦合对于旅游经济效率的贡献程度以及内生演化机理,同时考虑到因变量与自变量的外溢效应,故选择更具一般形式特征的空间面板杜宾模型作为本次研究的分析工具。本章节主要选取了旅游产业全要素生产率作为因变量,同时还进一步分析了各类营力对旅游产业技术效率的空间作用机制,以期为有效解释旅游产业效率的空间增长机理而提供实证依据。具体空间模型形式如下:

$$TFP_{it} = \rho \sum_{j=1}^{N} w_{ij} \cdot TFP_{jt} + \beta_1 Coupl_{it} + \beta_2 w_{it} \cdot Coupl_{jt} + \theta X' + \varphi \sum_{j=1}^{N} w_{it} \cdot x_{jt} + u_i + \gamma_t + \varepsilon_{it} (i = 1, \cdots, N; t = 1, \cdots, T) \tag{7-6}$$

$$TE_{it} = \rho \sum_{j=1}^{N} w_{ij} \cdot TE_{jt} + \beta_1 \cdot Coupl_{it} + \beta_2 w_{it} \cdot Coupl_{jt} + \theta X' + \varphi \sum_{j=1}^{N} w_{it} \cdot x_{jt} + u_i + \gamma_t + \varepsilon_{it} (i = 1, \cdots, N; t = 1, \cdots, T) \tag{7-7}$$

式 7-6 和式 7-7 中,全要素生产率 TFP_{it}、技术效率 TE_{it} 分别代表研究模型中的被解释变量;ρ 为空间的自回归系数,主要用于度量空间滞后项 $W_{ij} \cdot y_{jt}$ 对因变量 y_{it} 的影响,即 y_{it} 的溢出效应;w_{ij} 代表空间权重矩阵 W 的(i,j)元素;$Coupl_{it}$ 所表示的是模型中的核心解释变量(即旅游营力系统的耦合协调力),β_1 是其回归系数参数向量;X'_{it} 表示控制变量集合,具体包括基础支撑力 $Infra_{it}$、发展保障力 $Devel_{it}$、规模扩张力 $Expan_{it}$、市场消费力 $Consu_{it}$、生态承载力 $Ecolo_{it}$;$\theta = (\theta_1, \cdots, \theta_6)'$ 为控制变量的参数向量;φ 为控制变量的空间溢出效应参数;u_i 为空间固定效应;γ_t 为时间固定效应;ε_{it} 表示服从独立分布的空间误差项。此外在空间权重矩阵的构建方面,依然延续上一章节的经验做法,采用二进制地理空间邻接矩阵,这也是最为直观且常用的方法。具体表述如下:

二进制空间邻接权重矩阵 W_1：

$$W_{ij} = \begin{cases} 1 & （若 i 与 j 相邻）\\ 0 & （若 i 与 j 不相邻）\end{cases} \qquad (7-8)$$

二、全要素生产率的水平值测算

在第四章节中利用随机生产前沿 SFA 对我国内地旅游产业效率的结构进行了分解研究，由于受到 SFA 方法的自身特点限制，无法获得各个样本区域逐年的 TFP 水平值，所测算的是全要素生产率变化率（即期间变化值 TFP），因此为获得样本期间内各空间单元全要素生产率 TFP_{it} 的水平值，本章借鉴张军和施少华（2003）、张浩然和农保中（2012）的做法，利用索洛残差法进行计算获得。根据全要素生产率的定义可知，TFP 是衡量生产单元的总投入与总产量相对关系的指标，即总产量与全部生产要素投入量之比（陈琳，2014）。根据此前对旅游产业生产函数模型的验证结果表明，可以将其设定为超越对数 Translog 的函数形式：

$$Y = A \cdot L^\alpha \cdot K^\beta \cdot L^{2\theta} \cdot K^{2\delta} \cdot (LK)^\varphi \qquad (7-9)$$

其中，Y、L、K 分别代表各样本单元的旅游产业总产出、劳动要素和资本存量的投入，同时假设投入要素间具有交互效应和二次效应，而 α、β、2θ、2δ、φ 分别是各要素项的产出弹性系数，根据第四章节的模型参数测算结果可知，其数值分别为 α = 2.258、β = -1.7605、2θ = -0.0030、2δ = 0.1054、φ = -0.1042，A 则表示旅游业全要素生产率，在古典经济学中也称为技术进步率，它是既定时期内旅游经济产出量与全部要素投入量之比，也是剔除了各类生产要素综合投入增长率的实际产出部分，其数学表达式如下：

$$TFP_{it} = \frac{Y_{it}}{L_{it}^\alpha \cdot K_{it}^\beta \cdot L_{it}^{2\theta} \cdot K_{it}^{2\delta} \cdot (L_{it} \cdot K_{it})^\varphi} \qquad (7-10)$$

为消除量纲影响，避免异方差而导致的数据稳健性问题，可对式 7-10 两边取对数，则函数化解为：

$$\ln TFP_{it} = \ln Y_{it} - \alpha \ln L_{it} - \beta \ln K_{it} - 2\theta \ln K_{it} - 2\delta \ln L_{it} - \varphi \ln L_{it} \cdot \ln K_{it} \qquad (7-11)$$

通过式 7-11 便可获得全要素生产率的水平值 TFP_{it}。

三、变量来源说明

本章选取 2005~2014 年间我国内地 30 个省区市①为研究样本,着重研究旅游产业效率与旅游营力系统耦合的空间外溢关系。在变量选择方面,分别将旅游产业的全要素生产率 TFP、技术效率 TE 作为被解释变量,基础支撑力（Infra）、发展保障力（Devel）、规模扩张力（Expan）、市场消费力（Consu）、生态承载力（Ecolo）、耦合协调力（Coupl）作为解释变量,这些变量数据均源自于先前相关章节的研究结果。具体而言,衡量我国内地旅游产业效率的变量是运用随机前沿法对旅游产业生产函数进行估计的基础上,再根据全要素生产率、技术效率的核算公式测算得到;而各类旅游营力是结合熵权法及 TOPSIS 法求得;耦合协调力是以五大旅游营力指数为基础,根据耦合协调力模型计算获得。

第三节 旅游产业全要素生产率层面的计量检验与结果分析

本小节主要将我国内地旅游产业整体效率作为被解释变量,重点研究各类旅游营力系统及其耦合协调力对旅游全要素生产率的内生影响机理以及空间外溢机制,以期有效把握我国内地旅游产业效率的增长机制及内涵。

一、全要素生产率的空间效应模型识别检验

由于旅游产业自身的"哑铃式"消费结构属性,其经济产出效率与旅游营力都表现出了较强的空间依赖性特征,因此,在研究各类营力系统及其耦合协调力对旅游产业效率的作用机制时,绝不能忽略空间自相关的因素影响,空间计量模型在很大程度上能够有效地避免因地域关联效应而导致的估计系数偏误的问题。然而,对于空间滞后模型、空间误差模型以及空间杜宾模型而言,哪种形式更适用于研究旅游营力系统及其系统耦合对全要素生产率的作用关系,还需要通

---

① 由于缺少中国香港、中国澳门、中国台湾以及西藏的相关统计数据,因此将省级层面的地域单元作为研究样本,总共选取了中国内地 30 个省（自治区/直辖市）,构建了 2005~2014 年间的面板数据集。

过瓦尔德检验（Wald）和似然比检验进行模型甄别。通过采用 Matlab 软件对检验过程予以实现，其计算结果详见表 7-1。

表 7-1　TFP 空间面板模型的 Wald 和 LR 检验结果

检验方法		旅游产业全要素生产率（TFP）	
		统计量	p 值
Wald Test	Wald – spatial Lag	40.8426	0.0000
	Wald – spatial Error	35.7990	0.0000
LR Test	LR – spatial Lag	42.4059	0.0000
	LR – spatial Error	39.0369	0.0000
	Hausman	66.0700	0.0000

检验结果表明，Wald – spatial Lag、LR – spatial Lag 的统计量分别为 40.8426 和 42.4059，而 Wald – spatial Error、LR – spatial Error 值依次是 35.7990、39.0369，这些统计量都通过了 1% 的显著性检验，共同拒绝了式 7-3 中 $H_0: \rho = 0$ 以及 $H_0: \theta + \rho\beta = 0$。这说明空间自相关性同时存在于因变量和误差扰动项中，所以 SLM 和 SEM 均被拒绝，而空间杜宾模型 SDM 作为研究旅游营力及其系统耦合对旅游产业效率影响机制的基准模型则更为适宜。此外，实证研究中所使用的数据集为省级空间面板数据，在关于固定效应或随机效应的模型鉴别方面，本研究通过空间（Hausman）检验加以判定，表 7-1 显示豪斯曼（Hausman）统计值在 1% 的水平下显著，从而进一步证明固定效应更为合适。为避免 OLS 对模型参数估计所引发的偏误问题，根据 Lee 和 Yu（2010）和 Elhorst（2014）的研究建议，故采用 Stata 12.0 软件，运用拟极大似然法（QMLE）对我国内地旅游产业全要素生产率的营力影响机制进行了实证检验。

二、我国内地旅游产业全要素生产率的空间杜宾模型结果分析

本小节采用 2005~2014 年间内地 30 个省级面板数据进行空间杜宾模型的固定效应参数估计。通过对空间 u_i、时间 γ_t 以及时空双项效应的依次控制，将空间杜宾模型划分为空间固定效应（模型 7.1）、时间固定效应（模型 7.2）以及时空固定效应（模型 7.3），具体结果详见表 7-2。

表7-2 旅游全要素生产率的空间面板杜宾模型 SPDM 估计结果

变量 (Variables)	(1) 空间固定效应 (Spatial fixed)	(2) 时间固定效应 (Time fixed)	(3) 时空固定效应 (Time spatial fixed)
Coupl	0.211***	0.172*	0.1750**
	(0.058)	(0.095)	(0.088)
Infra	0.653**	0.124	0.381
	(0.283)	(0.274)	(0.267)
Devel	1.062***	0.698***	1.223***
	(0.186)	(0.259)	(0.194)
Expan	0.298***	0.267***	0.310***
	(0.092)	(0.088)	(0.088)
Consu	1.027***	0.0818	1.029***
	(0.235)	(0.169)	(0.194)
Ecolo	-1.137***	-1.173***	-0.878***
	(0.182)	(0.276)	(0.238)
W*Coupl	0.488**	0.389*	0.368*
	(0.212)	(0.220)	(0.210)
W*Infra	1.118**	0.753	1.734***
	(0.550)	(0.535)	(0.440)
W*Devel	1.729***	0.144	0.929*
	(0.499)	(0.381)	(0.487)
W*Expan	-0.450***	-0.423***	-0.268**
	(0.141)	(0.121)	(0.127)
W*Consu	-1.021**	-0.0594	-0.536
	(0.432)	(0.388)	(0.546)
W*Ecolo	0.388	0.540	0.854
	(0.488)	(0.603)	(0.567)
rho ρ	0.158***	0.127*	0.160**
	(0.057)	(0.070)	(0.066)
Log-L	-367.6286	-377.0040	-399.5060
Observations	300	300	300
Adj. R-squared	0.602	0.586	0.539
Number of id	30	30	30

注：括号内为稳健标准误，***p<0.01，**p<0.05，*p<0.1。

第七章 旅游营力系统及其耦合协调对我国内地旅游产业效率的空间影响效应实证分析

(一) 最优解释模型及空间滞后系数分析

首先,通过分析比较表 7-2 中三种固定效应模型的对数似然值以及调整后的拟合优度系数后发现,空间固定效应 (Spatial-fixed) 杜宾模型的相应数值最为理想 (即 Log-L 和 Adj. R-squared 相对最高),因此选择空间固定效应的 SPDM 作为研究我国内地旅游产业全要素生产率 TFP 影响效应的最优解释模型。其次,从各类固定效应的估计系数来看,变量整体系数和显著性特征基本保持一致,从而反映出固定效应模型具备较强的稳健性,其经济学意义更为明确。最后,空间滞后回归系数 rho (ρ) 均显著为正,这表明旅游产业全要素生产率 TFP 存在显著的正向空间外溢效应,因此在研究旅游经济效率增长机制时,绝不能忽略空间关联效应的交互影响作用。根据空间固定效应模型 (模型 7.1) 所反映的 ρ 值来看,其系数为 0.158,并通过了 1% 的显著性检验,即周边区域每一单位的旅游产业全要素生产率提升将会促进本地区 0.158 单位的旅游产业全要素生产率发展。这充分说明旅游产业效率增长机制在邻边地区间具有显著的示范引领效应和空间溢出效应,特别是随着旅游全域化战略的深层推进,旅游经济活动在空间上的互动关联、协同耦合程度将进一步得到强化,因而带动了毗邻区域间旅游全要素生产率的全面提升。

(二) 旅游营力系统对全要素生产率的影响分析

从模型 7.1 中各类旅游营力系数的显著性和作用方向来看,除了基础支撑力 (Infra) 在 5% 水平下显著,其余的旅游营力系统参数均通过 1% 的显著性检验,因而表明各类营力系统及其耦合协调力对我国内地旅游产业全要素生产率的影响作用较为明显。此外,耦合协调力 (Coupl)、基础支撑力 (Infra)、发展保障力 (Devel)、规模扩张力 (Expan)、市场消费力 (Consu) 都在不同程度上推动了旅游产业效率的全面增强,然而资源生态承载力 (Ecolo) 则对 TFP 的增长构成了抑制阻碍。这是因为自然资源禀赋是资源生态承载力中的重要组成部分,虽然优越的生态资源为旅游市场的开拓以及旅游客源的集聚创造了良好的发展条件,但自然环境极佳的地区通常会对其丰裕的生态资源形成较大的经济依赖性,造成旅游产业效率的挤出效应。这些区域借助其生态资源的比较优势,依靠简单粗放型的旅游运营模式在短期内可以获得一定程度的经济收益,但在长期发展过程中,由于缺乏人力资本、技术条件的有力支撑以及各类优质生产要素的有效集聚,终究会陷入"资源诅咒"的艰难境地,导致旅游产业结构单一、业态配套不全、基础条件薄弱、开放程度低下,从而无法摆脱旅游经济附加价值的低端锁定,难以将"绿水青山"高效合理地转化为"金山银山"。此外,就核心解释变量系统耦合协调力而言,它对旅游产业全要素生产率存在显著的正向拉动影响。这与第三章节的理论分析结论相一致,因为旅游产业具有明显的营力系统耦合关联属性,旅游产业效率的优化升级离不开当地经济、社会、生态、科技等综合因素的全面发展和协调,正如"短板原理"所强调的那样,任何一块系统短板都会阻碍旅游产业整体效益的有效显现,只有做到各类旅游营力系统间的(基础支撑力、发展保障力、规模扩张力、市场消费力、生态承载力)协调耦合以及各类营力系统水平的齐头并进,才能推动我国内地旅游产业效率的平稳提升。

(三)旅游营力系统的空间滞后影响分析

除生态承载力的空间交互效应未能通过显著性检验以外,其余的营力系统都与空间滞后矩阵具有明显的交互溢出效应。具体而言,耦合协调力、基础支撑力、发展保障力以及生态承载力对旅游全要素生产率 TFP 形成了正向的空间外溢效应。这表明随着旅游基础条件的改善、产业保障力度的增强、生态环境的优化以及各类营力系统的协调,不仅会给自身区域的旅游产业效率发展带来直接的拉动影响,还会为周边邻近地区的旅游产业全要素生产率形成积极的促进作用。这些营力条件的优化改善有助于促进旅游资源要素的自由流通和效率提升,降低了旅游产业中的生产和消费成本,依托旅游区域空间的互通互融、基础设施的共建共享、旅游发展体系的耦合协调,在现有资源的条件下,可有效地形成"1+1>2"的合力效应,有力地激发旅游产业外部经济性的充分释放,进而带动区域间旅游产业效率的协同发展。与此同时,邻近省份还会纷纷效仿,通过不断强化耦合协调力、基础支撑力、发展保障力以及生态承载力等举措,对推动旅游产业的转型跨越具有积极的示范模仿效应。所以在旅游产业全域化战略的实施过程中,应当以基础设施共建、保障机制共享、合作互利共赢、生态环境共护、优势业态共融为原则,不断深化区域间旅游产业的协同合作,通过旅游产业空间共生机制的有效筑建,全面实现旅游经济附加价值的不断提升和地域外溢。此外,规模扩张力、市场消费力在空间外溢性方面均呈现出负相关特征,这表明邻边区域旅游规模优势的扩大、市场经济水平的提高会通过竞争效应抑制本地区旅游经济效率的发展。这是由于旅游经济发达区域一般具备较为健全的综合配套服务体系、合理的产业结构布局、专业化的产业链分工，从而对市场中有限的要素资源产生了虹吸效应影响，导致自身区域优质的生产要素外流，最终表现出对本地区旅游产业全要素生产率 TFP 的负向外部作用效应。

三、空间效应分解分析

由于特定空间单元的自变量变化不仅会对自身单元的因变量产生直接的冲击影响，而且会引致其他空间单元的因变量发生相应变化，因此表 7-2 中各项估计系数都包含了"反馈效应"①，并不能准确地代表对旅游产业全要素生产率影响的边际效应，还需要在空间杜宾模型的基础上，根据式 7-5 对各变量的空间影响效应进行分解，分解结果如表 7-3 所示。直接和间接效应适用于衡量不同变量的变化冲击对整个系统内部各变量的影响程度，而且间接效应还可进一步检验各变量的空间溢出效应。

表 7-3 全要素生产率空间固定效应 SPDM 空间效应分解结果

变量 (Variables)	直接效应 (Direct effects)	间接效应 (Indirect effects)	总效应 (Total effects)
Coupl	0.203*** (0.072)	0.541** (0.239)	0.744*** (0.240)
Infra	0.617** (0.278)	1.146** (0.560)	1.736*** (0.475)
Devel	1.000*** (0.176)	1.779*** (0.520)	2.778*** (0.505)
Expan	0.283*** (0.088)	-0.461*** (0.160)	-0.178 (0.159)
Consu	0.997*** (0.229)	-0.988** (0.478)	0.009 (0.395)
Ecolo	-1.129*** (0.179)	0.216 (0.579)	-0.913 (0.618)

注：括号内为稳健标准误，***$p<0.01$，**$p<0.05$，*$p<0.1$。

---

① 反馈效应：本地区解释变量值的变化通过影响相关周边区域因变量值的变化，再反过来对本地区因变量值产生影响的效用机制。

（一）对旅游产业全要素生产率 TFP 的直接影响效应

从直接影响效应系数的大小来看，发展保障力和市场消费力的估计系数分别为 1 和 0.997，都通过了 1% 水平下的显著性检验。因而表明，旅游产业发展保障力与市场消费力直接对全要素生产率的边际带动效应依次为 1 和 0.997，两者系数较为接近。这也从某种程度上说明旅游产业效率的有效提升需要政策环境、社会环境、经济环境、外资环境以及市场消费环境作为有力的支撑保障，宽松适宜的产业发展环境将有助于旅游生产要素的大量集聚，在集聚效应的带动下，从而形成精细化分工、专业化生产、协同化运营，使资源在市场机制的配置中实现效率优化。

基础支撑力对旅游产业效率的直接效应系数为 0.617，在 5% 的水平下显著。基础支撑力包括旅游通达能力、讯息通信能力、服务支撑能力以及公共保障能力等因素，这些支撑条件的改善可有力地释放市场消费活力，引导旅游消费需求倾向，降低各类旅游市场主体的交易成本，从很大程度上优化了旅游供给侧水平，提升了旅游资源的边际产出，使原始的旅游资源禀赋得到有效的市场价值转化。

旅游产业规模扩张力与耦合协调力的影响系数分别为 0.283 和 0.203，并且都通过了 1% 的显著水平，从而表明规模扩张力与耦合协调力的优化改善能够有效增进旅游产业全要素生产率的强化。这是因为伴随着供给和需求规模的不断扩张，当地旅游市场消费能力以及旅游产业供给水平也会得到明显增强，市场消费规模的提升为旅游经济的发展注入了无穷动力，旅游供给规模的壮大不仅降低了旅游企业的生产运营成本，实现了生产环节中的规模经济，而且规模的扩张还延伸了旅游产业的边界范围，形成了以旅游经济为引领、多种业态相融合的范围经济，因而在原有基础上共同推动了旅游经济附加价值的提高。

生态承载力的直接效应系数为 -1.129，这表明样本期内我国内地旅游产业还停留在较为粗放式的发展阶段，运营模式滞后、产业结构单一，不少资源生态禀赋极佳的地区由于缺乏相应旅游发展体系和优质产业要素的配套支撑，其经济效益、社会效益以及生态效益都无法得到有效实现，难以将原始的生态资源优势转化为旅游产业的综合效率优势，由此可见，"资源诅咒"效应较为显著。

（二）对旅游产业全要素生产率 TFP 的间接影响效应

从间接影响效应系数来看，发展保障力、基础支撑力以及耦合协调力的间接

第七章 旅游营力系统及其耦合协调对我国内地旅游产业效率的空间影响效应实证分析

溢出效应至少在5%的水平下显著为正,其间接效应估计系数依次为1.779、1.146、0.541,因而反映出上述三个变量对TFP具有显著的正向空间外溢效应。同时从表7-3中可以看出,与其直接效应系数相比,发展保障力、基础支撑力以及耦合协调力的外部空间溢出效应显然更强。换句话说,耦合协调力、基础支撑力、发展保障力的加强不但有利于自身区域经济效率的提升,而且更有助于带动周边地区旅游产业全要素生产率的提升。这是因为旅游业具有明显的异地消费性特征,上述条件(基础支撑力、发展保障力、耦合协调力)的不断完善使旅游客源地的人流、物流、信息流更易于接近周边旅游目的地,这不仅降低了邻近区域的前期建设成本投入,同时还获得了比以往更多的旅游市场资源,因而表现出了比本地区更高的旅游经济效率。资源生态承载力的间接效应系数为0.216,但并未通过10%显著性检验。优越的生态资源是旅游产业得以发展壮大的基本条件,周边区域生态状况的优化改善也间接地为本区域旅游产业经济发展提供了一个良好的外部环境和支撑平台,但是本区域经济效率的改善还有赖于其他相关条件因素,因此其间接效应系数并不明显。

与上述变量所不同的是,规模扩张力、市场消费力则表现出了对产业效率影响的负外部性特征,其系数分别为-0.461、-0.988,所有变量都通过了至少5%水平条件下的显著性检验。这说明周边邻近区域的旅游产业规模、市场消费力的提升将会对本地区的旅游产业效率构成"挤占式"的竞争影响。具体而言,周边旅游产业规模的扩张以及市场经济实力的增强可能引发对本区域旅游市场资源的虹吸效应,比如,周边区域凭借其齐备且完善的旅游供给接待规模和市场消费服务条件等优势,使本地区的旅游市场客源等宝贵资源向更富发展优势的周边区域集聚,从而对本地区旅游产业经济效率构成了负面的影响冲击。换而言之,周边区域旅游产业效率的"回流效应"大于其"扩散效应"。

综合而言,正是因为在各类营力系统的空间机制作用下,才使得区域间旅游产业效率的发展具有复杂而微妙的变化关系,各类旅游营力系统及其耦合协调力的效用强度、作用路径、外溢程度都将对我国省域间旅游产业效率的发展格局形成深远的影响。此外,表7-3显示,耦合协调力、基础支撑力以及发展保障力对本省以及邻省的旅游产业全要素生产率均具有显著的正向促进作用,尤其是在旅游全域化发展的今天,这种旅游产业效率增长的空间"共生机制"更应值得关注运用和借鉴推广。

第四节 旅游产业技术效率层面的计量检验与结果分析

本小节主要将我国内地旅游产业技术效率作为被解释变量,重点研究各类营力系统对旅游产业技术效率的内生影响机理以及空间外溢机制,以期有效地把握我国内地旅游产业技术效率优化的内生作用机制。

一、旅游产业技术效率的空间效应模型识别检验

旅游产业技术效率水平不仅会受到本区域自身环境因素的影响,而且会受到区域外部多重因素的辐射和冲击。因此,通过构建空间面板数据模型,将空间信息纳入到模型构建当中,可在最大程度上避免估计结果产生偏误的问题。通过分别采用瓦尔德检验(Wald)和似然比检验(LR)可有效地判别空间杜宾模型(SDM)的具体形式,换而言之,是否能够将其简化为空间滞后模型(SLM)或空间误差模型(SEM),其检验结果详见表7-4。根据验证结果表明,两种检验都在5%的显著性水平下拒绝了 $\rho=0$ 和 $\theta+\rho\beta=0$ 的原假设,因而说明空间滞后效应同时存在于因变量和自变量之中,空间杜宾模型则更加适合。此外,在固定效应和随机效应的选择上,根据 Hausman 检验结果表明,固定效应模型更优于随机效应模型。因此,将空间固定效应杜宾模型作为本次研究旅游产业技术效率内生影响因素的基准模型。

表7-4 技术效率空间面板模型的 Wald 和 LR 检验结果

检验方法		旅游产业技术效率(TE)	
		统计量	p 值
Wald Test	Wald – spatial lag	17.6617	0.0136
	Wald – spatial error	17.0045	0.0174
LR Test	LR – spatial lag	17.5701	0.0141
	LR – spatial error	16.8136	0.0186
	Hausman	126.21	0.0000

二、我国内地旅游产业技术效率的空间杜宾模型结果分析

本节采用 2005~2014 年间内地的 30 个省级面板数据进行空间杜宾模型的固定效应参数估计。通过对空间 u_i、时间 γ_t 以及时空双项效应的依次控制,将空间杜宾模型划分为空间固定效应、时间固定效应以及时空固定效应,具体结果详见表 7-5。根据上述三类固定效应模型的对数似然值以及调整后的拟合优度结果显示,空间固定效应模型的解释程度相对最优,同时对样本的拟合程度也相对最高,因此选取空间固定效应杜宾模型为研究旅游产业技术效率的理想解释模型。

表 7-5 技术效率固定效应的空间面板 SPDM 估计结果

变量 (Variables)	(1) 空间固定效应 (Spatial fixed)	(2) 时间固定效应 (Time fixed)	(3) 时空固定效应 (Time spatial fixed)
Coupl	0.018 ** (0.007)	0.002 (0.006)	0.012 (0.008)
Infra	0.033 *** (0.020)	0.025 (0.032)	0.020 (0.024)
Devel	0.042 (0.037)	0.036 (0.033)	0.041 (0.037)
Expan	0.031 ** (0.013)	0.008 (0.010)	0.031 *** (0.011)
Consu	0.038 ** (0.019)	0.012 (0.021)	0.042 (0.026)
Ecolo	-0.032 ** (0.015)	-0.007 (0.015)	0.015 (0.022)
W * Coupl	0.003 * (0.017)	0.019 (0.017)	0.009 (0.015)
W * Infra	0.083 * (0.045)	0.184 * (0.099)	0.100 (0.080)

续表

变量 (Variables)	(1) 空间固定效应 (Spatial fixed)	(2) 时间固定效应 (Time fixed)	(3) 时空固定效应 (Time spatial fixed)
W * Devel	0.078 * (0.043)	0.131 * (0.068)	0.083 * (0.044)
W * Expan	0.021 (0.018)	0.026 (0.017)	0.008 (0.017)
W * Consu	-0.020 (0.042)	-0.098 * (0.053)	0.011 (0.031)
W * Ecolo	0.128 * (0.075)	0.164 * (0.087)	0.256 ** (0.124)
rho ρ	0.140 *** (0.035)	0.170 ** (0.071)	-0.047 (0.059)
Log L	303.23	271.32	277.38
Observations	300	300	300
Adj. R - squared	0.422	0.316	0.309
Number of id	30	30	30

注：括号内为稳健标准误，*** $p<0.01$，** $p<0.05$，* $p<0.1$。

首先，旅游产业技术效率的空间滞后系数估计值显著为正，这表明旅游技术效率在我国省域间存在显著的空间外溢特征，即表现出了正向的辐射关联效应（高高集聚或低低集聚），这与此前章节（技术效率空间探索性分析）的研究结论相一致。根据 rhoρ 所反映的数值表明，周边区域的旅游产业技术效率每提升一个单位时，则会对本区域的旅游产业技术效率产生 0.140 个单位的拉动作用。从而说明旅游产业的"哑铃式"消费经济结构不仅有利于游客、资本、信息等要素在客源地与目的地间的双向流动，同时还促进了发达地区的现有先进技术和成功经验在空间上的有效扩散，最终实现了旅游产业的技术效率外溢。

其次，对于通过显著性检验的变量而言，耦合协调度、基础支撑力、规模扩张力、市场消费力对旅游技术效率的增长具有正向的促进作用。技术效率的提升是指旅游产业中各类微观企业努力使自己的生产经营水平和运行管理能力向既定

第七章　旅游营力系统及其耦合协调对我国内地旅游产业效率的空间影响效应实证分析

的最优生产前沿面靠近，从而实现旅游产业的投入产出效率的增长。其本质就是在现有的技术条件下，通过强化旅游营力系统的有机协调、相互配合，充分激发旅游产业发展体系的内合力，避免因各类营力因素发展的不耦合、不充分、不协调而导致的边际效应递减的现象出现。因此，系统耦合协调力的改善不仅增强了旅游产业体系内部的信息技术、人力资本、管理水平等软性生产要素的自由流通，提高了硬性生产要素的边际产出效率，而且优化了旅游产业的区域竞争实力，有力地带动了本区域旅游产业技术效率的全面改善和内涵提升。基础设施支撑力、旅游规模扩张力以及市场消费力在对旅游产业技术效率的推进强化中扮演着积极而显著的作用。良好的基础设施条件、公共服务环境以及适宜的旅游供求规模为产业中优质要素的有效集聚创造了必要条件，促进了产业链条的配套延伸和增补衔接，提升了企业运行效率（技术效率），同时在规模经济效应的影响下，降低了市场中各类主体的生产成本、交易成本以及消费成本，增强了区域内旅游产业的整体获利能力，实现了技术效率的增长。生态承载力对旅游产业技术效率的影响效应为负，究其原因可能是由旅游产业经济的综合依赖性所决定的。虽然丰富多样的自然资源和优美怡人的生态环境是旅游产业赖以生存发展的必要条件，但是技术效率的提升更需要通过以人力资本为核心、技术运用为手段、基础条件为支撑、发展环境为保障、旅游链条为纽带、旅游经济为引领，将原生资源优势合理转化成产业效率优势，提高绿水青山的综合附加价值。然而在现实的发展过程中，旅游经济效率却未能与生态资源优势有效融合转化，由于生态体系、经济体系、社会体系的耦合发展不平衡，致使当地旅游产业的技术效率难以得到最大化的释放。同时，在对旅游生态资源价值的认识上应更加注重综合效益的耦合协调，促进其技术效率的全面优化，从原来的"宁要绿水青山，不要金山银山"向"绿水青山就是金山银山"的发展价值观转变，努力实现旅游产业经济与绿色生态经济的互融共生，有效促进旅游产业经济效率的充分彰显。

最后，对于通过显著性检验的空间滞后变量而言，耦合协调力、基础支撑力、发展保障力和生态承载力的空间滞后项系数都在10%的水平下显著为正。这意味着上述营力系统的提升改善在技术效率方面具有显著的正向空间外部性特征，同时也对邻边地区旅游技术效率的促进发挥了示范引领作用。具体而言，周边地区通过强化各类旅游营力的系统耦合协调性，实现了旅游技术效率的有效增长，在此基础上受到邻边区域先进技术和成功做法的示范驱动，本地区旅游技术效率也随之提升。因此，各区域间通过加强优化旅游营力体系间的耦合协调度，不仅有助于推动自身技术效率的发展，同时还会辐射带动邻近区域技术效率的共同进步。就基础支撑力的外溢性而言，该体系涵盖了与旅游产业发展相关联的公路交通、邮电通信、公共服务、市政设施等多个支撑性指标，该指数的上升将显著地促进市场要素在空间区域上的自由流动，有效实现互通互融、互促共进的发展格局，并让旅游产业中的新技术、新模式、新理念在地理空间上得到全面推广，由此形成了技术效率的区域扩散。发展保障力与生态承载力的扩散效应也值得关注，旅游产业发展环境保障力体系主要包括外资环境、经济环境、产业政策环境和市场结构环境等因素，这些指标的优化提升会促进旅游要素的注入汇集，当本区域的要素积累到一定阶段时，在竞争机制的作用下，各类要素存在一定程度的涓滴扩散效应，从而带动周边旅游产业的提质增效。生态承载力的外溢性显著表明本地区旅游技术效率与周边区域生态环境呈正相关变化，周边区域生态资源质量的优化改观为旅游产业的整体发展构筑了一个良好的外部平台，旅游消费具有空间异地的流动性，这也为本地区旅游经济效率的增强创造了更多的发展契机。

三、空间效应分解分析

Elhorst 提出由于模型中存在变量间的空间交互影响，同时解释变量的变化对因变量会产生反馈效应，导致内生和外生效应不能独立区分，因此其解释变量的估计系数就不能真实地反映出对被解释变量的边际效应，还需要在空间杜宾模型的基础上，利用偏微分方法（Lesage，2009）对各变量的空间影响效应进一步分解，求解出直接效应和间接效应，其测算结果如表 7-6 所示。空间模型中的直接和间接效应可用于衡量各类关键变量的变化对整个系统内部的冲击影响，其中间接效应还可以更进一步地验证各类关键变量对周边地区的影响程度，即空间溢出效应。

（一）直接效应系数分析

在直接效应系数显著的变量中，市场消费力、基础支撑力以及规模扩张力对旅游产业技术效率的影响程度较为接近，按照系数大小依次为 0.0373、0.0306、0.0301，而耦合协调力的系数则相对较小，仅为 0.0183，但仍然在 5% 的检验水平下显著（其内生机理关系在前文中已经阐述）。生态承载力（Ecolo）的直接效应估计系数为 -0.0276，表明生态承载力每提升一个单位，将会使旅游产业技

表 7-6 技术效率空间固定效应 SPDM 空间效应分解结果

变量 (Variables)	直接效应 (Direct effects)	间接效应 (Indirect effects)	总效应 (Total effects)
Coupl	0.0183**	0.0020*	0.0203
	(0.008)	(0.012)	(0.017)
Infra	0.0306**	0.0874*	0.1180
	(0.015)	(0.045)	(0.081)
Devel	0.0456	0.0935*	0.1390***
	(0.035)	(0.055)	(0.033)
Expan	0.0301**	0.0186	0.0487***
	(0.012)	(0.018)	(0.011)
Consu	0.0373**	-0.0161	0.0212
	(0.018)	(0.045)	(0.038)
Ecolo	-0.0276*	0.1370*	0.110
	(0.017)	(0.078)	(0.080)

注：括号内为稳健标准误，***p<0.01，**p<0.05，*p<0.1。

效率降低 0.0276 个单位。究其原因主要在于：该指数是由资源禀赋、污染程度和治理能力三类指标构成的，一方面很多地区因受到"资源诅咒"效应的影响，旅游产业始终处于"围墙经济"①的低端锁定困境，技术效率难以得到有效激发（已在前文中详述）；另一方面也说明样本期间我国污染治理的成效水平并不理想，其污染治理费用投入以及环境规制保障措施并未达到预期成效，反而耗费了较大的经济资源，因而从某种程度上抑制了旅游产业技术效率的提升。就发展保障力而言，其直接影响系数相对较高，影响效应系数为 0.0456。虽然作用力方向与机理分析结论相一致，但在效应的显著性上却未能通过 10% 的检验。从理论上讲，发展保障力为旅游产业的培育、成长、壮大提供了良好的发展环境，可促进区域内的产业集聚、专业分工、结构优化、链条延伸、规模和范围经济的有效形成，实现旅游产业技术效率的增强。然而，在现实中发展保障力对技术效率的实际影响效应还应注重各类发展环境间的融合性（例如，外资环境、经济环境、

---

① 围墙经济：是指旅游景区仅靠修围墙、圈土地、收门票这种原始而单一的方式获得旅游收入，缺乏经济附加价值。

产业环境和社会环境等)以及保障力度的均衡性。发展环境的过度保障还可能会引起地区旅游产业对保护政策形成依赖性,将导致旅游要素流动和共享程度受到阻碍,形成区域旅游垄断,丧失技术效率增长的驱动机制。与此同时,如果各类发展环境的保障体系欠缺整体性、系统性和综合性的谋划考量,势必也会造成各类保障环境体系的彼此制约、政策效应的相互消减,使旅游产业陷入技术效率增长失衡的境地。

(二)间接效应系数分析

发展保障力、基础支撑力、生态承载力以及耦合协调力都存在正向的空间外溢效应,并通过了10%水平下的显著性检验,其相应的估计系数依次为0.0935、0.0874、0.1370和0.0020。虽然规模扩张力的间接效应为正(0.0186),但其系数并不显著,原因在于随着周边旅游产业供求规模的不断扩张,其旅游市场的空间范围也得以拓展,同时在旅游消费异地性以及生产环节流动性的产业属性影响下,周边区域的旅游产业要素资源(如人流、物流、信息流、资金流等资源要素)正逐渐向本地区外溢扩散,但本地区的技术效率是否能够得到显著提升还取决于当地旅游产业的相关配套能力、支撑能力以及驱动转化力。换而言之,由于缺乏相应的接待基础设施、完善的公共配套服务以及理想的旅游运营条件,即使周边地区的市场客源等要素资源向本地汇入,也无法让游客留得住、住得下、玩得欢,旅游经济的附加价值难以得到充分释放,因而限制了旅游产业技术效率的有效显现。此外,根据市场消费潜力的外溢系数表明,周边地区市场消费力的增强,将造成本地区的旅游技术效率下降,而且该系数未能通过显著检验。这是因为在此过程中,存在两种互为消长、彼此制衡的空间作用关系,最终造成了该变量对技术效率的外溢影响并不显著。具体而言,一方面受到邻近区域市场消费实力的极化效应影响,本地区中的优质生产要素开始向价值利润更多、消费实力更强、发展空间更大的周边旅游客源消费市场集聚,由于旅游客源市场对本地区的生产要素形成了挤占效应,从而导致本区域的旅游产业技术效率有所下降,因而该变量的间接效应系数表现为负数。然而另一方面,旅游产业具有消费异地性、生产和消费的同步性以及经济空间的互导性①("哑铃经济")等特点,在其产业

---

① 经济空间的互导性:是指旅游产业经济效应在旅游客源地以及旅游目的地之间存在空间上的彼此传导、彼此关联、彼此作用、共同影响的效应机制。

属性机制的影响下，周边旅游市场客源也逐渐流向了本地区（旅游目的地），与此同时，较高的经济消费实力、全新的旅游发展理念以及先进的产业生产技术也随之传至本区域，从而带动了当地（旅游目的地）旅游产业技术效率的全面升级。所以从实证结果看，正是由于这两种空间交替机制的相互作用，最终导致该系数并不稳健。

综合而言，耦合协调力、基础支撑力对本省以及邻省的旅游产业技术效率均具有显著的正向影响作用；虽然发展保障力和规模扩张力对旅游产业技术效率的直接效应和间接效应都为正数，但并未通过显著性检验；市场消费潜力对技术效率的提升具有空间排他性特征（即对自身有利，对周边有抑）；资源生态承载力则表现出积极的正向外部性。因此，通过把握旅游营力系统对旅游产业技术效率的空间作用关系，厘清其内在逻辑作用机制，对于旅游产业全域化战略的实施深化，最大程度地促进我国内地旅游产业经济效率的全面提升具有尤为重要的理论和实践意义。

第五节　本章小结

本章主要以旅游营力系统耦合为视角，采用空间面板杜宾模型 SPDM 对 2005～2014 年间我国内地旅游产业效率增长的内生机理进了实证研究。依次测算并探讨了各类营力及其耦合协调度对旅游产业全要素生产率、旅游技术效率的本地直接效应和空间外溢效应。

一、关于我国内地旅游产业全要素生产率层面的研究结论

（一）我国内地旅游产业全要素生产率存在显著的空间依赖性

我国内地旅游产业全要素生产率存在显著的空间外溢效应，即当本地区旅游产业全要素生产率得到强化提升时，在旅游活动空间异地性的机制影响下，将会带动毗邻区域旅游产业全要素生产率的显著增强。因此，在分析区域旅游产业效率的内生影响机制时，应当尤为关注旅游产业全要素生产率的空间扩散效应。这为以旅游产业效率强化为前提，进一步推动省域间的旅游产业全域化发展，加强地区间的交流与合作，优化产业空间竞合关系等方面提供了新的决策视角和参考

路径。

(二) 耦合协调力、基础支撑力以及发展保障力对旅游产业效率强化具有显著的空间共生效应

耦合协调力、基础支撑力以及发展保障力对旅游产业全要素生产率的影响不仅具有正向且显著的直接效应,同时还存在正向显著的空间外溢效应。根据以上变量的相应系数表明,耦合协调力、基础支撑力以及发展保障力对全要素生产率所形成的扩散效应均大于其直接效应。换而言之,上述变量的优化增强将有助于旅游产业效率"空间共生机制"的有效形成,而且外部性更强。因此,尤其在当前旅游产业全域化发展的背景形势下,这种互促共进、合作共赢、协同发展的空间共生机制更应值得借鉴和关注,特别是对于解决目前我国广大地区旅游产业效率发展的不平衡、不充分、不协调的问题具有更为重要的时代意义。

(三) 规模扩张力、市场消费力、生态承载力对旅游产业效率的强化具有显著的空间排他效应

规模扩张力和市场消费潜力在对旅游产业全要素生产率的影响方面则存在显著的空间竞争排他效应。换而言之,当上述两类营力指数逐渐增强,将带动本地区旅游产业效率的提升,然而却会对周边地区的效率水平产生抑制影响。但是,根据空间作用系数大小来看,规模扩张力所形成的空间外部效应更大于其直接效应,而市场消费潜力则与之相反,直接效应略占优势。此外,生态承载力对 TFP 的直接影响系数均通过了 1% 水平下的显著性检验,然而其间接效应却不显著。因此,对于当前我国内地旅游产业发展而言,优化旅游产业体系结构,摆脱对生态资源过度依赖的单一模式,避免因资源诅咒效应而导致的产业效率低下的发展困境,将是我国内地旅游产业经济向质量化、效率化、永续化成长变革的重要路径。

二、关于我国内地旅游产业技术效率层面的实证研究结论

(一) 我国内地旅游产业技术效率存在显著的空间依赖性

我国内地旅游产业技术效率也表现出了显著的空间正向外溢效应,其溢出效应估计系数为 0.14,即周边区域每一单位的旅游产业技术效率提升将会促进本地

区 0.14 单位的旅游产业技术效率的发展。因此，在强化旅游产业技术效率的过程中，应遵循旅游全域化的发展思路，积极开展区域间的交流与合作，以共建、共享、共创、共赢为原则，全面促进旅游技术效率的空间外溢，奋力实现我国内地旅游产业协同发展的良好格局。

（二）耦合协调力、基础支撑力、发展保障力、规模扩张力对旅游产业技术效率的提升具有空间共生效应

耦合协调力、基础支撑力、发展保障力、规模扩张力对旅游产业技术效率的提升表现出了不同程度的空间共生效应，但从估计系数的显著性程度来看，其中只有耦合协调力、基础支撑力通过了至少 10% 水平下的显著性检验。而发展保障力则表现在直接效应方面不显著，规模扩张力则在空间外溢效应上不显著。同时上述变量的空间影响系数表明：耦合协调力、规模扩张力对本地区旅游技术效率的直接影响更强于对周边的间接外溢影响。相反，基础支撑力与发展保障力对旅游技术效率的间接影响效应则更加强烈。

（三）市场消费潜力、生态承载力对旅游产业技术效率的影响则表现出了空间竞争排他效应

市场消费潜力对本区域的旅游技术效率具有正向的推动作用，对邻边区域的技术效率会形成虹吸效应，然而该效应却未能通过显著性检验。虽然生态承载力受到"资源诅咒效应"的影响，对本地旅游产业技术效率构成了抑制阻碍，但却表现出了对周边旅游技术效率的显著扩散。

综上所述，在复杂的空间机制作用下，各类旅游营力对区域间产业效率的演化影响具有多重而又微妙的空间关系，其耦合协调、效应强度、作用路径、外溢程度都会影响我国省域间旅游产业效率和技术效率的格局演变。因此，在区域旅游产业政策的规划设计中，应当充分考虑各类旅游营力系统及其耦合协调力对旅游产业效率的空间影响机制，积极发挥旅游产业效率的空间交互效应，为推动旅游产业全域化、区域经济一体化、效率扩散全面化的有效实现提供路径保障。

第八章　基本结论与对策建议

　　旅游产业效率是衡量区域旅游经济发展质量的重要标志。旅游产业效率的实际水平不仅取决于微观层面旅游企业在生产过程中的投入产出能力，同时更有赖于中观层面旅游产业体系中各类营力系统的综合表现及其耦合协调。根据此前章节的理论论述和实证研究表明，旅游产业体系中各类营力系统及其耦合协调力的变化不仅会作用于自身区域的旅游产业效率水平，而且还会产生不同程度上的空间外溢效应。因此，准确而系统地把握旅游产业效率的影响机制对于推动旅游产业提质增效以及加快我国区域间的协同发展等方面具有重要的现实意义。本章在对此前研究结论进行系统梳理和总结的基础上，重点针对当前我国内地旅游经济转型中的现实问题，从旅游产业效率结构的优化、旅游营力系统的强化、区域旅游效率的协调化三个方面提出了相关对策建议，以期为实现我国内地旅游产业经济的质量变革、效率变革、动力变革而提供政策依据。

第一节　基本结论

一、结论1：我国内地旅游产业效率普遍存在发展滞后性特征，且各区域的效率短板均有不同

　　研究表明，虽然样本期间我国内地旅游产业名义收入不断增长，但是旅游产业效率却呈现出持续跌落的态势，这表明以要素为驱动的粗放型增长路径在我国内地旅游产业中亦同样延续。通过对产业效率进行解构后发现，造成我国整体效

率水平低下的主要原因是产业技术前沿的发展滞后,行业中大多数的旅游企业普遍在信息化、差异化、规模化等方面的技术含量不高,依然维持着较为传统的运营模式,从而导致旅游产业同质化的现象严重,市场附加价值无法得到有效转化和充分释放。此外,生产要素的投入规模和产出结构的不合理以及缺乏良好的产业发展制度体系等问题都给当前我国内地旅游产业效率的健康发展造成了抑制阻碍。所以,经济结构的转型升级、生产效率的优化改进将是当前我国内地旅游产业改革内容中的首要任务。

从我国东、中、西三大区域的效率格局来看,我国内地旅游产业存在明显的"东强西弱"梯度层级。虽然东部地区凭借其市场经济的先发优势在旅游产业效率上处于全国领先地位,但由于其前沿技术运用不强以及产业模式创新不足等问题,进而抑制了我国内地旅游业整体技术前沿面的进一步拓展,所以东部地区的效率短板主要体现为技术进步率的滞后。中部地区的技术前沿水平同样较低,而且规模经济结构存在明显的不合理性,技术进步率的优化提升和规模结构的调整改善对于中部旅游产业发展而言尤为紧迫。就西部地区而言,虽然西部地区在技术效率的增长上较其之前取得了长足的进步,但在技术进步率、规模效率变化率以及配置效率变化率方面却表现得不尽如人意,成为抑制西部旅游产业效率强化增进的主要掣肘。目前我国内地旅游产业经济正处在由高速增长阶段向高质量发展阶段的转型过程中,各地区域只有明确自身效率的发展短板,才能做到真正意义上的精准施策,推动旅游产业效率的持续增强。

二、结论2:我国内地旅游产业综合营力呈现出东高西低的分布格局,且各地区域旅游营力系统的短板均存在差异

通过对样本地区旅游产业综合营力及其结构体系的分析可知,我国内地旅游产业整体发展水平仍然留存较大的提升改进空间,在地域分布方面主要表现为"东高西低"的结构态势,东部与西部具有较大的水平极差,因而表明我国内地旅游综合营力具有显著的两极分化特点,同时这也与我国内地旅游产业效率的地域分布特征极为相似。此外,通过将旅游综合营力体系解构为基础支撑力、发展保障力、规模扩张力、市场消费力、生态承载力五大子系统,并对我国30个省(市/区)依次进行聚类分析后发现,可将我国内地旅游综合营力水平划分为全国领先型、竞争优势型、发展积累型以及滞后赶超型四类区域。

首先,就东部地区而言,东部绝大多数区域在各类旅游营力评价指标上都处

于前三类的发展梯度等级，表现出了相对较强的旅游发展优势。其中仅有福建、海南两省在基础支撑力方面较为薄弱；而河北、海南分别在旅游发展保障力以及市场消费潜实力上归属于滞后赶超型的第四梯队；在生态承载力方面，天津和上海则处于劣势地位。

其次，就中部地区而言，中部所有区域都处在第三和第四类的梯度等级中。其中河南、安徽、黑龙江在基础支撑力方面显现出了一定的发展优势，其余中部省份则被划拨为第四类；而在发展保障力以及规模扩张力方面，中部地区的整体表现较为趋同，分别归属于滞后赶超型和发展积累型，由此可见我国中部地区旅游产业的整体发展保障环境较为薄弱，亟待优化增强；相比中部其他地区，河南、湖北、湖南在市场消费潜力方面实力较为突出；而湖北、安徽、吉林的生态承载力水平相对较低，被归为第四等级（滞后赶超型）。

最后，就西部省（市/区）域而言，其五大营力水平都普遍偏弱，大部分样本区域都位于第四类的阶层中，其中西部所有地区在基础支撑力（除四川）、发展保障力、市场消费潜实力（除四川）方面最为薄弱，都属于滞后赶超型地区，这些方面构成了制约西部旅游产业综合发展水平提升的主要短板。

综上所述，由于当前我国内地旅游产业在各类营力水平上呈现出鲜明的区域差异性特征，因此不同地区应结合各自情况，补齐短板、拉升长板、扬长避短，因地制宜地寻找出最适合自身实际需求的发展路径。

三、结论3：我国内地旅游产业营力系统的耦合性不强，且各地区域耦合协调力分化差异明显

根据实证研究结果表明，我国内地旅游产业营力体系缺乏有效的内部耦合性，而且在外部空间上存在显著的层级分化特征。具体而言，东部地区处于轻度失调状态，主要失衡因素表现为生态承载力损益，因此将生态效益与旅游综合效益有机结合，避免陷入"资源诅咒"的发展困境，构建现代化的生态承载力制度体系将是未来我国东部地区在提升旅游产业效率方面的重点方向。中西部地区均属于旅游营力系统严重失调的状态等级，主要制约因素却各不相同。其中，导致中部地区系统失衡的短板在于发展保障力损益，尤其体现在社会环境、政策环境、产业环境、经济环境、外资环境的保障力度上，所以中部地区应加大对上述发展条件因素的制度保障力度，着力营造宜居、宜业、宜游、宜商的外部条件，优化中部区域产业支撑环境，大力吸引优质要素资源向中部地区集聚，这不仅为

旅游产业效率的提档升级创造先决条件，同时更有助于中部地区旅游营力系统的协调耦合。基础支撑力和市场消费力是造成我国西部广大地区旅游营力体系发展不协调的主要障碍和瓶颈，由于西部区域的市场综合环境状况以及旅游产业成长起点的限制，因而在市场机制、基础条件、经济实力等方面严重滞后于全国其他地区，这对其旅游经济的平稳发展产生了抑制作用，所以西部地区仍需强化旅游基础设施建设，逐步完善适应现代化发展需要的旅游产业市场制度体系，以供给侧改革为契机，积极培育和壮大旅游消费市场，促进旅游产业营力系统向全面耦合协调化发展。

四、结论4：我国内地旅游产业在技术效率、综合营力、耦合协调力方面存在显著的空间依赖性，且均呈现出典型的"二元结构"特征

我国内地旅游产业在技术效率、综合营力以及耦合协调力方面具有显著的空间自相关性，并且表现出了典型的"二元结构"特征。上述变量的整体空间分布态势较为相似，高值集聚区主要分布在长三角、渤海湾以及东南沿海地带，这些区域在旅游产业中形成了较强的关联协同效应。而低值集聚区则散落在我国西部地区并向西北部蔓延，这些区域由于缺乏产业空间上的互联、互通、互动，因而导致旅游经济的带动效应较差，并未形成有效的地域分工协作体系，难以实现向高值集聚转变的空间跃迁。基于上述研究结论，充分反映出我国内地旅游产业在经济发展质量上亦存在典型的区域"二元结构"特征，区域间旅游产业发展的不平衡、不协调、不充分现象依然突出，所以各区域应当在强化旅游产业营力系统的内部耦合性、转变旅游产业发展方式的同时，还需注重与周边区域（乃至高值集聚区域）的关联互动，通过增强旅游产业在区域间的资源互补与协同互助，从而有效带动我国内地旅游产业效率的全面协调发展。

五、结论5：我国内地旅游产业效率表现出显著的正向空间外溢效应，且耦合协调力、基础支撑力以及发展保障力对旅游产业效率影响具有空间共生性特征

通过将各类营力以及耦合协调力对旅游产业效率进行空间计量分析后发现，我国内地旅游产业效率具有显著的空间外溢性，且地域扩散效应较强，这与旅游产业的"哑铃"经济结构属性相符。此外，耦合协调力、基础支撑力以及发展保障力的提升不仅会对自身区域的旅游产业效率产生正向影响，而且会积极带动周边地区旅游产业效率的发展，从而说明这些变量的优化改进有助于推动区域整体效率的全面升级，因此在空间上具有"协同共生效应"。然而，旅游产业规模扩张力、市场消费潜实力、生态承载力对旅游产业效率的影响具有不同程度的空间竞争排他效应，即上述变量的空间直接效应与间接效应的作用关系具有反向变动特征。因此在深入推进旅游产业全域化发展战略的基础上，应当积极发挥耦合协调力、基础支撑力、发展保障力等营力因素对旅游产业效率的空间共生关系，着力构建适度合理的区域竞合机制，注重旅游产业经济在发展过程中的空间共生性，力争从区域间以往的利益零和博弈单赢机制扭转为当前的利益非零和博弈双赢的机制。既要强化自身区域内的旅游产业效率，又要巧妙规避对毗邻省域的竞争排他效应。综合而言，旅游营力系统的内部耦合性以及外部空间的协同共生性对于促进我国内地旅游产业的全面发展具有重要的实践意义。

第二节　对策建议

一、关于优化我国内地旅游产业效率结构的对策建议

（一）着力推进旅游产业科技创新进程，强化市场前沿技术应用（技术进步率的优化路径）

首先，东部发达地区应不断深化旅游产业科技创新体制改革，以市场前沿化需求为导向、以旅游大型集团为主体、以旅游创新政策为保障，积极构建产学研深度融合的旅游技术创新体系，致力于提升旅游产业的产品创新、模式创新、管理创新以及自主研发能力，尤其在推进我国内地旅游产业技术前沿进步方面应积极发挥引领示范的表率作用，在效率外溢机制的影响下，带动中西部地区旅游产业发展路径以及经济增长模式的转变。同时，以供给侧改革为契机，既要积极统筹旅游产业技术研发 R&D 经费的公共财政支出，又要适当调整财税政策向科技前沿型旅游企业倾斜，引导企业加大研发费用投入，促进其科技成果的市场转换，提升其科技成果的利润附加价值，从而有效激励旅游产业的创新活力，顺利推动我国内地旅游产业科技前沿的提档升级。

其次，不断增强旅游产业的人力资本积累，积极培养和吸引智能通信、现代

交通、环境工程、城建设计等多领域、跨学科的高端科技复合型人才，使其前沿成果能够快速向旅游产业转化运用。同时各地区应加大对旅游产业人才以及相关先进技术的引进速度和力度，给予尖端科研型人才以及高级技能型人才相应的宽松优惠政策和生活福利待遇。

再次，大力引进国内外先进技术和管理模式，力争提高旅游产业全链条、全要素的科技含量。通过持续加大"内外双向"开放水平，着力优化外商投资环境及技术人员工作条件，积极引导国际知名旅游企业来华投资，从而有效吸引国际高端要素向我国内地旅游市场集聚，推动我国内地旅游业的技术变革和效率变革。

最后，积极培育技术要素供给市场的成长壮大，以科研院校为核心，完善研发机构供给与旅游企业需求的衔接机制，发挥技术要素市场中的信息、交易、资本等平台中介的纽带力量，促进更多前沿技术在旅游产业中的推广应用，依托引进学习、消化吸收、总结创新的渐进式发展路径，使我国顺利实现由劳动资源型旅游大国向人才科技型旅游强国的转型跨越。

（二）充分发挥市场经济对旅游资源的配置作用，保障资源要素的高效流通（配置效率的优化路径）

首先，着力深化旅游产业市场化改革，切实加强宏观调控，在完善产权制度体系的基础上，充分发挥市场机制在对旅游资源要素配置过程中的决定性作用。尤其是中西部地区，应以"市场调节为主、政府干预为辅"的原则，用好市场无形和政府有形的"两双手"，积极引导优质生产要素向旅游产业渗透，不断优化旅游市场对生产要素的配置效率，探索构建功能机制完备的现代化旅游市场经济体系。

其次，大力加强旅游产业市场制度化建设，摒弃地方保护主义的思想藩篱，切实降低旅游市场进入门槛和退出壁垒，确保旅游生产要素的高效自由流通，通过优胜劣汰的竞争机制，激发要素资源向生产效率高、资源耗费少、竞争优势强的旅游企业流转，在市场机制的保障作用下可有力提升我国内地旅游产业的资源配置效率水平。

再次，积极利用产业结构效应，不断优化市场对资源的配置效率。合理的产业结构有助于资源要素的高效率转换，在旅游产业体系内自组织机制的作用下，资源要素会自行流向效率最优的部门，从而实现资源要素的高效利用以及合理配置。因此，通过优化产业组织结构，着力提升旅游产业中拥有较高产出效率的企业比重，以达到要素高效利用和资源优化配置的目的。

最后，各地区还需关注旅游产业资源要素错配和市场价格扭曲的问题，重视要素价格的异常波动及其行业流向，避免因某些生产要素（如旅游地产、生态资源、过热资本）的价格炒作或过度开发而造成经济效率缺失和市场机制失灵，因此有针对性地引导创新型技术资本成为驱动我国内地旅游经济提质增效的主导力量，这必将是保障我国内地旅游产业平稳有序、健康发展的重要举措。

（三）不断优化要素投入规模结构，促进旅游产业转型升级（规模效率的优化路径）

一方面，各地区应注重自身规模收益的变化情况，加快引导旅游产业形成专业化分工、协同化合作的长效机制。根据本书对我国内地旅游产业效率的分析结论表明，目前中国大部分地区旅游产业规模水平还处于规模报酬递增的阶段，梁流涛和杨建涛（2012）等学者的观点也与上述观点相一致，因此以效率最优化为原则，在适度扩大旅游生产要素投入规模的同时，还要不断优化旅游产业供给规模结构，引领旅游要素的综合利用效率不断提升，注重旅游经济质量的内涵式发展。各地区应通过培育引导、扶持引进等方式，加强区域内旅游企业间的组织协同能力、丰富旅游关联业态种类、促进旅游新兴模式的成长壮大，以旅游技术龙头企业为核心引领，助推旅游产业价值链向高端化演进。随着资本、劳动、土地等原始要素投入规模的增加，其边际产出弹性以及要素的边际替代率也会随之递减，故应加大前沿技术与旅游原始要素的有机结合，将技术创新、知识积累渗透于各类旅游生产要素中，以增强要素的边际产出效率，从而为突破旅游规模效率的发展瓶颈提供一条可行路径。

另一方面，在雅各比集聚（旅游多业态集聚）的基础上，依托旅游产业中的科技创新联盟、信息服务联盟、市场战略联盟等方式，统筹规划要素资源的投入比率，着力降低生产要素的公共使用成本，提升旅游产业要素的技术专业程度，力争实现"成本共担、利益共享、市场共赢、品牌共铸、规模共创"的产业集约化发展格局，通过旅游集群的打造，奋力推动我国内地旅游产业朝投入规模效率化、生产要素专业化、服务业态多元化、供给模式集聚化、生产规模合理化的方向转变。

(四)改变旅游产业传统增长模式,推动旅游技术效率的提升变革(技术效率的优化路径)

首先,充分挖掘旅游产业生产要素的产出潜力,引导旅游产业向内涵式发展道路转型。各级政府应积极鼓励欠发达地区的旅游企业采取合并、并购以及构建产业联盟等多种方式整合产业链条以及现有资源,打破产业规模小、技术含量低、发展速度慢等僵局现状,利用资本经营以及招商引"智"等方式借势用力,带动旅游产业技术效率的全面提升,最终在技术效率上实现由弱到强的跨越。

其次,继续深入推进旅游产业全域化的发展战略,在现有科技条件下,打造产业体系完备、产品类型齐全、产业链条完整、旅游内容丰富的区域现代化的旅游经济体系,从而在最大程度上提升当地旅游产业的规模经济和范围经济效率,达到旅游技术效率优化升级的目标。

最后,中西部地区还可通过制度创新,充分激励产业主体在旅游模式运营、产品形式设计、企业组织管理等方面进行技术运用创新以及合法效仿,同时在合理的产业制度带动下,通过加强与东部优势旅游企业建立生产合作关系并积极吸引优质技术、专业人才交流合作等方式,不断缩小中西部地区与东部发达省份在旅游技术效率上的差距。

二、关于强化我国内地旅游产业营力体系的对策建议

(一)强化完善旅游产业基础设施体系,构筑旅游产业发展的有力支撑

首先,根据研究结论表明,旅游基础支撑力对旅游产业效率会产生显著的空间共生效应,因此区域各级政府在进行公共资源配置时,应着重考虑区域共建、空间联动的发展机制,协调发展旅游产业基础设施的合理分布,尤其加快发展中西部地区的旅游产业基础设施的建设步伐,不断完善以道路交通、网络通信、旅游导引、公共服务、教育卫生、市政工程等为代表领域的基础建设,促进资源要素的自由流通。

其次,完善旅游基础设施网络体系,加速旅游资源要素的空间集散。基础设施建设在旅游经济发展中具有显著的乘数效应(即能够给当地国民经济和社会收入带来较其建设投资额大约8~9倍的增长),这不仅有利于激发当地经济增长活力,而且在旅游交通等基础设施对资源要素空间布局的重构效应影响下,还能有

效发挥各地区的旅游资源优势，提升对客源市场的吸引力，形成资源与市场的融通互动，所以旅游基础设施及公共配套服务的完善程度直接决定着区域旅游经济的繁荣与稳定。我国应当以东部为重心，围绕打造国际知名旅游目的地的整体要求，统筹推进航空、铁路、水路、公路等多维一体的旅游专线建设，并伴随我国"一带一路"倡议和"长江经济带"战略的深入推进，向周边区域覆盖辐射，着力解决景区基础交通设施建设"最后一公里"的问题。通过构建大众化的公共交通网络、智慧化的旅游信息共享系统以及人性化的旅游服务条件，进一步提升并优化旅游产业整体竞争实力和资源利用效率。

再次，不断完善旅游市场公共基础环境建设，为旅游企业的培育壮大以及生产经营的提质增效创造更为便利的成长条件。实践证明，健全的交通设施体系、物流配送系统以及智能信息网络等因素有助于旅游企业的成本节约以及运营效率（技术效率）的有效提升和快速扩散，因此当前应统筹规划产业布局，强化基础配套设施的建设力度，降低旅游企业的运行成本，最终实现我国内地旅游技术效率的全面提升。

最后，各地区域还应结合自身的旅游形象定位，深度挖掘地域文化内涵，将特色文化元素融入至当地基础设施的设计建设中，有效推动地域文化与旅游产业基础设施的有机融合。例如，可以借助城建设施、住宿餐饮、交通工具、标识指引和景区厕所等配套条件作为形象载体，从而有效彰显独特鲜明的区域核心魅力。

（二）充分挖掘市场消费潜力，为旅游产业的稳步发展提供强劲动力

首先，旅游产业综合营力水平的增强离不开地区整体的经济实力和规模水平，因此应积极营造和培育良好的市场消费环境，发挥好旅游消费对经济引领的基础性作用，提升当地居民（尤其是西部地区）的可支配收入和消费能力，在不断改善广大民众的经济消费条件和物质文化生活水平的同时，通过推行落实灵活的带薪休假、高速公路免费等政策，加大对旅游产业供给层面的制度创新力度以及扩充多元化的旅游消费业态等手段，努力留住客人，延长其休闲游览的逗留时间，从而促进旅游产业综合效益和市场消费总量的整体提升。

其次，广泛利用新媒体、新渠道、新技术和新手段开展多维叠加式的营销推广，重点围绕高铁及航空沿线的城市群进行旅游品牌宣传，因地制宜、因"城"施策，不断拓展国内及国际旅游客源市场，以独特的宜居、宜业、宜游、怡人的旅游环境为亮点，充分释放各地区旅游消费市场的磁极引力效应。

最后，以旅游业态融合创新带动市场经济的快速增长，助推旅游市场消费需求的转型升级。如今在旅游市场需求日益个性化、多元化、专业化的背景下，各地区需要紧抓旅游产业供给侧改革的宝贵契机，敏锐洞察旅游市场中的消费行为、文化观念、需求偏好等因素的变化趋势，加强旅游与多种业态的融合创新力度，合理培育旅游市场消费新需求。例如，休闲度假游、会展商务游、自驾房车游、邮轮海滨游、蜜月婚庆游等形式正悄然成为未来我国内地旅游产业消费领域的新亮点。因此，各地区应积极突破现有的旅游产业体系限制，丰富旅游产业新兴业态，适度拓宽旅游需求层面，壮大旅游市场消费规模，通过引导旅游产业链条的延伸拓展，实现产业结构的高级化、层次化、合理化。在优化旅游产业消费结构的同时，以产业供给创新为方式，驱动引领旅游消费领域的新趋势，并配合区域经济政策，充分激发旅游市场的消费活力，拉动我国内地旅游经济附加值显著增长。

（三）着力优化绿色生态体系建设布局，助推生态产业与旅游产业的全面融合

首先，应当以生态优先、绿色发展为引领，将生态体系与旅游经济体系相融合，扭转粗放式发展的落后观念，着力推动我国内地旅游产业向规模合理化、结构高级化、体系均衡化发展。研究表明，有些地区（如上海）虽然在旅游产业综合营力排名上处于优势领先的地位，但从旅游营力系统耦合协调的发展情况来看，生态承载力是束缚上海市旅游业发展水平全面提升的主要障碍。因此，应大力加强对"三废"的管控治理力度，完善生态环境建设和碳排放交易的市场化体系，牢固树立"绿水青山就是金山银山"的思维意识，以生态发展理念为指导，有效构建生态现代化的旅游经济体系，通过生态经济与旅游经济的互融创新，以旅游业助推全国服务经济的绿色崛起，奋力将区域生态优势转化为当地旅游产业的综合竞争优势、永续发展优势以及经济效率优势，同时依托"治山理水、显山露水"的长效举措，力争使绿色生态游成为我国经济新常态下旅游产业发展中的新亮点，为打造美丽中国而助力。

其次，积极倡导绿色生态化的旅游生产消费理念，将生态保护与旅游消费、资源开发有机融合，形成绿色发展方式和休闲生活方式相统一的旅游产业生态体系。例如，以供给侧改革为契机，推广普及"生态旅游"和"低碳旅游"的新型消费理念，以实现旅游产业经济的绿色化崛起。

再次，建立健全以市场为导向的绿色市场创新体系，注重旅游资源开发与保护的生态科学性，充分运用现代化的科技手段，加强生态资源的基础性保护及合

理性应用，依靠科技进步转变资源利用方式，不断提高资源的附加价值，以绿色科技创新助推生态资源利用的综合效益最大化。

最后，实证研究结果表明，由于优越的旅游自然资源具有一定的垄断排他性，在旅游产业的发展上过度地依赖于自然资源，在某种程度上可能会导致资源诅咒、机会成本、权力寻租等市场失灵效应。因此，我国各地区域应积极构建旅游产业复合结构，通过促进业态多元化的方式摆脱严重依赖单一旅游资源的发展模式，打破资源依赖性的格局，促进生态、经济、社会等综合效益机制的和谐共生及协调统一。

（四）逐步增强旅游产业规模扩张力，促进旅游产业向规模集群化、范围全域化方向转变

首先，通过加强区域整体的统筹规划、合理布局，重点围绕自身的产业主导优势，以集群化发展为手段，以"旅游+"模式为纽带，促进旅游资源的优化整合，并积极与当地优势产业高效融合，以提升我国内地旅游产业规模化运营效益。比如，在不断拓展旅游产业传统"食、住、行、游、购、娱"等要素体系的基础上，鼓励旅游产业以及资源要素向国民经济其他产业渗透融合。这一方面有助于打造旅游产业新业态（如生态旅游、乡村旅游、工业旅游、修学旅游等），从而推动了区域经济的"接二连三"，实现了更大程度的范围经济效益；另一方面，旅游业也带动融合产业的全新升级，比如，旅游业与金融业、保险业的融合，促进了旅游风险投资的出现以及旅游信用体系的完善。

其次，注重对旅游产业核心增长极的打造培育，促进优势要素向区域中心省市集聚，并在全国发展空间上最终形成以旅游核心地区为中心，向全域辐射扩散的多级网络格局。在旅游资源开发模式上，由先前的个体分散局域型向整体统一全域型方向转变，强化全国各区域在旅游产业竞合关系发展中的协同性、系统性、创新性、独特性，突破旅游地域、时域以及产业疆域边界的概念，谋求旅游产业规模经济、范围经济以及综合效应的进一步提升，在全国范围内致力于形成聚力并进、相得益彰、全面发展的联动发展格局，从而实现我国内地旅游产业综合竞争实力的转型飞跃。

（五）正确识别自身区域的发展短板，增进旅游产业营力系统的耦合协调性

旅游综合营力体系是一个复合巨系统，它是由广泛的产业生产要素条件和旅

游营力子系统共同构成的,旅游产业综合优势的形成有赖于系统内部各类营力系统的有效支撑以及彼此关系耦合的程度。因此,各地区应当从产业复合系统的视角层面出发,摒弃"就旅游而谈旅游"的单一化思维,客观地评价自身旅游产业所存在的发展短板,强化营力系统间的耦合协调性,这为有效激发我国内地旅游产业形成"1+1>2"的合力效应提供了明确的发展路径。具体而言,各省(市、区)域应明确自身营力系统的耦合协调类型,找到旅游产业发展体系中的薄弱环节,通过在产业政策和制度安排上,补短板、拉长板,因地制宜地改善旅游产业现状发展条件,进而推动我国内地旅游产业发展体系向全面协调、结构耦合、系统均衡化方向演进。

三、关于促进我国内地旅游产业效率协调化发展的对策建议

(一)以旅游经济为引领,加强区域间的联动发展,形成优势互补、资源共享的空间体系新格局

由于旅游产业具有较强的异地消费性以及旅游资源不可移动性的特征,其效率的优化不仅取决于本区域内旅游营力系统的耦合协调,还依赖于外部区域间的协同发展。通过加强区域间的关联互动,有利于旅游产业形成优势互补、资源共享、要素集散、成本节约、效率溢出等外部经济性。因此,旅游产业效率的优化发展应当主动跳出自身区域内的视野局限,充分释放和利用旅游产业区域合作的正向外部性优势,这是我国内地旅游产业效率优化的又一发展路径。

首先,注重统筹协调发展,加强我国中西部与东部发达区域的产业协作。中西部地区可充分发挥要素价格成本以及旅游资源丰度的相对优势,积极加大对于技术、人才、资本等要素的引进力度,利用优惠政策吸引优质生产要素向中西部地区汇集,主动接受发达地区的产业效率辐射。通过区域间的错位发展以及相互合作,不仅能够降低投入成本、避免重复建设,而且可以提高旅游发展要素在区域间的流通能力,以及落后地区对技术的学习消化能力,促进旅游产业技术效率的空间外溢,减少中西部与东部地区的效率梯度差距。只有坚持在市场价值规律的引导下,通过"以强带弱、互联共建"的模式,不断缩小区域空间上的二元结构差距,努力实现区域经济的一体化和均衡发展。

其次,注重与周边邻近区域的抱团发展,积极构建旅游企业组织联合体,促进邻近区域间的协调互动发展。在旅游产业全域化战略思维的引导下,各地区应

结合自身资源特色优势,借助旅游产业的要素融合性强、社会影响面广、经济带动力大等属性,以旅游现代化为引领,以市场平台化为导向,以主体多元化为模式,全面开展跨地区、跨产业、跨领域的交流合作,弱化旅游市场条块分割的行政性边界,从而有力推动旅游产业在生态环境保护、基础设施共建、智能信息应用、创新科技研发、客源市场拓展、旅游景区规划等多重领域的技术性提升和竞争力增强。同时还可在交流合作的基础上,进一步构建区域旅游共建联合体,对旅游资源实施统一规划、整体开发、互促共进、共建共享,这不仅有利于实现区域旅游产业整体效益的最大化,而且更有助于增强区域经济的凝聚力。因此,大力实施旅游产业的区域资源整合策略,积极引导邻近地区协同互动、抱团发展,以组建大型旅游集团为抓手,以旅游产品、优质资本、精品线路为纽带,以跨区域旅游合作项目为载体,有效提升区域间旅游产业的整体实力,奋力实现区域协调发展的双赢局面。

(二) 建立旅游产业跨区联动的合作发展机制,有效促进旅游经济红利全面外溢

当前我国内地旅游产业经济具有较强的行政区域色彩,即各地区都会以自身利益最大化为原则进行相应的组织行为。即使行政主体都知道通力协作能够实现整体利益的最大化,但出于行政区域短期自身利益的考虑,地方保护主义行为将成为各地区的占优策略。由于长期以来对于区域合作的认识性不足,导致区域经济发展的长效机制难以维系,特别是在跨区生态治理、旅游市场联合、基础设施共建等方面表现乏力。因此,构建一个良性的利益协调机制是促进旅游产业联动发展的核心所在。倘若这种利益协调机制缺失的话,区域间的联动发展行为必将会受到抑制阻碍,最终导致"囚徒困境"的尴尬境地。只有在协调机制的保障下,各参与方都能够成为旅游协作中明确的利益主体,并在区域间形成利益共享、成本共担、项目共创、品牌共筑、合作共赢的良好格局,才能让旅游产业效率的全面协调发展成为现实。具体而言,一方面是探索建立旅游产业跨区联动的利益共享机制。对于区域间的旅游项目开发、基础设施共建、产业投资活动等协作内容,可采用股份化运作、联合化运营等方式,积极利用各区域的特色差异化优势,进行协作利益的整合配置,从而有效形成相得益彰、发展与共的旅游产业格局。另一方面,探索建立旅游产业跨区联动的利益补偿机制。具体可考虑规范财政转移支付制度,建立旅游产业补偿制度以及旅游产业跨区联动发展基金等方

式，对于跨区联动发展中的利益主体损失可予以充分补偿。此外，还可通过税收返还以及指标考核的方式构建一套行之有效的奖惩机制，合理量化地方政府的补偿激励以及成本约束，全面调动地方行政主体的协作积极性，促进旅游产业改革红利的有效外溢。

（三）设立旅游产业区域合作协同组织，保障我国内地旅游产业跨区发展有效实现

旅游产业在实际发展中，各地区间也会开展（如旅游品牌营销、精品线路开发、基础设施建设等）不同形式的旅游合作，然而实际效果却并不理想。原因在于我国内地旅游经济条件、资源禀赋差异大，地区间发展的不平衡导致了合作各方利益目标的多元化，因而缺乏一个强有力的区域合作协同组织作为保障支撑，以使跨区联动发展达到最优状态，实现合作的持续性以及稳定性。由此可见，建立区域合作协同组织对于促进我国内地旅游产业效率的区域协同发展尤为关键且必要。

对于区域合作协同组织的构建而言，一方面可考虑在国家层面，设立由国家旅游局牵头省级部门共同参与的旅游产业区域开发建设领导小组或委员会，有效确定相应的旅游产业跨区合作的范围，并建立常设机构，通过联席会议制、投票表决制等形式，重点承担跨区域联动事宜的协调与决策。并考虑在全国人民代表大会常务委员会下设立区域职能委员会，全面履行旅游产业跨区联动的相关职能，如审核监督省域间重大合作项目，协调处理省域间跨区合作的纠纷。此外，还可以在国务院部委中整合一个区域发展协调部门，负责制定执行跨区联动发展相关政策。另一方面，就省级层面而言，可充分整合相应的组织与制度，考虑建立旅游产业跨区域联席会议制度，联席会应作为旅游产业区域协作的指导机构，并通过联络相应行政区的党政领导，积极开展交流，在充分讨论和平等协商的基础上对旅游产业的协同发展战略、协作内容主题、合作项目框架、共建内容形式达成共识并形成系列会议纪要，作为制定协作政策和措施的重要意见和参考。同时成立具有法人主体的区域发展协调会，它会受联席会委托，直接负责跨区域协作的中心工作，承担商定协作内容以及基本意向框架的作用。此外，还可在区域发展协调会下面分别设置各部门协作会议，落实区域协作措施，以期形成规范化、制度化、系统化的长效机制，从而保障了我国内地旅游产业效率在区域联动发展中得到充分实现。

参考文献

[1] 阿尔弗雷德·韦伯. 工业区位论 [M]. 北京：商务印书馆，2011.

[2] 艾伯特·赫希曼. 经济发展战略 [M]. 曹征海，潘照东，译. 北京：经济科学出版社，1991.

[3] 白永秀. 区域经济论丛 [M]. 北京：中国经济出版社，2006.

[4] 包卿，陈雄. 核心——边缘理论的应用和发展新范式 [J]. 经济论坛，2006（8）：8-9.

[5] 曹芳东，黄震方，吴江，徐敏. 城市旅游发展效率的时空格局演化特征及其驱动机制——以泛长江三角洲地区为例 [J]. 地理研究，2012，31（8）：1431-1444.

[6] 曹芳东，黄震方，余凤龙，吴丽敏. 国家级风景名胜区旅游效率空间格局动态演化及其驱动机制 [J]. 地理研究，2014，33（6）：1151-1166.

[7] 曹艳英，胡宇娜. 基于自组织理论和波特竞争理论的区域旅游产业竞争力结构与测评体系研究 [J]. 郑州大学学报（哲学社会科学版），2011，44（6）：68-73.

[8] 查建平. 中国低碳旅游发展效率、减排潜力及减排路径 [J]. 旅游学刊，2016，31（9）：101-112.

[9] 陈琳. 我国铁路运输业全要素生产率的实证研究 [D]. 北京交通大学，2014.

[10] 陈一恋. 中国省市创新驱动效率的影响因素研究 [D]. 上海师范大学，2015.

[11] 邓洪波，陆林. 基于DEA模型的安徽省城市旅游效率研究 [J]. 自然资源学报，2014，29（2）：313-323.

[12] 邓蕾. 中国集装箱港口企业生产率测度研究 [D]. 重庆大学, 2010.

[13] 杜能, 约翰·冯, 吴衡康. 孤立国同农业和国民经济的关系 [M]. 北京: 商务印书馆, 1986: 81-88.

[14] 方叶林, 黄震方, 李东和, 王芳. 中国省域旅游业发展效率测度及其时空演化 [J]. 经济地理, 2015, 35 (8): 189-195.

[15] 方叶林, 黄震方, 王坤, 涂玮. 中国星级酒店相对效率集聚的空间分析及提升策略 [J]. 人文地理, 2013, 28 (1): 121-127.

[16] 冯学钢, 唐睿. "21世纪海上丝绸之路"沿线省市入境旅游市场效率研究 [J]. 南京审计大学学报, 2017, 14 (4): 1-11.

[17] 高俊, 张琳林. 中国旅游产业集聚、全要素生产率与旅游经济关系研究 [J]. 资源开发与市场, 2017, 33 (8): 1005-1010.

[18] 龚艳, 郭峥嵘. 江苏旅游业发展效率及对策研究——基于超效率DEA和Malmquist指数分析 [J]. 华东经济管理, 2014, 28 (4): 7-12, 17.

[19] 龚艳, 张阳, 唐承财. 长江经济带旅游业效率测度及影响因素研究 [J]. 华东经济管理, 2016, 30 (9): 66-74.

[20] 郭峦, 杨志红. 基于DEA方法的西部地区旅行社经营效率研究 [J]. 企业经济, 2013, 32 (6): 105-109.

[21] 郭悦, 钟廷勇, 安烨. 产业集聚对旅游业全要素生产率的影响——基于中国旅游业省级面板数据的实证研究 [J]. 旅游学刊, 2015, 30 (5): 14-22.

[22] 韩国圣, 李辉, Alan Lew. 成长型旅游目的地星级饭店经营效率空间分布特征及影响因素——基于DEA与Tobit模型的实证分析 [J]. 旅游科学, 2015, 29 (5): 51-64.

[23] 韩元军, 吴普, 林坦. 基于碳排放的代表性省份旅游产业效率测算与比较分析 [J]. 地理研究, 2015, 34 (10): 1957-1970.

[24] 郝生宾, 于渤, 吴伟伟. 企业网络能力与技术能力的耦合度评价研究 [J]. 科学学研究, 2009, 27 (2): 250-254.

[25] 何俊阳, 贺灵, 邓淇中. 泛珠三角区域入境旅游发展效率评价及影响因素 [J]. 经济地理, 2016, 36 (2): 195-201.

[26] 何俊阳, 贺灵, 刘中艳. 省域旅游业运营效率及其影响因素的实证分析 [J]. 求索, 2015 (4): 99-103.

[27] 何俊阳,贺灵. 中部地区旅游全要素生产率评价及其影响因素分析[J]. 湘潭大学学报(哲学社会科学版),2015,39(3):85-90.

[28] 洪银兴. 消费需求、消费力、消费经济和经济增长[J]. 中国经济问题,2013(1):3-8.

[29] 胡亚光. 基于DEA扩展模型的江西旅游产业效率研究[J]. 江西社会科学,2017,37(3):73-83.

[30] 胡宇娜,梅林,魏建国. 中国区域旅行社业效率的时空分异及驱动机制[J]. 地理与地理信息科学,2017,33(3):91-97.

[31] 胡志毅. 基于DEA-Malmquist模型的中国旅行社业发展效率特征分析[J]. 旅游学刊,2015,30(5):23-30.

[32] 简玉峰,刘长生. 随机前沿函数、酒店管理效率及其影响因素研究——基于张家界市旅游酒店的实证分析[J]. 旅游论坛,2009,2(4):540-544.

[33] 江燕玲,潘卓,潘美含. 重庆市乡村旅游运营效率评价与空间战略分异研究[J]. 资源科学,2016,38(11):2181-2191.

[34] 金东海,谷树忠,沈镭. 城市化发展的营力系统分析——兼论我国城市化影响因子与可持续城市化战略选择[J]. 中国人口·资源与环境,2004(2):60-65.

[35] 李福柱,杨跃峰. 全要素生产率增长率的测算方法应用述评[J]. 济南大学学报(社会科学版),2013,23(2):64-68.

[36] 李莉莉,高建军. 城中村的城市化与城市生态化的营力系统分析[J]. 环境科学与技术,2010,33(S2):678-681.

[37] 李亮,赵磊. 中国旅游发展效率及其影响因素的实证研究——基于随机前沿分析方法(SFA)[J]. 经济管理,2013,35(2):124-134.

[38] 李凌雁,翁钢民,赵建强. 中国省域旅游发展与综合环境协调性的时空演变分析——基于CCDM-ESDA模型[J]. 生态经济(中文版),2016,32(10):116-121.

[39] 李平. 提升全要素生产率的路径及影响因素——增长核算与前沿面分解视角的梳理分析[J]. 管理世界,2016(9):1-11.

[40] 李汝资,刘耀彬. 1978年以来中国省际全要素生产率时空演变特征研究[J]. 华东经济管理,2016,30(7):57-62.

[41] 李瑞, 吴殿廷, 殷红梅, 胡浩, 朱桃杏, 吴孟珊. 2000年以来中国东部四大沿海城市群城市旅游业发展效率的综合测度与时空特征 [J]. 地理研究, 2014, 33 (5): 961-977.

[42] 李姝姝, 邢夫敏, 章玲玲. 旅游产业集聚对区域旅游业效率的影响研究——基于中国省际面板数据的实证分析 [J]. 世界地理研究, 2017, 26 (3): 134-146.

[43] 李淑娟, 周珊. 滨海城市旅游发展效率时空分异与驱动因素研究——以山东半岛蓝色经济区为例 [J]. 中国海洋大学学报 (社会科学版), 2015 (4): 8-15.

[44] 李向农, 延军平, 薛东前. 中国旅行社业生产效率影响因素研究——基于数据包络和灰色关联方法 [J]. 资源开发与市场, 2014, 30 (7): 870-873.

[45] 李小建. 经济地理学 [M]. 北京: 高等教育出版社, 2006.

[46] 梁流涛, 杨建涛. 中国旅游业技术效率及其分解的时空格局——基于DEA模型的研究 [J]. 地理研究, 2012, 31 (8): 1422-1430.

[47] 梁明珠, 易婷婷, Bin Li. 基于DEA-MI模型的城市旅游效率演进模式研究 [J]. 旅游学刊, 2013, 28 (5): 53-62.

[48] 廖重斌. 环境与经济协调发展的定量评判及其分类体系——以珠江三角洲城市群为例 [J]. 热带地理, 1999 (2): 76-82.

[49] 刘改芳, 杨威. 基于DEA的文化旅游业投资效率模型及实证分析 [J]. 旅游学刊, 2013, 28 (1): 77-84.

[50] 刘佳, 陆菊, 刘宁. 基于DEA-Malmquist模型的中国沿海地区旅游产业效率时空演化、影响因素与形成机理 [J]. 资源科学, 2015, 37 (12): 2381-2393.

[51] 刘佳, 张俊飞. 国内外旅游效率研究进度与展望 [J]. 大连民族大学学报, 2017, 19 (4): 379-382, 432.

[52] 刘佳, 张俊飞. 旅游产业绿色全要素生产率变动及收敛性分析——基于中国沿海地区的实证研究 [J]. 资源开发与市场, 2017, 33 (7): 867-872.

[53] 刘建国, 刘宇. 2006~2013年杭州城市旅游全要素生产率格局及影响因素 [J]. 经济地理, 2015, 35 (7): 190-197.

[54] 刘建国. 北京市旅游发展绩效格局及其空间效应 [J]. 干旱区资源与

环境, 2016, 30 (9): 196-202.

[55] 刘文华, 薛耀文, 甄烨. 文化旅游类上市公司经营效率与盈利能力关系研究 [J]. 经济问题, 2017 (11): 108-113.

[56] 刘志彬, 张运法. 系统科学发展及其前景 [J]. 科技资讯, 2010 (7): 214-214.

[57] 龙祖坤, 李绪茂, 杜倩文. 城市酒店业发展效率的测度与分析评价——以珠三角部分城市为例 [J]. 南京财经大学学报, 2016 (2): 78-85.

[58] 卢嘉鑫. 不完全竞争条件下的工业区位选择问题——工业区位理论的发展及其可拓展空间 [J]. 天水师范学院学报, 2003, 23 (3): 1-4.

[59] 吕志强, 代富强. 我国内地旅游产业发展效率及其演化的时空特征分析 [J]. 资源开发与市场, 2015, 31 (10): 1259-1263, 1281.

[60] 马克思. 资本论·第一卷 [M]. 人民出版社, 2004.

[61] 马晓龙, 金远亮. 张家界城市旅游发展的效率特征与演进模式 [J]. 旅游学刊, 2015, 30 (2): 24-32.

[62] 马晓龙. 2000~2011年中国主要旅游城市全要素生产率评价 [J]. 资源科学, 2014, 36 (8): 1626-1634.

[63] 马新莉. 基于自组织理论的制造系统演化机制研究 [J]. 陕西工学院学报, 2003 (1): 52-55.

[64] 马勇, 刘军. 区域城镇化进程与旅游产业效率关系研究 [J]. 湖北大学学报（哲学社会科学版）, 2016, 43 (3): 130-136, 161.

[65] 曼昆. 经济学原理 [M]. 梁小民, 译. 北京: 机械工业出版社, 2003: 149.

[66] 毛润泽, 赵磊. 旅游发展对技术效率的影响机制及其区域差异分析 [J]. 统计与决策, 2014 (1): 102-106.

[67] 秦君玲, 郑家兴. 财政支出、TFP增长率与经济增长的实证研究——以西藏自治区为例 [J]. 西藏大学学报, 2017, 32 (1): 150-154.

[68] 秦伟山, 张义丰, 李世泰. 中国东部沿海城市旅游发展的时空演变 [J]. 地理研究, 2014, 33 (10): 1956-1965.

[69] 屈小爽. "丝绸之路经济带"西北旅游城市旅游效率评价 [J]. 统计与决策, 2017 (10): 70-74.

[70] 任毅, 刘婉琪, 赵珂, 赵健江. 中国旅游上市公司经营效率的测度与

评价——基于混合 DEA 模型的实证分析 [J]. 旅游学刊, 2017, 32 (7): 27-36.

[71] 石凤光. 基于全要素生产率视角的中国省际经济差距研究 [D]. 南京航空航天大学, 2010.

[72] 孙景荣, 张捷, 章锦河, 马金海, 李莉, 张富生. 中国区域旅行社业效率的空间分异研究 [J]. 地理科学, 2014, 34 (4): 430-437.

[73] 孙盼盼, 戴学锋. 中国区域旅游经济差异的空间统计分析 [J]. 旅游科学, 2014, 28 (2): 35-48.

[74] 孙盼盼, 夏杰长. 中国省际旅游产业效率的空间格局与空间效应——基于质量产出的视角 [J]. 经济与管理研究, 2017, 38 (10): 61-70.

[75] 孙媛媛. 信息化对我国内地旅游市场影响的实证分析 [J]. 旅游科学, 2016, 30 (3): 1-12, 27.

[76] 索绍武. 比较文学论要 [M]. 北京: 民族出版社, 2004: 89-102.

[77] 谭伟, 张建升. 中国主要旅游公司运营动态效率探析 [J]. 经济与管理, 2010, 24 (6): 30-33.

[78] 唐金稳, 江金波. 基于 DEA-Malmquist 指数的旅游装备制造企业生产效率测量——以 9 家旅游装备制造业上市公司为例 [J]. 企业经济, 2017, 36 (10): 107-113.

[79] 唐玲. 国际外包与生产率——基于中国工业行业的实证分析 [D]. 华中科技大学, 2010.

[80] 唐睿, 冯学钢, 周成. "丝绸之路经济带"入境旅游市场效率研究——基于西北五省 (区) DEA-面板 Tobit 的实证 [J]. 国际经贸探索, 2017, 33 (7): 4-18.

[81] 唐睿, 冯学钢. 旅游企业对入境旅游市场投入产出效率的影响——以"丝绸之路经济带"西北六省 (区) 为例 [J]. 新疆大学学报 (哲学·人文社会科学版), 2016, 44 (4): 1-8.

[82] 涂玮, 黄震方, 方叶林, 丁洁. 入境旅游发展效率时空格局演化及驱动因素——以浙江为例 [J]. 华东经济管理, 2013, 27 (12): 14-20.

[83] 汪季清. 旅游经济学 [M]. 合肥: 安徽大学出版社, 2009.

[84] 王栋, 曹艳英, 李凤霞. 旅游产业技术效率及其影响因素实证分析 [J]. 财务与金融, 2011 (2): 90-95.

[85] 王恩旭, 吴荻. 旅游驱动型城市旅游城镇化效率时空差异研究 [J]. 南京社会科学, 2016 (10): 29-35.

[86] 王慧英. 基于管理与环境视角的中国旅游效率研究 [J]. 旅游科学, 2014, 28 (5): 31-40, 53.

[87] 王坤, 黄震方, 余凤龙, 等. 中国城镇化对旅游经济影响的空间效应——基于空间面板计量模型的研究 [J]. 旅游学刊, 2016, 31 (5): 15-28.

[88] 王坤, 黄震方, 曹芳东, 余凤龙, 汤傅佳. 泛长江三角洲城市旅游绩效空间格局演变及其影响因素 [J]. 自然资源学报, 2016, 31 (7): 1149-1163.

[89] 王坤, 黄震方, 陶玉国, 方叶林. 区域城市旅游效率的空间特征及溢出效应分析——以长三角为例 [J]. 经济地理, 2013, 33 (4): 161-167.

[90] 王松茂, 邓峰, 瓦哈甫·哈力克. 新疆旅游产业全要素生产率的时空演变 [J]. 经济地理, 2016, 36 (5): 202-207.

[91] 王松茂, 方良彦, 邓峰. 新疆旅游经济要素投入产出的 DEA 相对效率分析 [J]. 新疆大学学报 (哲学·人文社会科学版), 2014, 42 (5): 14-17.

[92] 王耀斌, 孙传玲, 蒋金萍. 基于三阶段 DEA 模型的文化旅游效率与实证研究——以甘肃省为例 [J]. 资源开发与市场, 2016, 32 (1): 125-128.

[93] 王玉亮, 杨士弘. 珠江三角洲城市环境与社会经济协调发展的分异类型及调控 [J]. 城市环境与城市生态, 1996 (3): 53-57.

[94] 王志刚, 龚六堂, 陈玉宇. 地区间生产效率与全要素生产率增长率分解 (1978~2003) [J]. 中国社会科学, 2006 (2): 55-66, 206.

[95] 吴志军, 胡亚光. 湘赣两省地级市旅游产业综合竞争力评价与聚类分析 [J]. 经济地理, 2017, 37 (5): 208-215.

[96] 武瑞杰. 旅行社技术效率和全要素生产率变化研究——基于2001~2010年省际面板数据 [J]. 云南民族大学学报 (哲学社会科学版), 2013, 30 (4): 93, 99.

[97] 向艺, 郑林, 王成璋. 旅游经济增长因素的空间计量研究 [J]. 经济地理, 2012, 32 (6): 162-166.

[98] 熊伯坚, 钟晓芸, 李良杰. 基于数据包络分析模型的江西省旅行社经营效率评价 [J]. 企业经济, 2009 (4): 134-136.

[99] 徐建华, 鲁凤, 苏方林, 卢艳. 中国区域经济差异的时空尺度分析

[J]．地理研究，2005（1）：57-68．

[100] 徐凯，付君实，黄翔．基于三阶段DEA的旅游业上市公司经营绩效评价研究[J]．开发研究，2015（3）：131-136．

[101] 徐文燕，周玲．基于DEA方法的文化旅游资源开发利用效率评价研究——以2010年江苏文化旅游业投入产出数据为例[J]．哈尔滨商业大学学报（社会科学版），2013（3）：96-104．

[102] 许建伟，许新宇，朱明侠，陈兴鹏，斯建培．中国省际旅游效率评价及其敏感性分析[J]．资源开发与市场，2013，29（5）：526-528，560．

[103] 荀文会，刘友兆，李晓刚．耕地保护的营力系统分析[J]．资源·产业，2006（2）：29-32．

[104] 杨颖，王琴．国际入境旅游业增长效率及其影响因素研究——基于47个国家的数据分析[J]．经济体制改革，2016（3）：176-181．

[105] 杨勇，冯学钢．中国旅游企业技术效率省际差异的实证分析[J]．商业经济与管理，2008（8）：68-74，80．

[106] 杨振山，夏岚，钟林生，胡瑞山．我国饭店业地区运行效率评价与提升途径[J]．旅游学刊，2015，30（5）：31-44．

[107] 伊特韦尔．新帕尔格雷夫经济学大辞典[M]．北京：经济科学出版社，1992．

[108] 游诗咏，林仲源，韩兆洲．广东省城市旅游效率的时空特征及其增长机制[J]．资源科学，2017，39（8）：1545-1559．

[109] 于秋阳．中国旅游产业潜力研究[D]．华东师范大学，2010．

[110] 余泳泽，武鹏．我国物流产业效率及其影响因素的实证研究——基于中国省际数据的随机前沿生产函数分析[J]．产业经济研究，2010（1）：65-71．

[111] 袁丹，雷宏振．我国西部地区文化旅游产业发展效率与产业集群研究[J]．内蒙古社会科学（汉文版），2013，34（4）：158-162．

[112] 张各兴．中国电力工业：技术效率与全要素生产率研究[D]．复旦大学，2011．

[113] 张广海，冯英梅．我国内地旅游产业效率测度及区域差异分析[J]．商业研究，2013（5）：101-107．

[114] 张广海，汪立新．我国内地旅游产业集聚与全要素生产率关系研究

[J]. 商业研究, 2016 (11): 186-192.

[115] 张海波. 经济发展质量: 经济学范畴与统计测度 [M]. 武汉: 武汉大学出版社, 2012.

[116] 张浩然, 衣保中. 基础设施、空间溢出与区域全要素生产率——基于中国 266 个城市空间面板杜宾模型的经验研究 [J]. 经济学家, 2012 (2): 61-67.

[117] 张军, 施少华. 中国经济全要素生产率变动: 1952~1998 [J]. 世界经济文汇, 2003 (2): 17-24.

[118] 张军, 吴桂英, 张吉鹏. 中国省际物质资本存量估算: 1952~2000 [J]. 经济研究, 2004 (10): 35-44.

[119] 张磊. 基于 Logistic 函数的我国城镇居民耐用消费品生命周期研究——以我国统计面板数据为例 [D]. 安徽工业大学, 2012.

[120] 张鹏, 于伟, 徐东风. 我国省域旅游业效率测度及影响因素研究——基于 SFA 和空间 Durbin 模型分析 [J]. 宏观经济研究, 2014 (6): 80-85, 112.

[121] 张舒宁, 李勇泉, 阮文奇. 成渝经济区旅游发展效率测度及其影响因素研究 [J]. 资源开发与市场, 2017, 33 (12): 1523-1528.

[122] 张序强, 李华, 董雪旺, 张桂兰. 旅游地阻力面理论初探——五大连池风景名胜区为例 [J]. 经济地理, 2003 (2): 276-279.

[123] 张英, 陈俊合, 熊焰. 旅游业与农业耦合关系研究及实证——以湖南省张家界市为例 [J]. 中南民族大学学报 (人文社会科学版), 2015, 35 (6): 109-113.

[124] 张玉钧. 提高生态旅游产业效率的边缘性思考 [J]. 旅游学刊, 2016, 31 (9): 8-11.

[125] 赵海涛, 高力. 中国旅行社业经营效率的动态变化——基于 Malmquist 指数法的分析 [J]. 企业经济, 2013, 32 (2): 114-117.

[126] 赵金金. 环境约束下中国旅游业生产率的变动差异及影响机制 [J]. 山西财经大学学报, 2016, 38 (10): 61-74.

[127] 赵磊. 旅游发展与中国经济增长效率——基于 Malmquist 指数和系统 GMM 的实证分析 [J]. 旅游学刊, 2012, 27 (11): 44-55.

[128] 赵贤, 刘建春, 李晓军. 产业竞争力形成机理探究 [J]. 科技信息:

科学教研, 2008 (18): 360-361.

[129] 赵亚丽. 河南省旅游产业发展研究 [D]. 河南师范大学, 2010.

[130] 赵阳光. 服务业全要素生产率影响因素分析——基于空间面板模型 [D]. 上海师范大学, 2015.

[131] 钟敬秋, 韩增林. 城市旅游业效率的时空演变与驱动因素分析——以辽宁省所辖14个地级市为例 [J]. 资源开发与市场, 2016, 32 (9): 1127-1133.

[132] 周成, 冯学钢, 唐睿. 区域经济-生态环境-旅游产业耦合协调发展分析与预测——以长江经济带沿线各省市为例 [J]. 经济地理, 2016, 36 (3): 186-193.

[133] 朱承亮, 岳宏志, 严汉平, 李婷. 基于随机前沿生产函数的我国区域旅游产业效率研究 [J]. 旅游学刊, 2009, 24 (12): 18-22.

[134] 左浩坤, 孟庆松. 基于民航业的天津滨海新区区域经济竞争力构建研究 [J]. 商场现代化, 2009 (3): 205-206.

[135] Wong D. W. S., Lee J. ArcView GIS 与 ArcGIS 地理信息统计分析 [M]. 张学良, 译. 北京: 中国财政经济出版社, 2008: 171-197.

[136] Ashrafi A., Seow H. V., Lai S. L., et al. The Efficiency of The Hotel Industry in Singapore [J]. Tourism Management, 2013, 37 (3): 31-34.

[137] Assaf A. G., Josiassen A. Identifying and Ranking The Determinants of Tourism Performance: A Global Investigation [J]. Journal of Travel Research, 2012, 51 (4): 388-399.

[138] Barros C. P., Botti L., Peypoch N., et al. Performance of French Destinations: Tourism Attraction Perspectives [J]. Tourism Management, 2011, 32 (1): 141-146.

[139] Barros C. P., Dieke P. U. C. Analyzing The Total Productivity Change in Travel Agencies [J]. Tourism Analysis, 2007, 12 (1-2): 27-37.

[140] Barros C. P. Evaluating the Efficiency of a Small Hotel Chain with a Malmquist Productivity Index [J]. International Journal of Tourism Research, 2005, 7 (3): 173-184.

[141] Battese G. E., Coelli T. J. A Model for Technical Inefficiency Effects in A Stochastic Frontier Production Function for Panel Data [J]. Empirical Economics,

1995, 20 (2): 325 – 332.

[142] Battese G. E., Coelli T. J. Frontier Production Functions, Technical Efficiency and Panel Data: With Application to Paddy Farmers in India [J]. Journal of Productivity Analysis, 1992, 3 (1 – 2): 153 – 169.

[143] Brida J. G., Deidda M., Pulina M. Tourism and Transport Systems in Mountain Environments: Analysis of the Economic Efficiency of Cable – ways in South Tyrol [J]. Journal of Transport Geography, 2014, 36 (2): 1 – 11.

[144] Elhorst J P. Spatial Panel Models [A]. In Handlook of Regional Scierce, Berlin, Heidelberg: Springer, 2014: 1637 – 1652.

[145] Farrell M. J. The Measurement of Productive Efficiency [J]. Journal of the Royal Statistical Society. Series A (General), 1957, 120 (3): 253, 290.

[146] Fuentes Medina L., González Gómez I., Morini Marrero S. Measuring Efficiency of sun & beach tourism destinations [J]. Annals of Tourism Research, 2012, 39 (2): 1248 – 1251.

[147] Fuentes R. Efficiency of travel agencies: A Case Study of Alicante, Spain [J]. Tourism Management, 2011, 32 (1): 75 – 87.

[148] Huang Y. H., Mesak H. I., Hsu M. K., et al. Dynamic Efficiency Assessment of the Chinese Hotel Industry [J]. Journal of Business Research, 2012, 65 (1): 59 – 67.

[149] Jarboui S., Guetat H., Boujelbène Y. Evaluation of Hotels Performance and Corporate Governance Mechanisms: Empirical Evidence From The Tunisian Context [J]. Journal of Hospitality & Tourism Management, 2015, 25: 30 – 37.

[150] Krugman P. Increasing Returns and Economic Geography [J]. Nber Working Papers, 1991, 99 (3): 483 – 499.

[151] Krugman P. The Myth of Asia's Miracle [J]. Foreign Affairs, 1994, 73 (6): 62 – 78.

[152] Kumbhakar S. C., Denny M., Fuss M. Estimation and Decomposition of Productivity Change When Production is Not Efficient: a Panel Data Approach [J]. Econometric Reviews, 2000, 19 (4): 312 – 320.

[153] Kumbhakar S. C., Lovell C. A. K. Stochastic Frontier Analysis [M]. Stochastic Frontier analysis. Cambridge University Press, 2000: 129 – 131.

[154] Lee L. F., Yu J. Estimation of Spatial Auto – regressive Panel Data Models with Fixed Effects [J]. Journal of Econometrics, 2010, 154 (2): 165 – 185.

[155] Leibenstein H. Allocative Efficiency vs. "X – Efficiency" [J]. American Economic Review, 1966, 56 (3): 392 – 415.

[156] LeSage J. P., Pace R. K. Spatial Econometric Models [A]. Handbook of Applied Spatial Analysis [C]. Berlin, Herdelberg: Springer, 2010: 355 – 376.

[157] Perrigotabc R. Plural Form Chain and Efficiency: Insights from the French Hotel Chains and the DEA Methodology [J]. European Management Journal, 2009, 27 (4): 268 – 280.

[158] Porter M. Competitive Advantage of Nations [M]. The Competitive Advantage of Nations. Free Press, 1990: 42 – 43.

[159] Shannon C. E. A Mathematical Theory of Communication [J]. Bell System Technical Journal, 1948, 27 (4): 623 – 656.

[160] Solow R. M. Technical Change and the Aggregate Production Function [J]. Review of Economics & Statistics, 1957, 39 (3): 554 – 562.